Marcelo Barros
Gottes Geist kommt im Wasser

Marcelo Barros

GOTTES GEIST KOMMT IM WASSER

Wasserkrise, Religionen und ökologische Spiritualität

Übersetzt aus dem Portugiesischen von Michael Lauble

EDITION EXODUS
Luzern 2004

Übersetzt und publiziert mit Unterstützung von
Fastenopfer Schweiz und Brot für alle Schweiz

Originalausgabe:
O Espírito vem pelas águas. Bíblia, espiritualidade ecumênica e a questão da água
© Centro de Estudos Bíblicos, São Leopoldo/RS, 2002
© Editora Rede, Mosteiro da Anunciação do Senhor, Goiás/GO, 2002

Übersetzung aus dem Portugiesischen von Michael Lauble
Redaktion: Odilo Noti
Titelbild: Joachim Patinir, Die Versuchung des Hl. Antonius (Ausschnitt),
Fletscher Stiftung, New York
Umschlag: Bernard Schlup (Gestaltung) /
Kurt Bläuer, Typografie und Gestaltung (Satz und Lithos)
Satz: atelier hupa, CH-4462 Rickenbach/BL
Druck: WB-Druck, Rieden im Allgäu
ISBN 3-905577-65-8

Für Ármia Escobar,
die Schwester, Freundin und Lehrerin,
für die mehr als achtzig Jahre ihres fruchtbaren Lebens
als göttliches Wasser, vergossen für die Welt.

Und für Clara und Duda Araújo Sugizaki,
die geliebten Patenkinder,
auf dass wir euch und jeder Generation,
für die ihr steht, sauberes, frisches Wasser
einer gerechteren Welt
und eines glücklicheren Universums
übergeben.

INHALT

Geleitwort (Dom Sebastião Armando Gemeleira Soares)   11

Einführung   21

Erstes Kapitel:
Erinnerung an einige reale Gegebenheiten   27
1. Wasser – eine Lebensfrage   28
2. Die Weltkarte des Wassers   29
3. Das Wasser und die Gesundheit   32
4. Länder, Wasserreserven und ökologische Situation   33
5. Severina vom Wasser (Agostinha Vieira de Mello)   73
6. Goiás, die Wiege des Wassers (Paulo de Souza Neto)   75

Zweites Kapitel:
*Die Kraft des Wassers und die Macht des Geistes. Das Wasser
in den Religionen und spirituellen Wegen*   91
1. Auf der Suche nach einer «ökumenischen und
   kosmischen Spiritualität»   92
2. Das Wasser ist mehr als Wasser   95
3. Das Wasser in den antiken Kulturen und Philosophien   96
4. Was uns die Kinder des Waldes und der Flüsse zu sagen
   haben   99
5. Das Wasser bei anderen indigenen Völkern außerhalb
   Brasiliens   105
6. Die Orixás des Wassers und der Wasserfälle – das Wasser
   in den afrobrasilianischen Religionen   108
7. Das Wasser in den Geschichten von den Orixás   110
8. Das Wasser in der afrikanischen Symbolik   113
9. Die Bedeutung des Wassers und der Erde im Hinduismus   114
10. Das Wasser in anderen östlichen Religionen   116
11. Das Wasser in den buddhistischen Traditionen   117
12. Die spirituelle Sicht des Wassers in Japan und Indonesien   119

13. Das Wasser des Bundes im Judentum 120
14. Im Namen Gottes, des Allbarmherzigen – das Wasser in
    der Tradition des Islam 123
15. Das Wasser in den volkschristlichen Traditionen 126
16. Das Wasser in anderen alten und heutigen Traditionen 130
17. Das Schwert, der Baum, der Stein und das Wasser
    (Subcomandante Marcos) 134
18. Planet Wasser (Guilherme Arantes) 137

DRITTES KAPITEL:
*«Die Stimme des Herrn erschallt über den Wassern». Das Wasser und
die Erde in der Bibel* 139
  1. Ein erster Blick auf die biblische Geschichte und das
     Wasser 140
  2. Israel und die Nachbarkulturen des Mittleren Osten 144
  3. Die Meere der Bibel 147
  4. Das Geheimnis der Brunnen 149
  5. Der Brunnen und die Frauen 151
  6. Land, Täler, Flüsse und Quellen 154
  7. Ein Volk, gerettet durch das Wasser 157
  8. Zur Zeit der Matriarchen und Patriarchen 159
  9. Projekt Gottes, Projekt der Könige 162
 10. Die Invasion der Imperien als Sintflut 165
 11. Was hinter der biblischen Erzählung von der Sintflut steht 167
 12. «An den Ufern Babylons» 169
 13. Die ganze Schöpfung entsteht aus dem Wasser 172
 14. Gottes *zimzum* 174
 15. Das Gesetz Gottes und die Sorge um Erde und Wasser 176
 16. Das Wasser des Messias Christus 178
 17. Hinter den Evangelien 179
 18. «Wir sind mit Christus begraben durch das Wasser der
     Taufe …» 181
 19. Der Große Ozean (Pablo Neruda) 184

VIERTES KAPITEL:
Eine befreiende Spiritualität der Erde und des Wassers 187
  1. Können wir denn selbst an den «Geist des Wassers»
     glauben? 188

2. Wie man heute eine «Spiritualität des Wassers» leben
   kann   190
3. Eine ökofeministische Sicht des Glaubens – Skizze und
   weiterführende Anregungen   191
4. Wenn es ein Schlusswort in der Sache gäbe ...   198

ANHANG
Die Europäische Wassercharta   200

GELEITWORT

Marcelo Barros ist vielen kein Unbekannter mehr. Durch seine Schriften, durch die klösterliche Gemeinschaft in Goiás, der er vorsteht, durch seine umfangreiche Korrespondenz, durch die vielen Reisen, die ihm zahllose Kontakte mit den unterschiedlichsten Menschen ermöglichen, ist Marcelo heute in unserem afrolatindischen Amerika unbestreitbar eine Orientierungsgestalt für die ganze Kirche, ja über sie hinaus. Es gibt Menschen, die viel mehr vermitteln als bloß die Informationen, die sie weitergeben. Sie sind nicht nur gelehrt oder gebildet, sie besitzen das Charisma des «Wissens» [*saber*]. Sie sind diejenigen, die den Geschmack [*sabor*] des Lebens erfahren und eben deshalb die Gabe haben, voll Weisheit [*sabedoria*] vom Leben zu sprechen. Damit gehen sie weit über die Wissenschaft hinaus. Auch Paulo Freire war so ein Mensch. Und Dom Hélder Câmara. Etwas von alldem scheint zum Beispiel auch in einer Gestalt wie der von Professor Cristóvam Buarque auf, der unermüdlich dazu aufrief, endlich den Schritt «von der technischen Modernität zur ethischen Modernität» zu vollziehen. Die spirituelle Tradition sagt von diesen Menschen, sie seien «Gesalbte». Es ist, als lebte in ihnen ein Instinkt, eine Art sechsten Sinnes, der sie die Wirklichkeit in einer Tiefe wahrnehmen lässt, zu der ein Normalmensch keinen Zugang hat, selbst wenn er eine Universitätsausbildung genossen hat oder zum Führungspersonal der Kirche gehört.

Marcelo ist einer von diesen Menschen. Sein Wissen, sein enormes Gedächtnis, seine wache Intelligenz, seine unglaubliche geistige Beweglichkeit, die ihn von der theologischen Reflexion bis zum Roman führt, seine schier unerschöpfliche Arbeitskraft, die Informationsfülle, die er zu vermitteln versteht – all das ist nur das Werkzeug einer viel tiefer reichenden Fähigkeit, der *Intuition*, der Fähigkeit, in Gleichklang mit der Wirklichkeit zu gelangen, und vor und nach dem Akt des Denkens wahrhaft zu empfinden. Vielleicht bedeutet ihm ja gerade deshalb das «universale Mitleiden» so viel, für das der Dalai Lama eintritt.

Außer aus seinem offiziellen Studium bezieht er viel von dieser Weisheit aus seinen Aktivitäten im Alltag, aus seinem Zusammenleben mit Bauern und Indianern, aus seiner Arbeit mit popularen Gruppen und Basisgemeinden, mit dem MST (*Movimento dos Trabalhadores Rurais Sem Terra*, Bewegung der Landlosen) und der Begegnung mit anderen Kulturen und Religionen. Dies alles macht Marcelo zu einem wahren Weisen im weiten Wortsinn.

Dieses Buch beginnt er mit der Frage, die ihm eines Tages gestellt wurde: «Theologie der Erde und nicht Theologie von Gott?» Thomas von Aquin hat schon im 13. Jahrhundert eine Antwort auf diese Frage gegeben: «Theologie ist die Wissenschaft, die von Gott *und von allen Dingen* handelt, insofern sie von Gott sprechen»; das heißt, sie ist die Wissenschaft von allen Dingen, die irgendwie mit Gott in Beziehung stehen, und das wiederum heißt, sie ist Wissenschaft *von allen Dingen*, weil ja alles von Gott ist. Daher gibt es eben auch eine Theologie des Wassers. Was die Theologie nämlich auszeichnet, ist nicht, dass sie von einem Gegenstand handelt, der sich dem Zugriff der anderen Wissenschaften entzieht und der deshalb ihr exklusiver Gegenstand wäre: die geheime und geheimnisvolle, unzugängliche Welt des Göttlichen. Die Eigenart der Theologie ist vielmehr ihre Fähigkeit, alle Dinge zu sehen. Die wundervolle moderne Heilige Simone Weil hat einmal gesagt:

> Ob jemand von Gott ist, erkenne ich nicht, wenn er zu mir über Gott spricht. Ob er von Gott ist, erkenne ich, wenn er zu mir über die Welt spricht.

Theologie ist die göttliche, das heißt von Liebe getragene – denn Gott ist ja Liebe – die Fähigkeit also, die Dinge dieser Welt zu sehen und über sie zu sprechen. Es gibt also sehr wohl einen *theologische* Zugang zur Rede vom Wasser, so wie es einen physikalischen, chemischen, soziologischen, geografischen, geopolitischen Gesichtspunkt gibt. Ja, es gibt sogar eine kapitalistische Art, über das Wasser zu sprechen.

Dieses Buch bringt den theologischen Blick auf die Herausforderung des Wassers ins Wort, denn es sieht die damit verbundene Problematik aus dem Blickwinkel Gottes. Damit entspricht es genau der thomasischen Definition von Theologie. Mit anderen Worten: Es ist eine *spirituelle* Stellungnahme, denn wenn «die Dinge von Gott sprechen», werden sie in der Perspektive von dessen

Heilsplan gesehen, das heißt seines liebenden Interesses für sie. Dafür ist Marcelos Buch ein Zeugnis, und in diesem Sinne ist es ein kraftvolles Ja zu einem Engagement, ja zur Militanz. Es ist ein *Manifest*, das dazu aufruft, sich an einem Erlösungsprojekt zu beteiligen. So tut es nichts anderes, als so zu sprechen, wie die Bibel selbst spricht. Es steht in Kontinuität mit dem Selbsterweis Gottes in der Heilsgeschichte:

Ich habe das Elend meines Volkes in Ägypten gesehen, und ihre laute Klage über ihre Antreiber habe ich gehört. Ich kenne ihr Leid. Ich bin herabgestiegen, um sie der Hand der Ägypter zu entreißen und sie aus jenem Land hinaufzuführen in ein schönes, weites Land, in dem Milch und Honig fließen [...]. Jetzt ist die laute Klage der Israeliten zu mir gedrungen, und ich habe auch gesehen, wie die Ägypter sie unterdrücken. Und jetzt geh! Ich sende dich zum Pharao. Führe mein Volk, die Israeliten, aus Ägypten heraus! (Ex 3,7-10).

Das erste Kapitel ist ein Schrei des Schmerzes und ein Ruf nach Hilfe: Die Erde leidet. Die Quellen des Lebens sind bedroht. Die Erde wird mit all den Agrargiften und Düngemitteln täglich mehr als Giftmülldeponie missbraucht. Die Luft, die wir atmen, verschmutzt mehr und mehr durch den Ausstoß von Maschinen, Automobilen, Industrieschornsteinen und Kernkraftwerken. An manchen Orten ist sogar das Regenwasser, der so genannte saure Regen, schon nicht mehr vertrauenswürdig und kann gefährlich werden. In vielen Weltgegenden fehlt es an Wasser, zahllose Quellen trocknen durch menschliches Verschulden aus, und das verfügbare Wasser wird immer schmutziger und belasteter. Wir stecken in einer Situation, die in der Vergangenheit unvorstellbar war. Einer der Väter der Alten Kirche hat im Zusammenhang mit seinem Protest gegen die Konzentration von Reichtum folgende Überlegung angestellt: Sie wollen alles für sich, konzentrieren die Erde in ihrer Hand und machen sie zum Privateigentum, ohne daran zu denken, dass sämtliche Güter der Gottesschöpfung für alle da sind, und wenn sie dazu in der Lage gewesen wären, hätten sie sich auch das Wasser und die Luft angeeignet. Natürlich hat sich dieser Seelsorger niemals vorstellen können, dass genau diese Möglichkeit einmal eintreten würde. Heute sehen wir: Sie ist eingetreten. Die Konzentration des Reichtums unterjocht die Erde, die Luft und das Wasser immer mehr. Das weite, eindrucksvolle Panorama, das Marcelo vor uns ausbreitet, ist eine schmerzliche Enthüllung der Tragödie, in die sich die Schöpfung heute verwickelt sieht. Es ist mehr als offensichtlich: Aneignung bedeutet Desintegration, Schädigung und Tod.

Das Entwicklungsmodell, die Konzentration des Reichtums, der Industrialisierungs- und Ausplünderungsprozess, «die destruktive Potenz des in der Welt vorherrschenden Gesellschaftssystems und die Privatisierungspolitik, die aus dem Wasser eine vom Markt kontrollierte und regulierte Ware macht», der geringe Wert, den ein Menschenleben hat – all das spricht deutlich von der Tragödie, unter der sich ganze Massen buchstäblich in Lumpen durchs Leben schlagen. Die Anklage, die hier laut wird, ist noch kein Schrei der Verzweiflung, wohl aber ein Warnsignal, das zu dem Versuch auffordert, die Katastrophe abzuwenden, ein Aufruf, aufzustehen und zu handeln, damit es noch Rettung für den Planeten gibt. Gestützt auf offizielle und maßgebliche Quellen der Vereinten Nationen und anderer angesehener internationaler Institutionen, entwirft Marcelo vor unseren Augen ein ebenso weit gespanntes wie bestürzendes Panorama.

Das zweite Kapitel lässt sehr deutlich die theologische Methode des Verfassers erkennen. Sein Anliegen ist es, uns wieder neu auf die Bibel hören zu lassen. Seine Theologie weist jedoch zwei wesentliche Kennzeichen auf. Sein Ausgangspunkt ist natürlich der Glaube. Aber nicht der Glaube fertiger Antworten oder uralter Doktrinen. Es ist der Glaube im tiefsten thomasischen Sinn: Teilhabe an der Wissenschaft von Gott. Mit heutigen Worten würden wir sagen: Es ist der Glaube als Teilhabe am Sehen Gottes, an der Art, wie Gott die Welt sieht und seine Schöpfung wahrnimmt. Daher besteht das erste Moment der theologischen Reflexionsarbeit darin, dass man einen Blick auf die Welt richtet, der Gottes eigenem Blick ähnlich ist: ein Blick voller *Mit-Leiden*, ein Blick, der den Schmerz in sich aufnimmt. Genau das bedeutet in der theologischen Methode «Ansatz in der Realität». Das ist kein Soziologismus und keine Säkularisierung des Glaubens, wie manche meinen. «Ansatz in der Realität», von der Realität ausgehen – das ist schon das erste Moment in der theologischen Praxis, denn es ist der theologale Akt des Blicks auf die Welt, Seite an Seite mit dem, der vom Kreuz aus blickt. Es ist nicht einfach ein «wissenschaftlicher» Blick im positivistischen Sinn des Begriffs. Es ist Wissenschaft, das ja, aber im Sinn der möglichst genauen Erkenntnis der Realität des Lebens. Die ist freilich keine neutrale und distanzierte Erkenntnis. Sie ist liebender Blick des Vaters, der Mutter, des Bruders, der Schwester, des Gefährten und der Gefährtin, des Freundes und der Freundin, eben wie der Blick Gottes, der der «Freund des Lebens» ist (Weish 11,26). Das ist bereits Theologie, insofern es Ausdruck des theologalen Aktes ist, der in der Teilhabe am Blick Gottes auf die Welt besteht. Ein zweiter Wesenszug der Methode ist ihre ökumenische Offenheit. Auch dies ist eine Art, an der Seinsweise Gottes teilzuhaben, an der grenzenlosen Weite seines Herzen zu partizipieren. Marcelo möchte, dass wir angesichts der «Herausforderung des Wassers» wieder auf die Bibel hören. Doch bevor wir unsere Augen, Ohren und Herzen der Erfahrung und dem Wort Jesu von Nazaret zuwenden, lädt er uns ein, unsere Aufmerksamkeit auf das Wort anderer religiöser Traditionen zu richten. Was Marcelo dazu bewegt, diese zweite «Stufe des Wissens» (so der Untertitel von Jacques Maritains berühmtem Buch *Distinguer pour unir* von 1932, das 1954 mit ebendem Titel *Die Stufen des Wissens* auf deutsch erschienen ist), diese Stufe also zu erklimmen, sind fundamentale Überzeugungen des christlichen Glaubens. Wenn Jesus für uns die Offenbarung des Wortes Gottes in ihrer höchsten Fülle ist, warum dann überhaupt noch andere Worte zur Kenntnis nehmen? Gott ist ein Einziger, unter all den vielen Namen liegt die transzendente Wirklichkeit des einen, einzigen Gottes, und in allem religiösen Suchen sucht der Mensch diesen Gott. Der Apostel Paulus hat das in Athen sehr schön deutlich gemacht (vgl. Apg 17,22–29). Gott ist der Schöpfer der Welt und der ganzen Menschheit. Alle Wesen tragen das Zeichen seines Wortes an sich (vgl. Gen 1), und Männer wie Frauen sind nach seinem Abbild, ihm ähnlich geschaffen (vgl. Gen 1,26f). Das Geheimnis der Inkarnation zu verehren heißt, ganz und gar zu akzeptieren, dass Gott sich durch die Menschen offenbart – von Anbeginn an (vgl. Joh 1,10) und besonders in Jesus von Nazaret (vgl. Joh 1,14). Damit hat Gott akzeptiert, dass sein Wort der Begrenztheit unterliegt, denn kein menschliches Wesen ist unbegrenzt. Jesus ist die radikale Offenbarung Gottes, aber in der notwendig begrenzten und eingeschränkten Erfahrung eines Mannes (die Erfahrung des Frauseins hat er nicht gemacht), eines Juden (er war Mitglied nur eines ganz bestimmten Volkes und einer Kultur) und des 1. Jahrhunderts (in den Grenzen des in einer bestimmten Epoche erreichbaren Horizonts).

Der Apostel Paulus hat den Satz gewagt: «In meinem Fleisch ergänze ich das, was an den Leiden Christi noch fehlt.» Eine solche theologische Kühnheit hätte von uns wohl kaum jemand besessen! Derselbe Paulus unterscheidet «Jesus» und die «Erfahrung des Christus» (vgl. 2 Kor 5,16), die unendlich viel weiter ist: Sie ist Erfahrung des ganzen Leibes, während Jesus nur dessen Haupt ist; sie ist Erfahrung des ganzen Kosmos, weil «die Schöpfung selbst zur Freiheit der Herrlichkeit der Kinder Gottes befreit werden» wird (Röm 8,21); sie ist Erfahrung der Glieder des Leibes, jenes kosmischen Christus, von dem Teilhard de Chardin unter dem Eindruck von Römer-, Epheser- und Kolosserbrief sprach. Es gilt, die christliche Erfahrung um die vielen Worte zu «ergänzen», die Gott der Menschheit auf ihrem schon so langen Weg mitgeteilt hat. Deshalb leitet uns Marcelo mit bewundernswerter Gelehrsamkeit und brüderlicher Sympathie für den «universalen Bruder» (ein Ausdruck von Charles de Foucauld) an, auch die Worte und Empfindungen verschiedener spiritueller Traditionen wahrzunehmen. «Katholisch» sein heißt ja nicht, dass man sich für berufen hält, das ganze «Universum» in die christliche Kirche heimzuholen. Nicht in diesem Sinne ist die Kirche Christi katholisch-universal. Historisch hat diese Ideologie nur zu Imperialismus, zu Spaltungen, Kreuzzügen und Kriegen geführt. Die Kirche ist katholisch, weil jede gläubige Gemeinschaft, so klein sie auch sei, in Betrachtung und Feier sich als Zeichen und Werkzeug des «universalen» Heilsplans Gottes weiß, der geheimnishaft im Schoß der gesamten Menschheit wirksam ist. Genau aus diesem Grund sagt uns Marcelo:

Von Jesus Christus lernen wir, dass jede Spiritualität als Weg zur Intimität mit Gott uns für alle anderen Wege der menschlichen Gottsuche offen macht und mich in die Communio mit allen Wesen des Universums stellt. Es ist ein Weg der ökumenischen Offenheit, der das Leben ins Zentrum von allem rückt und im Leben das Heiligste überhaupt sieht. Dieser Weg hat mehrere Dimensionen:
1. die Suche nach innerer Einheit (Spiritualität ist die gelingende Einheit jeder Person mit sich selbst, im Dialog jedes Einzelnen mit seinen besten Anteilen und Eigenschaften);
2. die Communio mit der ganzen Menschheit und allen Wesen des Universums (eine kosmische Communio);

3. für viele Menschen hat die Spiritualität ihren innersten Kern in der Offenheit des Daseins für eine göttliche Dimension, die über uns hinausgeht und die Juden, Christen und Muslime «göttlichen Geist» nennen, eine weibliche Energie, die in der Bibel mit einem Sturmwind verglichen wird, der das Leben erneuert und die Quelle der Liebe ist, die uns in die Verantwortung für alle nimmt.

Wenn wir die verschiedenen spirituellen Traditionen Revue passieren lassen, dann zeichnen sich einige gemeinsame Züge ab. Carl Gustav Jung hat sie «Archetypen» genannt: Das Wasser ist unser Ursprung: Wir stammen aus dem Wasser. Die Welt entsteht aus dem Wasser, es ist die Quelle der Schöpfung, vom Atem Gottes durchweht. Am Wasser entscheidet sich, ob wir leben oder sterben, so als wollten wir einen Fluss befahren, dessen Ufer jenseits unserer Reichweite sind. Leben heißt den Durst stillen, Dürre ist Tod. Regen ist «Same der Götter», der fällt, um die Erde zu befruchten und Leben zu zeugen.

Dieses weite religiöse Panorama hilft uns zu sehen, wie radikal die Herausforderung ist. Wenn das menschliche Tiefenbewusstsein, das in den religiösen Traditionen aufscheint, darum weiß, dass das Wasser mit dem Ursprung des Lebens zu tun hat (und diese Intuition ist «wissenschaftlich», weil Ausdruck der Realität), dann zeigt sich in aller Deutlichkeit, was auf dem Spiel steht: Wir schneiden uns unsere eigene Lebenswurzel ab, wir zertreten das Samenkorn samt seinem innersten Kern, wir zerreißen den Mutterschoß des Lebens. Welche Tragödie! Wir Kinder des Wassers verschlingen in unserem unersättlichen Wüten unsere eigene Mutter! Hier zeigt sich vielleicht am offensichtlichsten der Verfall unserer Menschlichkeit: Indem wir alles bis hin zur Person selbst zur Ware erniedrigen, unterjochen, versklaven und töten wir schließlich unseren eigenen mütterlichen Quell!

Im dritten Kapitel kommen wir zur Bibel, in der Wasser die Garantie für das Leben in der Wüste ist, Symbol für das Chaos und zugleich für die Fruchtbarkeit des Lebens. In der Bibel begegnen wir den gleichen Bildern wie in anderen religiösen Traditionen. Überschwemmung ist das Symbol für die unterdrückerischen Imperien; aber auch die Wüste und der Mangel an Wasser sind Todessymbole. «Quelle» ist Ursprung des Lebens, daher wird ein Wasserbrunnen häufig mit dem Weiblichen in Verbindung gebracht. «Du Herr, bist Quelle lebendigen Wassers.»

Wenn wir aus dem Wasser geboren sind, werden wir auch durch das Wasser zum neuen Leben wiedergeboren, dessen Prinzip der Geist ist (vgl. Joh 3,5). Am Thron Gottes entspringt der Strom des Lebens ...

Unserem Autor geht es um eine Neuinterpretation der Bibel, die ein für allemal mit den Paradigmen des Rationalismus bricht. Denn der Rationalismus, den wir von den Griechen ererbt haben, hat uns in beträchtlichem Maß von grundlegenden Positionen des biblischen Glaubens abgebracht. Imperialismus, Kolonialismus, Individualismus sind nur andere Bezeichnungen für den «Kult» der Vernunft. In dessen Rahmen wurde die Stellung des Menschen im Kosmos im Sinne eines Bruchs und nicht der Communio verstanden. Statt den «Geist» als das Aufblühen des Bewusstseins der materiellen Welt zu betrachten, wurde die «Seele» als Gegensatz zum «Leib» begriffen. «Spiritualität» verkam zum «Spiritualismus» ... Der allmächtige Gott des Imperiums reproduzierte sich in der «Anthropokratie», die liebende Lenkung der Schöpfung sank zur imperial-despotischen Herrschaft des menschlichen Begehrens über die «Ordnung» des Lebens herab, und so erlosch das Gefühl, dass der Mensch «Teil des Universums» ist. So haben wir eben auch vergessen, dass unser Körper vor allem Wasser ist.

Eine neue Beziehung mit dem Kosmos muss sich vor allem anderen auszeichnen durch die «Sorge» um alle Wesen, beginnend mit dem Bewusstsein, dass alles Gabe ist, dass wir Verantwortung für alles tragen und dass das höchste Gesetz das des gegenseitigen «Eigentums» ist, das alles in einem großen Ganzen miteinander verbindet. Daraus muss zwangsläufig eine Spiritualität der Communio und der Compassio erwachsen, in der die Verfügungsgewalt über die Dinge und ihr Besitz geteilt werden – genau das, was der Kapitalismus nicht wünscht. Daher verlangt eine neue Spiritualität einen entschlossenen Bruch mit dem heute herrschenden Weltsystem. Eine neue Spiritualität muss *per se* eine radikal politische Haltung sein, eine Position, die dazu beitragen will, die Welt auf neuer Grundlage neu aufzubauen. Unser Autor lädt uns ein, uns eine neue Sicht der Beziehung zur Natur zu Eigen zu machen, die uns wahrnehmen lässt, dass sich in allen Dingen etwas Göttliches verbirgt. Davon spricht die Bibel zu uns, indem sie sagt, dass jedes Geschöpf die «Verleiblichung» eines Wortes Gottes (vgl. Gen 1) oder die «Inkarnation» seiner Weisheit (vgl. Spr 8,22–30) ist. Sie erinnert uns daran, dass wir von den Völkern des Orients und von den alten Kulturen der indigenen und schwarzen Völker viel lernen können. Welch eine Wende, wenn wir daran denken, wie sehr diese Völker verachtet, verleugnet und dezimiert wurden! Die Bibel ruft uns auf zur «ökofeministischen» Sensibilität in den zwischenmenschlichen Beziehungen und in unserem Verhältnis zum Kosmos insgesamt. Und eine weitere Wende, wenn wir bedenken, mit welcher Brutalität die Frauen jahrtausendelang behandelt wurden! Und noch viel konkreter fordert uns die Bibel auf, uns als Förderer oder Mitglieder an Kampagnen zur Demokratisierung des Wassers zu beteiligen: in der Familie, in der Schule, in der Kirche, im Arbeitsbereich und in der Öffentlichkeit, wo, unter besonderer Berücksichtigung der Kunst, der Kommunikationsmedien und der Instrumente des politischen Kampfes, die sozialen Bewegungen tätig sind.

Die Welt ist Tempel Gottes. Alles in ihr ist so heilig wie die «heiligen Geräte». Es gibt keine Trennung zwischen Heilig und Profan; alles ist profan, weil es «das Heilige» nicht mehr gibt, denn alles ist heilig. Darum wird die ökologische Problematik von selbst zu einer zentralen Frage der Spiritualität. Die Communio mit der Welt, mit dem Kosmos muss uns zu einer Haltung tiefen Respekts für die «Logik des Hauses», die *oikologia*, führen – von einer internen Ökologie, die in der Einheit der Personmitte besteht, bis hin zu dem Empfinden, dass alle Dinge in irgendeiner Form in Kontinuität mit unserem eigenen Körper stehen. «Eine kosmische Spiritualität, die sich in einer ökologischen und antikapitalistischen soziopolitischen Vision ausdrückt.»

Wir dürfen keine Zeit mehr verlieren. Die Quellen des Lebens sind bedroht. Der Tod der Erde, der Luft und des Wassers wird unser Tod sein, unser Körper ist in Gefahr. Wenn noch Zeit ist, die Erde zu retten, dann ist es höchste Zeit zu spüren, «wie dringlich eine Wende in der Mentalität, den Gewohnheiten und der Lebensweise – auf persönlicher wie auf gesellschaftlicher und politischer Ebene» – ist. Dieses Buch beginnt mit einem Schrei des Leidens, einem Hilferuf, und Gott sei Dank stört es uns auf mit einem Schrei zur Bekehrung, mit einem Aufruf zu unverzüglichem Handeln, sofern wir überhaupt noch Zeit haben. Dieses Buch ist ein Akt des Zeugnisses, der leidenschaftlich um Zeugen wirbt, die den Mut haben, zu Gunsten des Lebens zu «konspirieren». Karl Barth, einer der berühmtesten protestantischen Theologen aller Zeiten, hat die Kirche gern als «conspiratio testium», als Konspiration von Zeugen, bezeichnet. Ja, dieses Buch ist das Ja zu einem Engagement, das sich in der typischsten Eigenschaft der christlichen Kirche Ausdruck verschaffen will: im Zeugnis, in der *martyria*, dem Martyrium ... Einen solchen Akt der Konspiration für das Leben muss die christliche Kirche unermüdlich setzen, «sei es gelegen oder ungelegen».

Dom Sebastião Armando Gemeleira Soares
Bischof der anglikanischen Diözese Pelotas und Beirat des CEBI

EINFÜHRUNG

Wenn die Wahrheit lange ausgeblieben ist, kommt sie schließlich über das Wasser.
Afrikanisches Sprichwort

Unlängst hatte ich ein Treffen mit Leuten aus der charismatischen Erneuerung. Eine der ersten Fragen, die sie mir stellten, lautete: «Sie haben eine Theologie der Erde geschrieben und sagen, Sie seien dabei, eine ‹Theologie des Wassers› zu verfassen. Ist das nicht ein bisschen künstlich? Theologie ist doch ein Diskurs über Gott. Was hat sie dann also mit der Erde oder mit dem Wasser zu tun?»
Es fiel mir schwer, eine kurze und zugleich tief gehende Antwort zu geben. Ich hätte Voraussetzungen darlegen müssen: die gesellschaftliche Option und den Glauben an die Gegenwart Gottes inmitten der Kämpfe dieser Welt, ich hätte in wenigen Worten wiederholen müssen, dass Gott in jeder Realität des menschlichen Lebens zugegen ist und dass sich das Leben nicht in zwei Welten teilen lässt: die natürliche und die übernatürliche. Da habe ich einfach eine Begebenheit aus dem Leben von Mons. Leônidas Proaño, dem Propheten der Indianer in Ekuador, erzählt. Ein Freund besuchte ihn in seiner Einsiedelei in den Bergen. Der Bischof wies ihn auf die Schönheit der Anden hin. Er zeigte auf einen Schneegipfel, den er von der Kapelle aus, in der er betete, sehen konnte. Sein Kommentar:
«Ich bete dieses Gebirge an.»
Der Freund wollte ihn provozieren: «Ich dachte, Sie beten nur Gott an.»
Proaño erwiderte: «Wo ist da der Unterschied?»
Er brauchte nicht zu sagen, dass er Gott, der im Gebirge zugegen ist, anbetete, wie ich damals hätte erklären müssen, dass ich, wenn ich Theologie des Wassers treibe, erforsche, was Gott uns durch das Wasser sagt und was Gott in Bezug auf das Wasser von uns verlangt. Irgendwie geht es, auch auf dem Weg über die Erde und das Wasser, immer um die Suche nach Gott und seinem Reich der Gerechtigkeit.

Jemand aus der Gruppe meinte, Gott in seiner Güte teile sich uns mittels eines Steinchens, einer Blume und eines bunten Schmetterlings in unserem Garten mit. Ich ergänzte: «Aber wir nehmen seine Gegenwart in einigen Zeichen stärker wahr. Sie scheinen eine besondere göttliche Kraft zu haben. Bindet nicht auch die Kirche die Annahme des Glaubens und der gottgeschenkten Erlösung an einen Ritus des Eintauchens in das Taufwasser? Also haben zumindest der Glaube und die Theologie etwas zu tun mit dem Wasser als Zeichen und Werkzeug der Liebe Gottes zum Leben der Menschen.»

Ich spürte, dass meine Antwort mehr Fragen und Zweifel als Klarheit schuf. Und ich ging von dort weg mit dem Wunsch, nicht ein Buch über die «Theologie des Wassers» zu schreiben, was mir allzu feierlich und pompös schien, sondern eine Reflexion darüber, wie wir uns, ausgehend von der Bibel und einer ökumenischen Spiritualität, tiefer und ernsthafter auf diese Frage einlassen können, die die Menschen guten Willens auf der ganzen Welt immer stärker umtreibt.

Als vor einigen Jahren ein neupfingstlerischer Geistlicher auf ein Heiligenbild schoss, erregten sich Katholiken in ganz Brasilien. Bischöfe und Priester protestierten heftig und konnten mit der Unterstützung der Bevölkerungsmehrheit rechnen. Die Geste des Pastors wurde als aggressiver, ehrfurchtsloser Akt gegen ein von vielen Menschen verehrtes religiöses Symbol gewertet. Wenn Minenunternehmen unsere Flüsse mit Quecksilber vergiften und die Menschen und Tiere bedrohen, die auf dieses Wasser angewiesen sind – wer empfindet dann dieses Verbrechen als Profanierung von etwas Heiligem?

Heute spricht man von «ökologischem Heiligtum», aber in den meisten Fällen ist das nichts als eine bloße Umschreibung für «Landschaftsschutzgebiet».

Ich bin in Camaragibe im Waldgürtel von Pernambuco nahe Recife geboren. Als ich klein war gab es fast unmittelbar hinter unserem Haus eine Quelle, deren Wasser in einem großen Stauwehr gefasst wurde. Wir überquerten es mittels einer recht schmalen Brücke, auf der einen Seite einen See mit noch sauberem Wasser, auf der anderen einen Absturz, in den sich ein Wasserstrahl ergoss, der dann ein Flüsschen bildete und das ganze Areal der Textilfabrik versorgte. Heute ist das Stauwehr ausgetrocknet, und das Flüsschen existiert nicht mehr.

In der Nähe meines Elternhauses gab es ein großes Waldschutz-
gebiet voller Makaken, Seidenaffen und Urwaldtiere. Und mitten
im Wald bot sich ein weiterer See unseren Augen und unserer Ge-
selligkeit dar. Er wird als Müllkippe für die Stadt genutzt. An seiner
Quelle konnte man noch baden und fischen. Hin und wieder ver-
brachte mein Vater Stunden dort beim Angeln, während ich mich
mit meinen Brüdern im Wasser vergnügte.

Vor wenigen Jahren wollte ich die Gegend einmal wieder sehen.
Ich wusste, dass der Uferwald zerstört worden war und dass man
das wenige, was noch übrig geblieben war, in Parzellen aufgeteilt
und in Privatgrundstücke verwandelt hatte (um deren Luxuswert
zu demonstrieren, nannte man sie auf Französisch «Privé»). In den
1980er Jahren ist das Stauwehr infolge eines Wolkenbruchs geborsten, sein Wasser hat ein Elendsviertel überschwemmt, Dutzende
von Menschen getötet, und was übrig blieb, war ein verschmutztes,
gedemütigtes Rinnsal.

Sicher kann jeder, der diese Zeilen liest, ganz ähnliche Geschichten aus seinem eigenen Leben oder aus seiner Kenntnis erzählen. Die Abholzung der Wälder und die Verschmutzung des
Wassers sind ein weltweites Problem, das heute von allen empfun-
den wird. Doch das Hauptproblem ist ein soziales und besteht in
der gegenwärtigen Politik der Privatisierung, die nicht einmal das
Wasser verschont, dieses Grundbedürfnis und Grundrecht aller
Menschen.

International existieren bereits Gesetzgebungsprojekte, und die
UNO ist daran interessiert, Treffen zu organisieren und Parameter
aufzustellen, die der Menschheit auch künftig das Minimum an
Schutz für den Planeten Erde und sein Wasser garantieren sollen.
Wenn wir nicht heute und jetzt die notwendigen Vorkehrungen
treffen, dann wird das Wasser wahrscheinlich schon in wenigen Jah-
ren knapp werden und Kämpfe zwischen den Völkern auslösen.
Dann werden die Menschen für einen Liter Trinkwasser zwei Liter
Erdöl geben müssen, und das wird sich noch steigern.

In Kreisen der Pastoral Popular in Brasilien hat man einen Vorschlag entwickelt, die Kampagne der Brüderlichkeit im Jahr 2003
der Frage des Wassers zu widmen. Wird er akzeptiert, dann werden
wir auch beantragen, die Kampagne wie im Jahr 2000 ökumenisch
auszuweiten und die Kirchen einzubeziehen, die Mitglieder des
CONIC (*Conselho Nacional de Igrejas Cristãs*), des Nationalrats

christlicher Kirchen, sind. Faktisch gibt es zwar schon zahlreiche Studien und technische Untersuchungen über das Thema, aber erst wenige Arbeiten bringen das Wasserproblem mit der spirituellen Verantwortung derer in Verbindung, die, in einer Religion oder spirituellen Tradition stehend, an Gott und an das Leben als Geschenk dieses Gottes glauben.

Ich selbst bin zwar kein Fachmann in dieser Materie, aber wie der Prophet der Johannesoffenbarung sagt, bin ich «euer Bruder, der wie ihr bedrängt ist, der mit euch an der Königsherrschaft teilhat und mit euch in Jesus standhaft ausharrt» (Offb 1,9). In diesem Sinn lade ich meine Leserinnen und Leser ein, mit mir über die Frage des Wassers und seine spirituelle Bedeutung für einige der bekanntesten Religionen und insbesondere für das Wort Gottes in der Bibel nachzudenken. Ausgehend von unserer Meditation werden wir einige Schlussfolgerungen ziehen können und unser Wissen um die Verantwortung vertiefen, die wir als Staatsbürger und Zeugen der Liebe Gottes für die Erde und das Wasser tragen. Im ersten Kapitel geht es um das Wasser als reale Größe in der Welt. Das zweite ist der Bedeutung des Wassers in den verschiedenen Religionen und spirituellen Wegen gewidmet. Danach befassen wir uns in einem weiteren Kapitel mit dem Wasser in der Bibel und in der christlichen Theologie. In einem abschließenden Kapitel versuche ich dann zu skizzieren, wie wir uns gegenüber dem Wasser und der Erde verantwortlicher und durchaus auch spiritueller verhalten können.

Um die Lektüre zu erleichtern, werden Sie am Ende jedes Kapitels eine Zusammenfassung seines Inhalts finden. Neben diesem Resümee, das das Wesentliche enthält, werden Leserinnen und Leser, die mehr wissen wollen, detailliertere Ausführungen in Kleindruck vorfinden.

Damit diese «Reise» durch die Realität der Welt von heute und durch die verschiedenen spirituellen Traditionen zu einem neu belebten Lauschen auf das wird, «was der Geist zu den Gemeinden spricht» und was er allen Menschen sagt, die an das Leben glauben, lade ich Sie ein, mit mir gemeinsam ein altes christliches Gebet zu sprechen:

Geist Gottes, Geist aus Licht, du bist die Quelle lebendigen Wassers. Am ersten Tag schwebtest du über den Urwassern wie ein großer Vogel, das Ei der Schöpfung ausbrütend. Wir sehen dich auch heute noch gegenwärtig über den Wassern des Kosmos und in der Luft, die wir atmen. Gib uns die Gnade, dich zu entdecken und anzubeten, dich, gegenwärtig in allem Lebendigen und verborgen in jedem Winkel der Natur. Mach uns zu Zeugen deines Mitleidens mit der Menschheit und mit der ganzen Schöpfung, die du am Leben erhältst mit der Kraft der Liebe. Darum bitten wir dich im Namen Jesu, des Bruders der Menschheit und Propheten der allumfassenden Liebe. Amen.

ERSTES KAPITEL
ERINNERUNG AN EINIGE REALE GEGEBENHEITEN

Es werden Tage kommen, in denen die Flüssen austrocknen und das Wasser knapp wird. Die Sünde des Volkes wird die Welt Kopf stehen lassen. Alles wird umgestürzt werden. Das Festland wird zum Meer und das Meer zum Festland werden.
Prophetie, Padre Cícero Romão Batista zugeschrieben

In manchen Gegenden Brasiliens sagt man, wenn man ausdrücken will, dass etwas selbstverständlich ist oder dass etwas sich über die Maßen ausdehnt: «Das läuft wie Wasser.» Diese Redensart lässt eine traditionelle Einstellung in fast allen Schichten des Volkes erkennen: «Das Wasser ist ein unbegrenztes Gut, das nichts kostet und an dem es nie mangeln wird.» Ich erinnere mich, dass eines Tages eine Nachbarin ganz beunruhigt zu mir sagte: «Ein Anzeichen dafür, dass das Ende der Welt kommt, ist, dass die Leute jetzt sogar Wasser verkaufen. Mein Großvater hat mir gesagt, dass die Welt zu Ende geht, wenn sogar das Wasser käuflich wird.»

Sie dachte, es sei eine Prophezeiung aus der Bibel, und ich musste ihr erklären, dass es zwar Texte beim Propheten Jesaja (55,1f) und in der Geheimen Offenbarung (18) gebe, die sich von dieser These her erklären ließen, dass diese volkstümliche Prophetie aber nicht wörtlich in der Bibel zu finden sei. Faktisch freilich beginnt sie sich zu erfüllen: Ein Typus von Welt ist zu Ende, und eine neue Organisations- und Daseinsform der Welt beginnt.

In den letzten Jahrzehnten hat die Menschheit entdeckt, dass das Wasser eine begrenzte natürliche Ressource ist, dass es wirtschaftlichen Wert hat und zum Wettbewerb auf dem Markt taugt. Viele Leute entdecken aber etwas noch viel Wichtigeres: Das Wasser ist nicht nur begrenzt, es droht auch knapp zu werden und kann sogar ganz ausgehen. Es ist keine Übertreibung: Wir sind in einer gefährlichen Situation. Das Lebenssystem auf dem Planeten Erde ist bedroht, und das Wasser wird zu unserem kostbarsten Gut.

Damit wir die Dringlichkeit des Themas Wasser und unserer Fürsorge für die Erde richtig verstehen, müssen wir die Situation, die
der Planet augenblicklich erlebt, und den Zustand seiner natürlichen Ressourcen ins Auge fassen.

> Seit 1994 veröffentlicht das Worldwatch Institute der Vereinigten Staaten
> einen jährlichen Bericht über den *Zustand der Erde*. Die jüngsten Berichte
> sind beunruhigend, Die Erde leidet und ist bedroht.[1]

Das heute am stärksten bedrohte Lebewesen auf der Erde ist der
Mensch. Man schätzt, dass pro Jahr 60 Millionen Menschen an
Hunger oder infolge von Hungerkrankheiten sterben. Das ist nicht
etwa die Folge der Knappheit an gutem Boden oder von ökologischen Naturkatastrophen, noch weniger ist es die Auswirkung der
Armut der gesamten Menschheit. Die Zahlen der UNO zeigen,
dass sich der Reichtum der Welt in den letzten Jahrzehnten verdreifacht hat. Das Problem ist, dass die Akkumulation und Konzentration des Reichtums ein starkes Anwachsen der Armut und
eine Zunahme der Ungerechtigkeit hervorruft. Und genau dies ist
der Grund für die ökologische Zerstörung. Der Gesellschaftstyp
und der Weg, den die Menschheit eingeschlagen hat und der das
Leben für Millionen von Menschen seit mindestens vier Jahrhunderten unmöglich macht, bringt den Planeten Erde und alle seine
Lebewesen in Gefahr. Die Schätzungen sagen:

> Von 1500 bis 1850 ist vermutlich alle zehn Jahre eine lebendige Spezies aus-
> gerottet worden. Von 1850 bis 1950 eine Spezies pro Jahr. Seit 1990 ver-
> schwindet eine Spezies pro Tag …

Allein die USA mit 4 Prozent der Erdbevölkerung sind verantwortlich für 22 Prozent der Emission von Treibhausgasen, die die
Atmosphäre vergiftet. Alle haben es in den Medien gesehen: Präsident George Bush hat sich geweigert, die Verpflichtung zur Redu-
zierung der Gasemission zu unterzeichnen, die die vorangegangene
amerikanische Regierung angenommen hatte.

---

[1]   Vgl. Leonardo Boff, Schrei der Erde, Schrei der Armen, Übers. aus dem Portug. und Bearb.
       für die deutsche Ausgabe von Horst Goldstein, Düsseldorf: Patmos, 2002.

Science-fiction-Filme wie *Künstliche Intelligenz* (USA, 2001) phantasieren, irgendwann in der Zukunft würden die Wälder verschwinden, die Polkappen abgeschmolzen und die ufernahen Städte völlig überschwemmt sein. Durchaus möglich, dass dies keine bloße Fiktion bleibt. Wer hätte sich vorstellen können, dass Filme über den Terrorismus, wie etwa *Ausnahmezustand* (USA, 1998) durch die Realität weit überholt würden? Es ist nicht zu leugnen: Es gibt eine Todesmaschinerie, die auf die unterschiedlichsten Weisen gegen das Leben arbeitet.[2]

2. DIE WELTKARTE DES WASSERS

Wenn Jesus heute noch einmal nach Kana käme, würden wir ihn bitten, Wein in Wasser zu verwandeln.

Wadih Awawdé, Präfekt von Kafr Kana, dem antiken Kana in Galiäa

Die UNO schätzt, dass der Planet in Ozeanen, Meeren, Flüssen, Seen, Quellen und unterirdischen Vorkommen 1,4 Milliarden km³ Wasser enthält. Guilhermo Arantes hat Recht, wenn er vom «Planet Wasser» singt. Allerdings sind von dieser Gesamtmenge 97,5 Prozent Salzwasser. Lediglich ganze 2,5 Prozent sind Süßwasser. An den Polen finden sich 2,086 Prozent, im Sedimentgestein 0,291 Prozent, in den Seen 0,0017 Prozent, in der Atmosphäre 0,001 Prozent.[3] Gerade einmal 0,01 Prozent des Wassers stehen der Menschheit zur direkten Verfügung. Gott sei Dank kann sich diese Menge durch den Wasserkreislauf immer wieder erneuern, sofern dieser respektiert wird und sich in der richtigen Weise vollziehen kann. Jedes Jahr wandelt die Sonnenenergie etwa 500.000 km³ Wasser in Dampf um, die in Form von Regen und Schnee auf die Erdoberfläche zurückgelangen. Ein Teil davon geht in die Ozeane ein, ein anderer wird verdampft und in die Atmosphäre zurückgeführt. Den Forschungen zufolge bleiben ungefähr 9.000 km³ Süßwasser als erneuerbare Wassermenge für den menschlichen Gebrauch übrig.

Das ist eine mehr als üppige Menge. Sie würde ausreichen, eine Bevölkerung von 20 Milliarden Menschen zu versorgen. Zum ge-

2 Eine Reihe von Angaben ist übernommen aus C. Allais, O estado do planeta em alguns números, in: M. Barrière, Terra, patrimônio comum, São Paulo: Nobel, 1992, S. 243–251.

3 Ayrton Costa, Introdução à Ecologia das Águas Doces, Universidade Federal de Pernambuco: Imprensa Universitária, 1991, S. 5.

genwärtigen Zeitpunkt hat die Erde 6 Milliarden Bewohner. Doch während sich die Menge des verfügbaren Wasser nicht geändert hat, hat sich der Wasserverbrauch im letzten Jahrhundert nahezu verzehnfacht. Und die Menschheit hat das Gut des Wassers derart vergeudet, dass die verfügbare Wassermenge sich als nicht ausreichend erwiesen hat und immer weiter abzunehmen droht.[4] Daneben ist an Folgendes zu erinnern:

– Die Verteilung des ohnehin schon begrenzten Süßwassers auf dem Planeten ist höchst ungleich. Es gibt Regionen mit reichlich Wasser und ausgedehnte Gebiete ohne ausreichendes Wasser. Weniger als zehn Länder besitzen 60 Prozent des gesamten Wasservorrats der Menschheit. Neun von 14 Ländern des Mittleren Ostens sind mit strukturellem Wassermangel geschlagen.

– Im letzten Jahrhundert hat sich die Weltbevölkerung stark vermehrt. In der Mehrheit der Länder nimmt die Urbanisierung in unkontrollierbarem Grade zu. In einigen Gebieten reicht das Wasser zwar aus, aber Flüsse und Quellen sind verschmutzt. Ein Bericht der UNO sagt aus, dass es praktisch keine völlig sauberen und von Belastung freien Flüsse und Seen mehr gibt.

– Die unverantwortliche, falsche Weise des Umgangs mit Flüssen und Seen hat dazu beigetragen, dass Quellen austrocknen und die verfügbare Wassermenge noch weiter abnimmt.

Darüber hinaus drückt schwer das Problem der Verschwendung. In den großen Städten Brasiliens rationiert die Verwaltung das Wasser, das in die Häuser der Armen gelangt, während die Mittelklasse und die Reichen Milliarden von Litern Wasser mit der Reinigung von Straßen, Mauern und Autos vergeuden.

Die SABESP (*Companhia de Saneamento Básico do Estado de São Paulo*, Grundsanierungsgesellschaft des Staates São Paulo) schätzt, dass die zehn Millionen Paulistanos, die häusliche Wasserleitungen besitzen, mehr als 30 Prozent des verfügbaren Wassers verschwenden. In Bahia beträgt der Anteil des verschwendeten Leitungswassers 50 Prozent, mit denen man sechs Millionen seiner 13 Millionen Einwohner ausreichend versorgen könnte. Nur 58 Prozent der Bevölkerung bekommen regelmäßig Wasser, und rund neun Prozent haben Abwasserkanäle.

---

4 Diese Angaben sind entnommen aus Manlio Dinucci, Il Sistema Globale, Bologna: Ed. Zanichelli, 1998, S. 282.

Aus einem Wasserhahn laufen zwölf Liter Wasser pro Minute aus. Wenn man ihn während des Zähneputzens nicht schließt, verschwendet man dabei bis zu 15 Litern Wasser, wenn man dagegen nur die Zahnbürste anfeuchtet, verbraucht man lediglich einen halben Liter. [...] Wer seinen Wagen mit dem Schlauch wäscht, verbraucht bis zu 600 Litern, wer ihn mit Tuch und Schwamm reinigt, nur 60 Liter. Das Wasser ist begrenzt.[5]

Mohamed Larbi Bouguerra, Koordinator des Wasserprogramms der *Alleanza per un Mondo Responsabile e Solidale,* sagt:

Im Lauf des letzten Jahrhunderts hat sich die Weltbevölkerung verdreifacht, aber im selben Zeitraum ist der Wasserbedarf auf das Siebenfache gestiegen und die Erdoberfläche sechsmal mehr bewässert als früher.[6]

Die UNO weist auf folgenden Sachverhalt hin: Die weltweite Verfügbarkeit von Wasser ist von 17.000 m³ pro Kopf im Jahr 1950 auf gegenwärtig 7.000 m³ gesunken. Der gleichen Information zufolge werden 70 Prozent davon für die Landwirtschaft verbraucht. (Vielleicht legen die reichen Länder ja deshalb so viel Wert darauf, dass die Länder der Dritten Welt Getreide produzieren; so verursachen sie dieses Missverhältnis bei der Bewässerung, während die reichen Länder ihr Wasser für den menschlichen Gebrauch sparen.) 22 Prozent der Süßwasservorräte des Planeten werden in der Industrie und nur acht Prozent in privaten Haushalten verbraucht.

Heute haben 1,68 Milliarden Menschen kein Wasser. Bis 2025, so die Studie der UNO, wird dieses Problem die Hälfte der Menschheit betreffen. Zur Zeit werden nach Ausweis offizieller Statistiken 32 Prozent der Ländergrenzen von Flüssen, Seen und Meeren gebildet. In Lateinamerika fallen 52 Prozent der Ländergrenzen mit Flüssen und Seen zusammen.

Diese Realität ist besser zu verstehen, wenn wir uns rasch vergegenwärtigen, wie diese Situation die verschiedenen Kontinente und Länder im Einzelnen betrifft. Dazu gehe ich das Zahlenmaterial durch, das ich zusammentragen konnte.

5 Roberto Malvezzi, O Limite das Águas, in: Agenda Latino-americana 2001, S. 130.
6 Mohamed Larbi Bouguerra, Bataglia planetaria per l'oro blu, in: Campagna nazionale Consortile di Educazione allo sviluppo, Acqua, bene comune dell'umanità, problemi e prospettive, S. 6.

Seit der Antike ist die Wassertherapie als ein ausgezeichnetes Mittel bekannt, Menschen von vielen Leiden zu heilen. Einige Methoden der Hydrotherapie kommen heute wieder zu Ehren. Die Zahl der Kliniken, die Bäder und Wassermassagen anbieten, wächst ständig.

Sicherlich ist ein elementarer Faktor für Leben und Gesundheit der Sport, und viele Sportarten spielen sich auf dem und im Wasser ab. Wasser und Wind bewegen die Segelboote und sind die Grundlage für die Wettbewerbe in diesen Sportarten. An den Stränden des Nordostens und Südens beeindrucken die Surfer mit ihrem rasanten Ritt auf den Wogen. Die jungen Leute begrüßen einander mit dem zünftigen Ruf: «Hang loose!»

Daneben gibt es den Ruder-, Kanu- und Kajaksport. Die Sportler tummeln sich auf den Flüssen, das Fernsehen zeigt die Mannschaften, wie sie über gefährliche Stromschnellen hinabschießen und wilde Gebirgsflüsse bezwingen. Der am meisten verbreitete Wassersport ist jedoch das Schwimmen in privaten Klubanlagen.

Das Wasser ist ein Mittel physischer und psychischer, individueller und sozialer Gesundheit. Leider ist aber auch die Möglichkeit, zu schwimmen oder Wassersport zu treiben, nur einer Minderheit der Menschheit zugänglich.

Heute verfügen viele Menschen jährlich nur über 2.000 m³ Wasser. Sie leben in einem «Wasserstress», der ihr gesellschaftliches und wirtschaftliches Leben angreift. Die Weltgesundheitsorganisation (WHO) sieht im Trinkwassermangel die Hauptursache vieler Krankheiten von Erwachsenen und Kindern. Auf der Umweltkonferenz der UNO in Rio de Janeiro (ECO 92) sagt die so genannte Agenda 21 in ihrem Kapitel 18, 8 Prozent aller heutigen Krankheiten weltweit und mehr als ein Drittel der Todesfälle seien bedingt durch den Genuss von verseuchtem oder für den menschlichen Verzehr nicht geeignetem Wasser.[7] Die Forschungen zeigen, dass mindesten fünf Millionen Menschen jährlich an Krankheiten sterben, die durch verseuchtes Wasser verursacht sind. (Vgl. den WHO-Bericht *Our Planet, Our Health* von 1992.)

In Brasilien brachten die hygienischen Bedingungen und die Verschlechterung der wirtschaftlichen Situation Krankheiten zu-

---

7   Siehe die Website: www.europa.eu.int/comm/environment/agend21/index.htm.

rück, die in den Jahren 1930 bis 1940 bereits besiegt waren. Im letzten Jahrzehnt des 20. Jahrhunderts hat sich in ganz Brasilien die Denguemücke verbreitet, die in stehenden Gewässern lebt und den Ausbruch von Gelbfieber und sogar Cholera verursacht. Die Gesundheitsbehörden machen fünf Krankheiten aus, die mit dem Wasser zusammenhängen:

– Krankheiten, die durch das Wasser übertragen werden: Typhus, Cholera, Ruhr, Gastroenteritis und Hepatitis. Die meisten Todesfälle verursacht die Ruhr bei Kindern (zwei Millionen Kinder sterben jedes Jahr daran).

– Infektionskrankheiten der Haut und der Augen, die durch das Wasser hervorgerufen werden: Trachom, Bindehautentzündung, Geschwüre und in vielen Fällen Hanseniasis (Lepra).

– Parasitenbefall auf Grund von verseuchtem Wasser: Darm- und Hautparasitosen.

– Krankheiten, die durch in stehenden oder verseuchten Gewässern lebende Insekten übertragen werden: Malaria, eine durch Parasiten ausgelöste und immer noch sehr häufig tödlich verlaufende Krankheit, und verschiedene durch Fliegen oder Mücken übertragene Erkrankungen.

– Schließlich könnten wir hier auch noch zahlreiche Leiden anführen, die durch den Mangel an Hygiene verursacht sind (so etwa Bandwurmerkrankungen).[8]

4. Länder, Wasserreserven und ökologische Situation

Bei den einfachen Leuten kursiert ein Spruch: «Der Hunger macht den Appetit.» Der Mangel bestimmt letztlich den Wert, den man den Dingen beimisst. In einer Realität, in der es nie an Wasser mangelte, neigten die Menschen dazu, dessen Vorhandensein geringere Bedeutung zuzuschreiben. In Gegenden, in denen das Wasser knapp und kostbar ist, hat das Volk eine echte Verehrung für das Wasser entwickelt. Ich lade Sie ein, gemeinsam mit mir gleichsam eine Reise durch die verschiedenen Kontinente und durch einige Länder im Besonderen zu unternehmen und dabei zu entdecken, wie es heute in Wirklichkeit um die Wasserreserven in der Welt bestellt ist. Da das Anliegen dieser Seiten ja nicht die technische

8 Alessandro Zanasi, Malattie di origine idrica, in: Campagna EAS, Acqua e Salute, 3, 1.

Analyse ist, vermeide ich es, den Text mit allzu vielen Angaben und statistischen Zahlen zu überfrachten. Einige unverzichtbare Daten habe ich jedoch aufgenommen; sie werden uns helfen, eine Gesamtdiagnose zu stellen. Wer will, kann am Ende dieses Buches in den Anmerkungen die Titel von Veröffentlichungen finden, die mir bei dieser Übersicht hilfreich waren. Nun lade ich Sie ein, die Kontinente als Brüder und Schwestern zu durchstreifen, die etwas vom Leben und Kämpfen ihrer nächsten Verwandten erfahren wollen, gehören sie doch alle ein und derselben Familie an, deren Mitglieder sämtlich mit denselben Schwierigkeiten zu ringen haben.

Beachten Sie zunächst folgende allgemeine Daten: Bei einer Analyse der jährlich zur Verfügung stehenden Wassermenge[9] ergibt sich, dass Asien 14.000 km³ Wasser besitzt, gefolgt von Südamerika mit 13.000 km³. Nordamerika verfügt über 9.000, Afrika über nur 4.000, Europa über 3.500 und Ozeanien über 2.500 km³. In den meisten Fällen liegen die wichtigsten Wasservorkommen allerdings in der Nähe der städtischen Ballungszentren, und auf Grund der hohen Transportkosten können sie nicht zur Befriedigung des gesamten Weltbedarfs genutzt werden. Man denke nur daran, dass von 1950 bis 1995 (Quelle: *Unesco Sources*, 1996) die pro Kopf verfügbare Menge an Süßwasser von 17.000 auf 7.500 m³ zurückgegangen ist.

Die wichtigste Feststellung ist die, dass das Wasser immer häufiger zur Ursache von Konflikten zwischen benachbarten Staaten und Völkern wird. 1995 hat Ismail Serageldin, Vizepräsident der Weltbank, erklärt: «Im 21. Jahrhundert werden die Kriege um das Wasser und nicht mehr um das Öl oder aus politischen Motiven geführt werden.»[10] Nahezu 40 Prozent der Weltbevölkerung sind auf Flusssysteme angewiesen, an denen zwei oder mehr Länder partizipieren. Indien und Bangladesch streiten sich wegen des Ganges. Mexiko hat Konflikte mit den USA wegen des Colorado River, Ungarn mit der Slowakei wegen der Donau. In Zentralasien teilen sich fünf ehemalige Sowjetrepubliken in zwei ohnehin schon schwer ausgebeutete Flüsse: Amudarja und Sjrdarja. Die schlimmsten Konflikte gibt es jedoch im Mittleren Osten. Wir müssen sie

---

9   Quelle: Igor A. Shiklomanov vom staatlichen Hydrologischen Institut, Sankt Petersburg 1996.
10 Alessandro Cerreoni, L'oro blu del XXI secolo, tratto da «Solidarietà internazionale», Nr. 2 März/April 2000, S. 1.

allerdings im Kontext der Beziehungen der Völker auf der ganzen Welt betrachten.

Ich lade Sie ein, in aller Ruhe ein paar Plätze aufzusuchen und auf den verschiedenen Kontinenten zu schauen, wie es um die Frage des Wassers steht und was die jeweilige Gesellschaft unternimmt, um die Krise zu bewältigen, die ihre Zukunft bedroht. Beginnen wir mit Europa. Den Schluss werden Lateinamerika und dort wiederum Brasilien bilden.

4.1 Europa

Europa ist ein Kontinent mit zweifacher sozio-politisch-ökonomischer Identität. Seit 1959 gründet der «Europarat» seine Arbeit auf die Förderung der Menschenrechte und auf die Beziehungen kultureller Zusammenarbeit. Ihm gehören 41 Länder an, die – einschließlich Russlands –, zusammen 800 Millionen Menschen umfassen. Daneben besteht die Europäische Gemeinschaft, deren einigendes Band nahezu ausschließlich durch das Geld und die Wirtschaft gebildet wird. Noch zählt sie 15 Länder mit insgesamt 350 Millionen Bewohnern mit europäischem Bürgerrecht.

Europa ist ein reicher Kontinent, und sein Entwicklungsmodell hat tragische Konsequenzen für die Natur und insbesondere das Wasser nach sich gezogen. Mit der Berner Konvention zur Erhaltung der natürlichen Umwelt und ihrer Fauna und Flora haben sich die europäischen Länder in der Theorie einen Bezugsrahmen gegeben, der für den Schutz ihrer biologischen Vielfalt geeignet ist. In den letzten Jahren wurden die Länder Mittel- und Osteuropas mit ihrer schwachen Wirtschaft als Eroberungsgebiete betrachtet. Die Folge ist, dass die Umwelt intensiv und brutal ausgebeutet wird und dass Teilgebiete dieser beitrittswilligen Länder als Mülldeponien genutzt werden. Außerdem lässt sich in ihnen radioaktives und technologisches Material einsetzen, das in den reichen Ländern wegen seiner schädlichen Wirkungen für Erde, Wasser und Natur bereits verpönt ist.

Mehrere Länder Europas haben sich bei der Privatisierung der Wasserversorgung als Pioniere betätigt. In England hat man unter der Regierung Thatcher, die für die freie Marktwirtschaft eintrat, die Privatisierung des Wassers offiziell gemacht. In Frankreich zog die Regierung ein «delegiertes Management» vor, das heißt die Übergabe der Wasserwerke an den privaten Sektor. Heute werden 60 Prozent der Wasserversorgung von Privatunternehmen gemanagt. Dieses Konzessionsmodell erfreut sich bei der Weltbank besonderer Beliebtheit. Der Staat legt die allgemeinen Regeln fest und überlässt die praktische Durchführung privaten Unternehmensgruppen. 1995 hat das französische Parlament eine interne Kommission eingesetzt, welche die Rahmenbedingungen, das Funktionieren und die Kostenstrukturen der Wasserversorgung überprüfen sollte, weil die Politik den «Kontakt» mit dem Problem total verloren hatte. Die ganze Kontrolle lag schon in den Händen privater Unternehmen.

Um die Entscheidung für die Privatisierung des Wassers zu rechtfertigen, haben die Regierungen von Deutschland, Italien, Irland und den Niederlanden die öffentlichen Mittel sowohl für die landesweiten wie auch die lokalen Dienstleistungen gekürzt.

Aus Europa erhebt sich der lauteste Ruf, das Wasser in der Welt zu schützen. Dass Deutschland 51 Prozent, Belgien 33 Prozent, Holland 89 Prozent, Rumänien 89 Prozent und Ungarn 95 Prozent seines Wassers aus dem Ausland bezieht, zeigt, wie dringend sich etwas ändern muss.

Unter den Staaten der Europäischen Union verfügt Italien über den größten Wasservorrat: 980 m³ pro Einwohner und Jahr. Das ist doppelt so viel wie in Griechenland, es ist mehr als in Spanien (890 m³) und Frankreich (700 m³). Gleichzeitig ist Italien das europäische Land, das verhältnismäßig das meiste Wasser in der Landwirtschaft verbraucht. Mehr als die Hälfte der Bevölkerung Süditaliens leidet unter Wassermangel. Laut einem Bericht aus dem Jahr 1997 befinden sich 70 Prozent des Oberflächenwassers in Italien in einem kritischen Zustand, insbesondere infolge hoher Werte an Stickstoffverbindungen (Nitrate und Ammoniak) und mikrobiologischer Verschmutzung. Mancherorts bestehen geradezu Notsituationen, so etwa beim Problem der Seen und Lagunen (Sarno, der Lambro und vor allem das Wasser- und Kanalsystem Venedigs).

Im Jahr 2001 ist der Wassermangel in den südlichen Regionen Italiens, vor allem in Apulien und auf Sizilien, unerträglich geworden. Die Stauanlagen und Reservoirs sind nur zu vier Prozent ihres Fassungsvermögens gefüllt.

Die Hauptursache ist immer der leichtfertige Umgang mit den verfügbaren Ressourcen.[11]

Die Iberische Halbinsel mit einer Oberfläche von 582.000 km² nimmt 18 Prozent der Gesamtoberfläche der Europäischen Union ein. Mit Ausnahme einer kleinen Ecke im Nordosten hat die Region mediterranes Klima, das sich durch starke Unterschiede innerhalb des Jahres (Winterregen und Sommertrockenheit) auszeichnet. Das Gebiet von Portugal (89.000 km²) nimmt 15 Prozent der Oberfläche der Halbinsel ein und hat zehn Millionen Einwohner, während Spanien mit seiner Bevölkerung von 40 Millionen die übrigen 85 Prozent des Territoriums belegt. Beachtenswert ist, dass 75 Prozent der Wasservorräte Spaniens, die zum großen Teil von den Flüssen Duero, Tajo und Guadiana gebildet werden, auf ihrem Weg zum Atlantik Portugal durchqueren. Die restlichen 25 Prozent fließen zum Mittelmeer. Andererseits umfassen die Flussbecken von Duero/Douro, Tajo/Tejo und Guadiana in ihrem portugiesischen Teil zwei Drittel des kontinentalen Territoriums von Portugal.

Portugal verfügt über 8.000 m³ Wasser pro Einwohner, während das europäische Mittel bei 2.000 m³ liegt. Portugiesische Nichtregierungsorganisationen weisen jedoch darauf hin, dass das Land bereits 20 Prozent der Wasservorräte seiner internationalen Flüsse Douro und Tejo und 50 Prozent des Guadiana verloren hat. Daher rühren denn auch die diplomatischen Spannungen mit Spanien. In Portugal hat sich eine Gruppe von Abgeordneten und Ökologen gebildet, die zur Überwachung des Problems der Wasserressourcen ein *Tribunal da Água* ins Leben gerufen hat. Es setzt sich aus Intellektuellen und bekannten Persönlichkeiten der Zivilgesellschaft zusammen.

Die Donau ist nach der Wolga der zweitlängste Fluss Europas. Ihre 2.857 km berühren neun Länder: Deutschland, Österreich, Slowakei, Ungarn, Serbien, Kroatien, Rumänien, Bulgarien und Ukraine, und an ihrem Lauf leben 160 Millionen Menschen. Der Fluss hat einst Trinkwasser für 80 Millionen Menschen geliefert. Heute ist sein Wasser mangels politischer Koordination und infolge ökologischer Gleichgültigkeit von Verseuchung bedroht. Der letzte schwer wiegende Vorfall, der sich Anfang 2000 ereignete, war eine Verseuchung durch Cyanid, die eine australische Goldwäscherfirma in Ru-

---

11 Giuseppe Politi, La grande sete del Sud, in: L'Informatore Agrario, 25.–31. Mai 2001, S. 9.

mänien verursachte. Am 13. Februar 2000 ergossen sich 100.000 Tonnen mit Cuyanid kontaminierten Wassers mit einer Geschwindigkeit von vier Stundenkilometern in den Fluss.[12]

In früheren Jahrzehnten waren Länder wie Frankreich und England in der Lage, nicht nur den Grad der Verschmutzung zu senken, die einige ihrer berühmtesten Flüsse – wie etwa Themse, Seine oder Loire – plagte, sondern diese sogar wieder sauber und fischreich zu bekommen. Heute beginnt eine Politik, die ausschließlich auf den Markt und den Gewinn abzielt, die einst erzielten günstigen Ergebnisse zu gefährden. Neuere Forschungen belegen, dass in Ländern wie Frankreich der Grundwasserspiegel großteils von chemisch-industrieller Verschmutzung betroffen ist. Ende der 1980er Jahre haben technische Organisationen darauf hingewiesen, dass in Frankreich 1,716 Millionen Menschen mit einem Wasser versorgt wurden, dessen Nitratgehalt die europäischen Sicherheitsnormen überstieg.

In den Ländern Osteuropas hat nach dem Fall der Berliner Mauer die Schwächung der nationalen Ökonomien ein erhöhtes Risiko für die natürlichen Ressourcen und den Wasserhaushalt zur Folge gehabt. Am schwersten geschädigt ist Russland; es ist von verschiedenen Nuklearunfällen bedroht und hat unter einer Wirtschaftspolitik zu leiden, die fortfährt, die Wälder abzuholzen und das Wolgabecken zu gefährden.

Im Aralsee ist es zu einer Tragödie gekommen, verursacht durch die mit der Bewässerung zusammenhängende Kontamination des Wassers. 1957 wurden zwei große Flüsse, die das riesige Becken des Sees mit Wasser versorgten, umgeleitet, um die Bewässerung der Baumwoll- und Getreidefelder zu fördern. In den letzten Jahren erlebte der Aralsee ein Absinken seines Wasserspiegels um 15 Meter und eine Schrumpfung seiner Oberfläche um 40 Prozent. Darüber hinaus ist das Wasser, das die südlich vom Aral wohnende Bevölkerung benutzt, hochgradig verseucht, weil es zuvor durch die ausgedehnten Baumwollfelder geführt wird, wo es riesige Mengen von Salzen und chemischen Produkten aufnimmt.[13]

In Polen ist die Weichsel so voll von Giften und ätzenden Stoffen, dass ihr Wasser nicht einmal mehr zur Reinigung von Industriemaschinen taugt. In der Ukraine warf im Juli 1989 ein Arbeiter, der am Ufer des Norem Pilze

---

12 Vgl. Agenda Latino-Americana 2001, S. 39.
13 Alessandro Cerreoni, L'oro blu del XXI secolo. Tratto da «Solidarietà internazionale», Nr. 2, März-April 2000, S. 1.

sammelte, den Stummel seiner Zigarre in den Fluss. Es gab eine Explosion, und der anschließende Brand dauerte fünf Stunden.[14]

4.2 Afrika

Das Wasser ist heilig, hab' ich von den Alten gelernt,
die sich so viel Mühe gaben, es zu besorgen.
Und fast nie hat sich das wahre Wasser
finden lassen.
Sie erzählen, dass die Menschen in der trockenen Wüste
davon träumen, es sei dort.
Und schließlich haben sie es gesehen:
sauber und sprudelnd.
Aber es war nur eine Spiegelung
in der Phantasie des Träumenden
und in den Augen des Reisenden.
Noura Drihmem aus dem Stamm der Tuareg[15]

Nach neueren Untersuchungen ist das menschliche Leben in Afrika entstanden. Wir Lateinamerikaner haben eine besondere Beziehung zu Afrika. Millionen seiner Töchter und Söhne wurden während drei oder vier Jahrhunderten auf unseren Kontinent verschleppt und haben einen großen Teil unserer Völker und unserer Kulturen geprägt.

Vor mehr als zehntausend Jahren herrschte in Afrika Wasserüberfluss. Gebiete, die heute dürre Wüsten sind, waren damals feucht und fruchtbar. Mitten in der Sahara finden sich Fossilien von Fischen und Wassertieren, und im Gestein haben sich die Spuren von Seen und Wäldern erhalten.

Von allen Kontinenten weist Afrika die ungleichmäßigste Verteilung der Wasserressourcen auf. Dort fließen einige der größten Ströme der Erde (Nil, Kongo u. a.). Die Region der großen Seen ist reich an Wasser. Es gibt noch echte ökologische Oasen, andererseits aber findet man ganze Gebiete ohne Trinkwasser, eine zunehmende ökologische Zerstörung und die Abnahme der Wasservorräte. Nur 25 Prozent von Afrika südlich der Sahara haben überhaupt einen Zugang zum Wasser.

14 Frédéric Lints, L'état de la planète! Il y a des solutions? in: Echos du Cota, Belgique, Nr. 65, Dezember 1994, S. 22.
15 «Mirages», wiedergegeben in: Marie Joséphine Grojean, Une pédagogie de l'eau, Paris: Charles Léopold Mayer, 1997, S. 113.

Antoine de Saint-Exupéry lässt den Kleinen Prinzen einmal sagen: «In jeder Wüste gibt es einen verborgenen Brunnen.» Tatsächlich bergen die Oasen in der Sahara und in den Wüsten Arabiens und des Ostens unerwartete Geheimnisse. Die Oasen sind das Ergebnis der Planung und der harten Arbeit der Wüstenmenschen. Einer intelligenten Arbeit, die sich auf eine tiefe Kenntnis der Wüste, uralte Traditionen und eine vollendete Technik der Wasserförderung und -verteilung stützt, die die Architektur perfekt auf die Umwelt einstellt und die am besten an die klimatischen Bedingungen angepassten pflanzlichen Spezies einführt und selektiert. Die Oase ist ein Beispiel dafür, dass Menschen in einem trockenen Klima leben können und dass das Wasser, auch wenn es knapp ist, gut genutzt werden und dem Leben dienen kann.

Ägypten hat 56 Millionen Einwohner, die auf das Wasser des Nils angewiesen sind; doch der Fluss entspringt in einem anderen Land. Man kann sagen: 85 Prozent des Nils werden durch Regenfälle in Äthiopien erzeugt; von dort fließt der Fluss als Blauer Nil durch den Sudan, bevor er nach Ägypten gelangt. Der andere Teil des Wassers kommt vom System des Weißen Nils her, der in Tansania im Victoriasee entsteht. Der längste Strom der Erde durchmisst neun Länder und gelangt erst ganz zum Schluss nach Ägypten. Dieses hat mit dem Sudan ein Abkommen getroffen, durch das es den Anspruch auf 55,5 Milliarden m^3 Nilwasser erhielt, während sich der Sudan mit 18,5 Milliarden m^3 begnügen muss. Beide Länder haben jedoch einen Bedarf, der die vereinbarten Größen übersteigt. 1972 verfügte ein durchschnittlicher Ägypter jährlich über 1.600 m^3 Wasser; der größte Teil davon war für die Bewässerung bestimmt, das zweitgrößte Quantum für die Industrie und eine kleinere Menge schließlich für den häuslichen Gebrauch. Im Jahr 2000 verfügte derselbe Ägypter nur mehr über 800 m^3 für dieselben Bedürfnisse und für weitere, neu aufgetretene.

Vor vierzig Jahren war Äthiopien ein relativ wohlhabendes, von Wald bedecktes Land. Seine Bevölkerung betrug 15 Millionen. Heute hat Äthiopien 54 Millionen Einwohner, und die Bäume bedecken nur mehr ein Prozent der Landesoberfläche. Die Dürre ist schrecklich, erzeugt Hungersnöte, Massaker und Zerstörung. Ein Hauptelement dieses Elends ist die Entwaldung.[16]

16 Cécile Lacheret, Menaces sur l'eau douce, in: Varii, L'eau pour tous, 1995, S. 8.

Tuareg (der Name bedeutet «ohne Gott») nannten die Araber das Nomadenvolk, das in den riesigen Räumen der Wüste Sahara lebt. Die Bezeichnung, die sie sich selbst zulegen, ist *Imuschar*, das heißt «freie Menschen» oder *Kel Tamaschek*, die «Leute, die das Tamaschek (eine Berbersprache) sprechen». Die nördlichen Tuareg bilden die Zivilisation der Sahara. Sie leben verstreut in fünf Ländern der Sahelzone, einem Halbwüstengebiet, und werden auf eine Million Personen geschätzt. Sie züchten Schafe und Ziegen. Dafür ist Wasser unverzichtbar. Also organisieren die Tuareg ihr Leben rund um die Brunnen. Der Brunnen ist aber mehr als nur Wasserstelle. Er ist ein Ort des Kontakts und des Austauschs. Die Tuareg sagen:

Der Handel mit Wasser führt ins Elend.
Das Wasser vermag uns zu sagen: «Ich liebe dich», in dem es auf unsere Lippen den süßesten aller Küsse drückt.

Marokko ist bedroht von einer jahrelangen Dürre, welche die Erde in eine Art unfruchtbaren, roten, rissigen Gesteins verwandelt. Im Süden des Landes hat die Regierung in den 1970er Jahren über dem Tal des Draa die Staumauer von Ouarzazate gebaut, um 160 km zu bewässern, in denen die Bevölkerung auf Palmen, Datteln und Nüsse angewiesen ist. Die Bewässerungskanäle sind alle ausgetrocknet, und die Produktion ist beträchtlich zurückgegangen. Man hat festgestellt, dass allein im Jahr 2000 sieben Millionen m^3 Wasser verdunstet sind, während die Zufuhr von Wasser aus dem Atlas nicht einmal vier Millionen m^3 erreicht hat. Das Süßwasser wird von Tag zu Tag knapper.

In Botsuana beherbergen die Sümpfe im Delta des Okawango rund 9.000 pflanzliche und tierische Arten. Der Fluss entspringt in 1.800 m Höhe im Hochland von Bié in Angola. Dort regnet es häufig. Obwohl der Atlantische Ozean nur 300 km entfernt ist, bewirkt die Topografie, dass das Wasser in Richtung des Indischen Ozeans fließt, der in einer Entfernung von mehr als 3.000 km auf der anderen Seite des Kontinents liegt. Der Fluss ändert seinen Namen, durchmisst 1.400 km und versiegt in einem ebenso großen wie großartigen Delta in Botsuana. Aus ihm beziehen viele Einwohner den Fisch für ihr eigenes Überleben und nutzen das Wasser auch zum Trinken. Inzwischen gefährden aber seismische und klimatische Veränderungen das Gleichgewicht dieses Ökosystems, das eines der wichtigsten auf der Erde überhaupt ist. Die Einsickerungen ins Grundwasser, eine Folge der Abholzung der Uferwälder, und der Anstieg der tropischen Temperatur rufen jedes Jahr ein erschreckendes Absinken des Flusswasserspiegels hervor.

4.3 Die Situation des Wassers in Asien

Im Februar 1994 hat die FAO (Fachorganisation der UNO für Ernährung, Landwirtschaft, Fischerei und Forstwesen) einen Bericht veröffentlicht, in dem sie die Aufmerksamkeit auf die zunehmende Knappheit von Trinkwasser im Mittleren Osten lenkte und auf die Möglichkeit hinwies, dass dieses kostbare Element zu einer Ursache von Konflikten und Kriegen wird. Viele Länder sind inzwischen so weit, dass sie ihre Wasservorräte erschöpfen, während die Gesamtregion mit ihren großen Becken und wasserführenden Flussläufen den Bedarf decken könnte, wenn die Staaten das Wasser nicht zu einem militärischen Instrument der Kontrolle und Herrschaft über andere machen würden. Kuwait, Jordanien und Israel haben schon mit der Knappheit zu kämpfen und sehen sich vor einer bedrohlichen Zukunft. Syrien und Iran wissen, dass ihre Vorräte gerade noch für zwanzig Jahre reichen. Libyen und Saudi-Arabien verbrauchen praktisch bereits das gesamte Trinkwasser, das im Boden lagert, und haben ihre unterirdischen Vorkommen so gut wie verbraucht.

Die Ursachen sind unterschiedlich. Zum größten Teil liegt der Mittlere Osten in einer Trockenzone, in der es selten regnet und die Verdunstung hoch ist. Die Bevölkerung der Region einschließlich der Türkei und des Iran zählt mehr als 250 Millionen Menschen. Und von 1980 bis 2000 hat diese Bevölkerung um 55 Prozent zugenommen. Das verfügbare Wasser ist nicht erneuerbar und geht allmählich zu Ende.

Syrien nimmt eine Fläche von 180.000 km^2 ein, wovon mehr als die Hälfte Trockengebiet ist, bestehend aus Steppen und Weideland. Von altersher ist Syrien in der Land- und Viehwirtschaft auf Bewässerung angewiesen, und das dazu benötigte Wasser entnimmt es dem Orontesbecken.

Israel und Jordanien verfügen über 300 m^3 Wasser pro Kopf und Jahr. Die Palästinenser, die in derselben Region leben, haben jedoch bloß 165 m^3 durchschnittlich zur Verfügung. Nur zum Vergleich sei angeführt, dass ein US-Amerikaner 10.000 m^3 Wasser pro Jahr verbraucht.

Israel ist ein Land, das selbst das Unmögliche unternimmt, um die Kontrolle über das von ihm benötigte Wasser zu behalten. Noch in den Anfängen des Staates Israel erklärte General Ben Gurion: «Unser Krieg mit den Arabern ist ein Krieg um Wasser.» Mit anderen Worten: Das Problem des Wassers ist das Problem der Sicherheit Israels. Zur Ideologie dieses Staates gehört der Mythos von der erblühenden Wüste, jenes biblische Bild, das vom Beginn des letzten Jahrhunderts an bis heute in den Reden aller israelischen Führer auftaucht. Der See von Tiberias liefert dem Judenstaat ein Drittel seines Wasserbedarfs. Sein Wasser empfängt er von den syrischen Golan-Höhen. Die israelische Regierung hat eine unterirdische nationale Wasserleitung gebaut, die dem See Wasser entnimmt und es in die Negev-Wüste und die Küstenstädte im Süden transportiert. Diese Röhre entzieht dem See täglich 1,1 Millionen m³ Wasser. Damit schafft sie ein schweres Problem: Sie verhindert, dass der Jordan genügend Wasser bekommt. Dieser Fluss ist symbolträchtig, doch heute ist er in seinem Wasservolumen geschrumpft und in seinem Ökosystem bedroht. Und bedroht selbst wieder die palästinensischen Dörfer und Städte im Gebiet von Galiläa und Samaria. Es dürfte angebracht sein, daran zu erinnern, dass die erste Kommandooperation der Fatah, der Gruppe um Jassir Arafat, am 1. Januar 1965 sich gegen dieses Projekt eines strategischen Kanalbaus richtete, das sicherstellt, dass der Staat Israel die Kontrolle über das Wasser der Region behält.

Die UNO weiß, dass 1,2 Millionen Palästinenser im Westjordanland Zugang nur zu 17 Prozent des Brunnenwassers in ihrem Gebiet haben, denn 83 Prozent dieses Wassers sind unter der Kontrolle des Staates Israel. Und dieser kann zwar den Grund und Boden, den er illegitimerweise besetzt hat, zurückgeben, niemals aber das Wasser, das er verbraucht hat und bis heute entnimmt. Unterdessen ist Israel strategisch in Gebiete des Libanon einmarschiert, um dessen Quellen zu besetzen. Heute kontrolliert es die Quellen des Dan, 1967 hat es sich der Quellen des Banya in Syrien, 1978 der Quellen des Wazzani und des Hasbani im Libanon bemächtigt. Jetzt sind bereits 80 Prozent vom Wasservorrat des Libanon verseucht und für menschlichen Gebrauch ungeeignet.[17]

17 Vgl. L'Orient-Le Jour, 24. Februar 1994, zit. bei François Boedec, Les guerres de l'eau au Moyen-Orient, in: Études, Januar 1995, S. 5–14.

Seit 1993 hat Jordanien die UNO gebeten, zwischen den von der Dürre bedrohten Ländern zu vermitteln. Die Weltbank hat ihre Hilfe für Jordanien an die Bedingung geknüpft, dass das Wasser des Jordan- und des Jarmuktals zwischen Israel und Jordanien geteilt wird, das den letztgenannten Fluss auf seinem Gebiet und den Jordan als Landesgrenze hat. Israel hat seitdem gestattet, dass Jordanien dem Yarmuk zusätzlich 40 Millionen m^3 entnimmt, und liefert ihm jährlich zehn Millionen m^3 entsalztes Wasser.

Kafr Kana ist die Stadt, in der der Tradition zufolge Jesus eines Tages Wasser in Wein verwandelt hat. Fast 2000 Jahre später hat Wadih Awawdé, der Präfekt der Stadt, gesagt: «Wenn Jesus heute noch einmal nach Kana käme, würden wir ihn bitten, Wein in Wasser zu verwandeln.»

Die Türkei lebt auf Kriegsfuß mit Syrien und dem Irak; es geht um die Kontrolle über das Wasser von Euphrat und Tigris, die aus der Türkei in diese Länder fließen. Bevor die beiden Flüsse ihr Wasser auf das Gebiet von Syrien und Irak führen, hat die Türkei 22 gewaltige Staudämme und 17 Wasserkraftwerke und zudem noch einen doppelten Bewässerungstunnel von 7,5 m Durchmesser und 26,4 km Länge errichtet. Dieses Wasser wird hauptsächlich für die Landwirtschaft genutzt, und die landwirtschaftlichen und industriellen Abfälle werden samt dem nicht mehr brauchbaren Wasser direkt in die beiden Flüsse Khabur und Ballik eingeleitet, die mehr als dreißig kurdische Dörfer und ihre mehr als 50.000 Einwohner versorgen.

Auch der Irak hat gewaltige Staudämme und einen künstlichen Fluss angelegt, den «Saddam-Fluss», der Tigris und Euphrat verbindet und 565 km lang ist. Er soll die Niederungen bewässern, den Salzgehalt reduzieren und die Überschwemmungen eindämmen.

In Indien haben 250 Millionen Menschen keinen Zugang zu Trinkwasser, und die Regierung verlegt sich auf ein schreckliches Programm: 3.200 Staudämme. Es ist vorgesehen, 4.000 km^2 Wald und Kulturland unter Wasser zu setzen. Arundhati Roy klagt an:

Es ist die größte ökologische und menschliche Katastrophe, die jemals in Indien vorprogrammiert wurde.

Ein für seine Spiritualität bekannter indischer Guru hat einen offenen Brief an den Premierminister geschrieben, der auch das Schlusswort zu unserer Beschreibung der Realität bilden könnte: «Wie kann ein Staat beschließen, dass die Erde, die Flüsse, die Fische, die Flussanwohner und die Wälder, dass all das ihm gehört und er nach seinem Gutdünken damit verfahren kann?»[18]

Die Errichtung des Ganges-Staudamms in Farakka hat Veränderungen im Klima und im ökologischen Gleichgewicht der gesamten Region hervorgerufen. In Bangladesh hat sie zur Verwüstung eines Drittels der Region geführt, und im selben Zeitraum, 1991, kam es zu Überschwemmungen, die zahlreiche Tote und schwere Zerstörungen zur Folge hatten. 1994 wurde im Gebiet um Delhi durch verseuchtes Wasser eine Cholera- und Gastroenteritisepidemie ausgelöst; die Regierung selbst hat dies eingestanden und die Menschen aufgefordert, kein unabgekochtes, ungechlortes Wasser zu trinken.[19]

Über den Fernen Osten wissen wir nur wenig, aber die UNO verfügt über Daten, die Folgendes zeigen: In China, wo 1,3 Milliarden Menschen wohnen, sind bereits 35 Prozent der artesischen Brunnen ausgetrocknet. Im Norden Chinas leben 200 Millionen Menschen, einschließlich der Bewohner von Peking und Tientsin, und die gesamte Region sieht sich mit einer erheblichen Wasserknappheit konfrontiert.

Auf der Halbinsel Indochina ist die gesamte Ernährung bis heute vom Wasser abhängig. Daran herrscht kein Mangel, aber es ist schlecht verteilt, nicht nur im Raum, sondern auch in der Zeit, da es in der Regenzeit stark regnet, in anderen Monaten aber völlig trocken ist. Zwischen dem 12. und dem 13. Jahrhundert haben die Khmer in Angkor den bedeutendsten Tempelkomplex in ganz Südostasien geschaffen. Er ist ein Werk von ausgefeiltester Technik und höchstem religiösem Bedeutungsgehalt: die Stadt der Wasser von Angkor. Sie ist eine regelrechte Produktionsfabrik für Reis; Grundlage sind die Wasservorräte, die dadurch gesichert werden, dass man das Wasser von drei aus dem Gebirge kommenden Flüsschen einfängt. Um das Wasserprojekt maximal zu nutzen, haben die Khmer die Gegend entwaldet und die Erde ausgelaugt, Kanäle gebaut, die das Wasser verteilen, aber beim Transport einen großen Teil davon verloren gehen lassen. Heute enthalten die Reservoirs

18 Marie Chaudey, La Guerre de l'eau, in: La Vie, 2863, 13.–19. Juli 2000, S. 25.
19 Anirudh Bhatacharyya, Bridge over troubled waters, in: Down to Earth (Indien), Nr. 3, Bd. 3, Juni 1994, S. 9.

nur noch ein Zehntel ihrer Kapazität, und die heilige Stadt ist nur mehr ein Schatten dessen, was sie einst gewesen.[20]

Im Indischen Ozean liegt ein Archipel von 1.196 Inseln, ein traumhaftes Szenario, ein irdisches Paradies im blauen Meer. Gewaltige Korallenriffe erstrecken sich nur wenige Meter von langen, weißen Sandstränden entfernt, von denen aus die Menschen ins Wasser gehen und dort den Grund sehen und bis in große Tiefen die Fische beobachten können. Auf dem Archipel leben 214.000 Menschen, 80.000 von ihnen in der Hauptstadt Malé. Seit 1997 überschwemmt in manchen Jahresabschnitten eine riesige Schmutzwelle den Strand, erreicht Straßen, und einmal hat sie sogar die Landebahn des örtlichen Flughafens bedeckt. Etwas Ähnliches war noch nie passiert, und kein Mensch konnte sich erklären, worum es sich handelte. Die Ureinwohner nannten es *tsunami*, Geist des Todes. Die Regierung holte Biologen, die das Phänomen untersuchen sollten. Die Diagnose lautete: Die wiederkehrende Welle ist das Ergebnis der Erderwärmung und des Treibhauseffekts, kurz: der Verschmutzung des Globus. Dieselbe Bedrohung schwebt über den Inseln im Pazifik, in der Karibik und vor der afrikanischen Küste.

4.4 Die Situation des Wassers in Ozeanien

Ozeanien ist noch immer der am wenigsten bekannte Kontinent der Welt. Er umfasst 14 Länder und hat eine Bevölkerung von 29,6 Millionen Menschen. Der Umfang des Kontinents, einschließlich des Ozeans, entspricht einem Drittel der Erdoberfläche, doch seine Landmasse erreicht nicht einmal die Größe Brasiliens. In Australien und Neuseeland spricht man Englisch. In den anderen Ländern sind 1.300 indigene Sprachen in Gebrauch.

Ozeanien ist noch immer von einem großen Geheimnis umgeben. Die Hunderte von Inseln im Pazifischen Ozean, die Wälder und das gewaltige Meer, das den Kontinent umgibt, lassen eine verwunschene, exotische und faszinierende Welt ahnen.[21]

---

20 Siehe Jacques Nepote, Angkor, vie et mort d'une cité hydraulique, in: Jean-Paul Gandin, La Conquête de l'eau, Fondation pour le Progres de l'Homme 1995, S. 82–83.
21 Zeitschrift «Missão 2001», Pontificias Obras Missionárias, veröffentlicht vom Nationalen Missionsrat Brasiliens, S. 27.

Dieses Wunder der Natur war die Bühne und das Objekt des Mangels an ökologischer Ethik des kapitalistischen Modells und des Rüstungswahns der Westmächte. Von 1947 bis heute wurden in dieser Region rund 300 Atomwaffentests gemacht. Die größten Nationen der Welt sahen diesen Teil des Planeten als ein Depot für nuklearen Müll an. Die Wasservorräte und die Fischgründe sind hochgradig verseucht, die Wälder werden rücksichtslos abgeholzt, die Flüsse und die Waldgebiete von Minenunternehmen exzessiv ausgebeutet, und zurück bleiben hochgiftige Abfälle, die man einfach in die Natur wirft. Um von den Minenunternehmen zu sprechen:

Einer der schlimmsten Fälle von Wasserverseuchung hat sich nahezu unbemerkt von der internationalen Öffentlichkeit abgespielt. 1996 gab die Regierung von Australien der Minengesellschaft Ross Mining die Konzession für die Goldgewinnung auf dem Hochland von Timbarra in Neu-Süd-Wales. Die Proteste vieler Umweltschützer und der örtlichen Bevölkerung konnten den Bau einer Mine und einer Goldgewinnungsanlage nicht stoppen, in der zur Extraktion des Edelmetalls eine riesige Menge an Cyanid verwendet wird. Man spricht von 700 Tonnen jährlich. Dieses Gift sickert ins Grundwasser, in die Flüsse und Bäche des gesamten Gebiets von Timbarra ein und gefährdet ernstlich die Gesundheit und das Leben der indigenen Bevölkerung.[22]

4.5 Das reiche Nordamerika

Nordamerika ist einer der wasserreichsten Kontinente. Die ganze Welt bewundert die schönen Flüsse und Seen Kanadas und der USA und erinnert sich an die Geschichte der Kolonisierung, als die Pioniere ihre Schiffe den Mississippi und den Colorado hinauf lenkten. Seither haben sich die reichen Länder Nordamerikas in die schlimmsten Umweltverschmutzer und Verschwender der nicht erneuerbaren Wasservorräte verwandelt. Während ein Afrikaner zehn Liter Wasser am Tag zur Verfügung hat, fühlt sich ein Nordamerikaner berechtigt, 450 Liter zu verbrauchen. Und wie in allem, was mit der neoliberalen Wirtschaft zusammenhängt, erteilen die USA und Kanada der Welt Lektionen darüber, wie man das Wasser privatisiert, ohne sich um die gemeinschaftlichen Be-

22 Alessandro Cerreoni, L'oro blu del XXI secolo.

dürfnisse und um das Recht jedes Menschen auf Trinkwasser zu kümmern.

Die Kürzung der öffentlichen und vor allem der örtlichen Finanzen ist ein Mittel, das die Regierungen gern nutzen, um die Entscheidung für die Privatisierung des Wassers zu «rechtfertigen» – all das gesteuert vom Nordamerikanischen Freihandelsvertrag und von der NAFTA, der Nordamerikanischen Freihandelszone. Laut dem Ersteren ist das Wasser ein Marktprodukt und unterliegt daher dem freien Handel.

Eigene Hervorhebung verdient auch, dass der Widerstand gegen die Privatisierung des Wassers wächst. Eine 1996 in Kanada angestellte Untersuchung hat gezeigt, dass 76 Prozent der kanadischen Bevölkerung gegen die Privatisierung von Wasser sind. Ricardo Petrella schreibt, Anfang des Jahres 2000 habe in Montreal eine Demonstration mit zehntausend Teilnehmern bewirkt, dass die Behörden von Quebec von der Verwirklichung des Plans zur Privatisierung des Wassers Abstand nahmen (in: Avvenire, 3. Februar 2000).

Kanada ist ausdehnungsmäßig die größte Nation der Welt, übertroffen nur noch von der alten Sowjetunion. Dieses riesige Land besitzt mehr Seen als die ganze übrige Welt zusammen. Doch auf Grund seines Bodenreliefs und seiner weithin von Eis bedeckten Oberfläche ist Kanada ein Land mit unterschiedlichen und nicht sehr eng miteinander verbundenen Provinzen. Jede von ihnen hat engere Beziehungen zu den Vereinigten Staaten, dem südlichen Nachbarland.[23]

In den Vereinigten Staaten wurden in den Großen Seen mehr als 800 verschiedene toxische Bestandteile gefunden. Im Westen des Landes haben giftige oder ätzende Stoffe mehr als 16.000 km Flüsse und Bäche verunreinigt. Die Regierung versucht das Problem zu beherrschen, indem sie nicht den Entwicklungstyp ändert, sondern Fabriken für die Auffrischung des verschmutzten Wassers baut, ein Verfahren, für das noch mehr Wasser verbraucht wird.

In Kanada hat der Rückgang der Zuschüsse für die Gemeinden aus Bundes- und Provinzmitteln dazu geführt, dass auf lokaler Ebene die Ausgaben für neue Infrastrukturen gekürzt werden mussten und die Investitionen privater Firmen ermöglicht wurden.

---

23 Vgl. Enciclopédia povos e países, Canadá, um país dividido por suas dimensões e duas culturas, São Paulo: Abril Cultural, 1963, S. 1418.

In Kanada erhielt ein amerikanisches Unternehmen, McCurdy Enterprises, das Recht, das Wasser der Großen Seen und des Sankt-Lorenz-Stroms zu kommerzialisieren (und zu exportieren). Andere Firmen aus den USA stürzten sich im gleichen Zuge auf das Gold. Gleichzeitig traten große Hersteller von kohlensäurehaltigen Getränken, wie Coca-Cola und Pepsi, auf den Plan. Sie drängten in einen Sektor, in dem bereits unter anderen Danone und Nestlé dominierten, Riesen im Verkauf von Mineralwasser und Eigentümer von großen Quellen für versetztes Wasser.

4.6 Lateinamerika

In Lateinamerika sind mehrere Länder akut vom Mangel an Trinkwasser für die Bevölkerung bedroht. In verschiedenen Ländern ist die Kolonisierung mit der Zerstörung der Wasserquellen und der Aneignung der Wasservorräte einhergegangen. Die Länder Amazoniens haben Wasser in Hülle und Fülle, während die Länder in den Anden und sonstigen Gebirgen sich schwer tun, allen ihren Bürgern den Zugang zu Trinkwasser zu sichern. Man kann sagen: Das Hauptproblem, das ganz Lateinamerika mit dem Wasser hat, besteht in der Privatisierungspolitik und in der schlechten Verwaltung der Wasserreserven durch Regierungen, die sich nicht wirklich um das Wohlergehen des Volkes und den Schutz der Natur sorgen.

Mexiko, das noch zu Nordamerika gehört, ist mit ökologischen Problemen geschlagen. Jeder weiß um die Schwierigkeiten mit der Atmosphäre und dem Wasser in der Hauptstadt Ciudad de México. Die Wurzeln dieses Problems reichen bis in die Kolonialzeit zurück.

1521 beschloss Hernán Cortez, sich auf den Ruinen von Tenochtitlan, der Hauptstadt des Aztekenreichs, niederzulassen. Die Spanier waren nicht fähig, die natürliche Umwelt zu respektieren, und auch die immense Weisheit, mit der die Azteken ihr Gemeinwesen angelegt hatten, erschloss sich ihnen nicht. Große Seen bedeckten die gesamte Hochebene, und die Städte erhoben sich am Wasser, durchzogen von sorgfältig gebauten Kanälen. Die Konquistadoren verglichen Tenochtitlan mit Venedig. Die Bevölkerung ernährte sich von Fischen, von Wasservögeln und Tieren in den Sümpfen und Seen. Aus den Seen staffelten sich hängende

Gärten empor, die die Versorgung des Volkes mit agrarischen Produkten ermöglichten. Darüber hinaus gab es ein kompliziertes System von Be- und Entwässerung. Die Spanier kümmerten sich nicht darum, die Umwelt zu respektieren, und vernachlässigten das Schutz- und Entwässerungssystem. 1555 zerstörte eine große Überschwemmung die Stadt fast vollständig. Von da an beschlossen die Spanier, das System der Seen und Kanäle aufzugeben, und nach kurzer Zeit hinterließen sie das Hochland von Mexiko trocken und ohne Spur von jenen Seen, die einst dort existiert hatten.

Mexiko erlebt danach in seiner Geschichte immer wieder lange Dürreperioden. Seit 1997 muss das Land feststellen, dass seine Wasservorräte erheblich zurückgehen. Das heiße und trockene Klima des tiefer gelegenen Landesteils ist für eine starke Verdunstung des Wassers verantwortlich, die wiederum dazu führt, dass die Vorkommen in den Quellen zu salzhaltig für Trinkwasser sind.

Dieses Phänomen der Trockenheit drückt seit Jahren auf Mittelamerika und verursacht schweren Mangel und Hunger unter der Bevölkerung von Nikaragua, El Salvador und Honduras.

Seit dem 31. Dezember 1999 erlangte, nach einem Jahrhundert, in dem die USA den Kanal kontrolliert hatten, endlich auch Panama die politische Souveränität über sein eigenes Territorium. Es ist bemüht, die Zahl der Schiffe zu steigern, die den Kanal durchqueren, und diesen auch für größere Tonnagen schiffbar zu machen. Allerdings besteht da ein Problem: Um die Kapazität des Kanals zu erhöhen, braucht man zusätzliche Wasserquellen.

Ohne Süßwasser kann der Kanal nicht funktionieren. Jedes Schiff, das durch den Kanal fährt, verbraucht den Tageswasserbedarf einer Stadt mit 15.000 Einwohnern. Der Wasserverbrauch der 35 Schiffe, die den Kanal täglich befahren, entspricht also dem Wasserverbrauch einer Stadt von 500.000 Einwohnern, das sind mehr als sieben Milliarden Liter Wasser. Man spricht davon, in zwei Jahren drei Staudämme zu bauen, die eine Fläche von 2.131 km² überfluten und 8.500 Personen von ihrem Land vertreiben würden.[24]

In Panama hat die Regierung beschlossen, das Trinkwasser zu privatisieren, die Mehrheit der Bevölkerung erhob jedoch Protest und zwang die Regierung, die Unterzeichnung des entsprechenden Konzessionsvertrags mit einem Privatunternehmen zu verschieben.

24 Nayra Delgado, Plus d'eau pour le Canal, in: DIAL, 1.–15. Oktober 2001, S. 7.

Das Amazonasgebiet leidet unter fortschreitender rücksichtsloser Abholzung in Ländern wie Peru und Kolumbien, ganz abgesehen von der Verseuchung vieler Flüsse durch Quecksilber und Schwermetalle, die von Bergwerken und Mineralien abbauenden Unternehmen in die Natur geleitet werden.

Bolivien und Peru, die an sich einen an Flüssen, Seen und Kanälen reichen Teil Amazoniens besitzen, leben seit Jahren mit der ökologischen Zerstörung und Kontamination des Wassers im gesamten Andenbereich und leiden unter schwererer Wasserknappheit.

Um ein Beispiel zu geben: Die Stadt Enseñada (33.000 Einwohner) im Distrikt Puente de Piedra in der Nähe von Lima wurde durch Tanklastwagen mit Wasser versorgt. Dieses von weither herangeschaffte Wasser wurde zu einem hohen Preis verkauft. Jetzt hat man mit internationaler Unterstützung entdeckt, dass es im Untergrund der Stadt Wasser gibt, und hat eine Art artesischen Brunnens angelegt, welcher der Bevölkerung Trinkwasser zu einem um 40 Prozent niedrigeren Preis als die Fuhrunternehmer liefert. In Südamerika kümmern sich verschiedene NGOs (Nichtregierungsorganisationen) um die Realisierung solcher Projekte.

Chile liegt zum größten Teil im Andengebiet, das von Schneegipfeln eingenommen wird, kargen Boden hat und über wenig Wasser verfügt. Zwischen den Anden und der Pazifikküste, an der einige seiner schönen Städte liegen, erstreckt sich die Atacama-Wüste, die als die unfruchtbarste Wüste der Welt gilt und die größte in ganz Südamerika ist. Daher ist es verständlich, dass Chile ernste Schwierigkeiten hat, seine Bevölkerung mit Trinkwasser zu versorgen. Die Regierung entwickelt Pläne zur Entsalzung von Meerwasser, um genügend Süßwasser zu bekommen, aber leider sind die Nutznießer wie immer nur diejenigen, die über ausreichende Kaufkraft verfügen.

4.7 Brasilien

Brasilien ist Weltmeister, was die Artenvielfalt angeht, und eines der reichsten Länder in Bezug auf die Wasservorräte. Man kann sich freuen: Unser Land ist Herr über zwölf Prozent des weltweiten Süßwasservorrats. 53 Prozent der südamerikanischen Wasserreserven befinden sich in Brasilien. Allein im Amazonasgebiet fließen zehn der zwanzig größten Flüsse der Welt. Um sich eine Vorstellung von unserem natürlichen Reichtum zu machen, genügt es, daran zu erinnern, dass Brasilien über 47 Prozent mehr Wasser verfügt als die USA und Kanada. Allein in Amazonien gibt es 15 Typen von Wäldern. Jedes Ökosystem besitzt eine enorme Fülle an Pflanzen und Tieren. Die nationale Wasserbehörde ANA (Agência Nacional de Água) teilt Brasilien in acht große hydrografische Becken ein und schätzt, dass diese 197.500 m³ pro Sekunde in den Ozean ergießen. Um besser zu ermessen, was für eine Menge das ist, muss man sich vorstellen, man würde sekündlich 197 Fässer Wasser mit einem Fassungsvermögen von jeweils 1.000 Litern, also eine Tonne, ins Meer schütten.

Internationale Verbände klagen an, dass in dem ohnehin schon geschrumpften und bedrohten Amazonasurwald jedes Jahr vier Prozent des noch bestehenden Waldgebiets niedergebrannt und vernichtet werden. Allein 1999 wurden 13.000 km² abgeholzt. Im Jahr 2001 hat die Regierung selbst beklagt, dass die Brände im Amazonasgebiet und im Mittelwesten sich gegenüber dem Vorjahr verdoppelt hätten. Auch der Atlantische Regenwald ist fast völlig verschwunden, und jetzt bemühen sich viele Leute, ihn praktisch aus dem Nichts wiederherzustellen. Die Regierung erlässt Anordnungen, mit denen sie neue Naturschutzparks errichtet, aber sie hat kein wachsames Auge auf das Interesse der Großgrundbesitzer, die Holz einschlagen, Gold fördern und industriellen Fischfang betreiben, ohne sich im Mindesten um den Schutz der Umwelt oder gar um das Leben und Überleben der Armen zu kümmern.

Neben seinen Flüssen und Quellen hat Brasilien einen immensen Reichtum sauberen und nutzbaren unterirdischen Wassers. Eines der größten unterirdischen Wasservorkommen der Welt liegt in Brasilien. Es ist der «Aqüífero Guarani», ein unterirdischer See von großer, aber unterschiedlicher Tiefe, der eine Fläche von 1,2 Millionen km² bedeckt. Er erstreckt sich unter acht brasilianischen Bundesstaaten, von Minas Gerais bis in den Süden, und reicht bis unter argentinisches, uruguayisches und paraguayisches Gebiet. Die Techniker meinen, dieses Wasserreservoir könne eine Bevölkerung von 360 Millionen versorgen. Große Städte wie Ribeirão Preto benutzen bereits Wasser aus diesem Vorkommen. Das Problem besteht in der Verschmutzungsgefahr: An der Grenze zwischen Brasilien und Uruguay wurde ein Verschmutzungsherd entdeckt, der diesen natürlichen Reichtum zerstören könnte.[25]

Die Zeitschrift *Veja* brachte am 18. April 2001 die Schlagzeile «Die Rache der Natur». Die Zeitschrift *Super Interessante* vom Juli 2000 zeigt auf, dass Brasilien eines der süßwasserreichsten Länder ist. Allerdings sind viele von seinen Flüssen zu Abwasserkanälen geworden und zahllose Quellen ausgetrocknet.

Indigene Bevölkerungen Amazoniens wurden unbemerkt mit Quecksilber vergiftet, das die Goldsucher in die Flüsse, selbst in große und «wichtige» Flüsse wie den Tapajós, einleiteten. Im Mittelwesten ist das Becken des Araguaia-Tocantins so schwer angegriffen, dass der Fluss zu versiegen droht. Fachleute stellen fest: In den brasilianischen Flüssen wird sich in nur zwanzig Jahren die Zahl der lebenden Arten um die Hälfte verringert haben.

In großen Städten wie etwa Rio de Janeiro ist die Wasserqualität nicht gut. Im November 2001 floss aus den Hähnen gelbliches, von Insektiziden durchsetztes Wasser. Rio de Janeiro entnimmt dem Rio Guandu täglich 3,5 Milliarden Liter Wasser. Der Direktor der staatlichen Wasserwerke erklärte:

> Wir müssen darauf hinweisen, dass sich das ganze Becken dieses wichtigen, einzigartigen Wasservorkommens in einem fortgeschrittenen Zustand der Degradation befindet ...[26]

Die Ständige Versammlung der Umweltschutzverbände (Apedema), die größte Vereinigung von NGOs im dortigen Gebiet, drang mit einer Abordnung zur Generalstaatsanwaltschaft der Republik und zum Staatsanwalt des Staates vor, um die Bestrafung der Regierungsorgane und einiger Präfekturen der hauptstädtischen Region um Rio zu verlangen, die Müllhalden an den Ufern des Rio Guandu unterhalten und wissen, dass das Industriezentrum Queimados täglich Tonnen von Schwermetall in die Flüsse kippt und dass die Sandbaggereien alle Flüsse in der Niederung fürchterlich verschmutzen.

In Recife kann die Mehrheit der Bevölkerung nur alle 48 Stunden Wasser aus ihren Hähnen laufen lassen. In allen brasilianischen

25 Jerson Kelman (Direktor der Agência Nacional de Água), Rios Limpos, in: Jornal Valor Econômico, 23. März 2001. Auch im Internet: www.ana.gov.br.
26 Flávio Guedes, Nosso Problema, in: O Globo, 22. November 2001, S. A 6.

Städten herrschen noch immer Verschwendung und unverantwortliche Verschmutzung.

Die Halbwüste im Nordosten ist eines der an geografischer Ausdehnung und Bevölkerung größten Dürregebiete der Welt. Es misst etwa 868 km² und umfasst den Norden der Staaten Minas Gerais und Espíritu Santo, das Hinterland von Bahia, Sergipe, Alagoas, Pernambuco, Paraíba, Rio Grande do Norte, Ceará, Piauí und einen Teil des Nordostens von Maranhão. In dieser Region leben mehr als 18 Millionen Menschen. «Halbwüste» wird ein Gebiet genannt, in dem wenig und/oder unregelmäßig Regen fällt, sodass die Verdunstung stärker ist als die Niederschläge. Dürreperioden sind in diesen Gebieten häufig. Trotz allem ist die brasilianische Halbwüste eine der feuchtesten auf der Welt. Die Niederschlagsmenge beträgt durchschnittlich 750 Millimeter. Unter normalen Bedingungen regnet es mehr als 1.000 Millimeter.[27]

Verglichen mit anderen Halbwüsten ist das ein hervorragender Wert. In Israel zum Beispiel regnet es weniger. Im Sertão des brasilianischen Nordostens fällt viermal mehr Regen als in Kalifornien. Laut Celso Furtado besteht das Problem der brasilianische Halbwüste darin, dass «das Gestein praktisch an der Oberfläche liegt»:

Der Boden ist weitgehend kahl und die Rückhaltung von Grundwasser äußerst schwierig. Normalerweise bleibt nur sehr wenig Wasser zurück, da der Abfluss – der *run-off*, wie die Engländer sagen – sehr stark ist. Das Wasser versickert und verrinnt. Und schon nach einer oberflächlichen Bohrung stößt man auf kristallines Gestein. Folglich sind die Böden, die Wasser zurückzuhalten vermögen, nicht sehr tief. Einen Grundwasserspiegel gibt es nur in bestimmten Gebieten, und dies auch nur mit Lücken und Unterbrechungen. An manchen Stellen weist das Gestein einen tiefen Spalt auf, in dem sich gutes, sauberes Wasser sammelt. Dort in Piauí und in anderen Gegenden des Nordostens ist das Granitgestein geborsten und hat ein Wasserbassin gebildet. Dieses ganz außergewöhnliche Gebiet könnte, wenn es gründlich untersucht und gut bearbeitet und entwickelt würde, zur blühenden Landschaft werden. Man darf den Nordosten auf keinen Fall aufgeben![28]

Diese rasche Charakterisierung zeigt uns schon, dass die zentrale Herausforderung der Halbwüste in der Verwertung und im ange-

27 Ivo Polletto, Da indústria da seca para a convivência com o Semi-Árido brasileiro, in: Caritas Brasileira e Comissão Pastoral da Terra, Água de Chuva. O segredo da convivência com o Semi-Árido brasileiro, São Paulo: Paulinas, 2001, S. 11–12.
28 Celso Furtado, Seca e Poder, São Paulo: Fundação Perseu Abramo, 1998, S. 77.

messen Gebrauch des Regenwassers besteht. Es gibt Flüsse, wir besitzen unterirdische Wasservorräte, es sind große Stauwerke gebaut worden, es gibt Bewässerungsanlagen, die aus Flüssen oder artesischen Brunnen gespeist werden. Und da es dort auch relativ ausgiebig regnet, ist es ein Leichtes, das kostbare Nass zu bewahren. Daher kommen viele Wissenschaftler zu dem Schluss, das Wasser sei gar nicht das Hauptproblem der Region.[29] Das einfache Volk sagt das Gleiche: «Nicht die Dürre ist das Problem, sondern der Zaun.» – Einer Reportage von *O Globo* zufolge ergießen sich in Rio de Janeiro Tag für Tag 20 Tonnen flüssigen Abfalls in die Guanabarabucht, und an Regentagen schwillt der Schmutzstrom auf 100 Tonnen an. Darüber hinaus werden in diese selbe Bucht sekündlich 17 m^3 Hausmüll eingeleitet. Zu diesem bunten Allerlei kommen noch 64 Tonnen Industrieabfall aus sechstausend Unternehmen und 300 kg Schwermetall hinzu. Die Umweltschützer schätzen, es werde eine mindestens dreißig Jahre dauernde Anstrengung brauchen, um in der Guanabarabucht gute ökologische Bedingungen wiederherzustellen.[30]

Die Kommission für Ethik und Bürgerrechte von Itaguaí klagt die Errichtung eines mit Mineralkohle betriebenen Kraftwerks an, das die Regierung in der Nähe von Porto de Sepetiba bauen lassen will. Dieses Werk ist geplant an einer ufernahen Stelle in nächster Nähe eines Mangrovengebiets, das unter Naturschutzt steht. Es liegt in der Costa Verde genannten Uferzone, fünf Kilometer von der Serra do Mar entfernt, die noch von der in dieser Region erhaltenen natürlichen Vegetation des Atlantischen Regenwalds bedeckt ist. Der in der geplanten Fabrik zu nutzende Brennstoff ist Mineralkohle, der schmutzigste von allen Brennstoffen überhaupt.

Der Staat Espíritu Santo macht gerade die Umwandlung seiner schönen Wälder und Strände in gewaltige Eukalyptusplantagen der Firma Aracruz Celulose durch, die für das Austrocknen zahlreicher kleiner Flüsse und Bäche verantwortlich ist:

Sie besetzt ausgedehnte Gebiete im herrlichen Küstengürtel von Espíritu Santo und dringt langsam in die äußersten Süden von Bahia vor. Schon hat sie einen Großteil des Nordostens von Minas verwüstet. Die Eukalyptusmo-

29 Caritas Brasileira e Comissão Pastoral da Terra, Água de Chuva, S. 12.
30 Joana Ribeiro – Selma Schmidt, De vilão a aliado do Meio Ambiente, in: O Globo, 22. Oktober 2001, S. 10.

nokultur verlangt einen sozialen, ökonomischen und ökologischen Ausgleich. Die Konzentration von Grund und Boden in den Händen von Megaunternehmen wie Aracruz Celulose, Bahia Sul Celulose, Cenibra und Vera Cruz, die mit schnell wachsendem Holz aufforsten, beläuft sich bereits auf eine halbe Million Hektar, auf denen ursprünglich Quilombola-Gemeinden, Indianer und Kleinbauern oder aber der nahezu ausgelöschte Atlantische Regenwald zu Hause waren. Die Aufforstungsprojekte dieser Firmen verbergen hinter dem zweideutigen Wort «Forst» eine ausgedehnte, gleichförmige Wüste.[31]

Jetzt plant Aracruz, mehr als 70.000 Hektar Wald des Staates Espíritu Santo abzuholzen, um dort mehr Eukalyptus anzupflanzen, der für den Aufbau des dritten Fabrikabschnitts benötigt wird.

Im Süden von Brasilien sind die Verhältnisse nicht anders. In Rivera, das schon in Uruguay liegt, haben die Techniker eine Quelle für die Verschmutzung des Aqüífero Guarani, unseres größten unterirdischen Süßwasservorrats, entdeckt. In Santa Catarina klagt die Zeitschrift *National Geografic* an:

Ein Fluss, so gelb wie Farbe, eine Lagune, so rot wie Blut, und eine andere, grün wie die Krone des Eukalyptusbaums. Das Wasser der Stadt Siderópolis wird niemals wieder sauber werden. Schuld daran ist die Kohle. Jahrelang haben die ungefiltert abgelassenen Abwässer die Wasserläufe der Region in Mitleidenschaft gezogen. Hohe Anteile an Sulfat und Schwermetallen – Blei, Eisen und Aluminium – verfärben das Wasser. Adhyles Bortot von der Umweltstiftung von Santa Catarina klagt an: «Die Unternehmen kapitalisieren den Gewinn und sozialisieren die Verluste. Heute bräuchte man 140 Millionen Dollar, um die geschädigten Gebiete wieder in Ordnung zu bringen. Und das Tragischste: Die Präfektur plant aus dem Problem eine touristische Attraktion für Wissenschaftler zu machen.»[32]

Wir lesen in *Cheiro de Terra*, dem Informationsorgan der CPT (*Commissão Pastoral da Terra*, Pastoralkommission für Grund- und Bodenfragen):

Untersuchungen zeigen, wie heikel die Wassersituation in Santa Catarina ist. In den letzten Jahren haben Flüsse, Wasserläufe, Quellen und Brunnen ihr Wasservolumen erheblich verringert. In Santa Catarina findet sich das beste Wasser in der Region von Lages, im Gebirge. In der Mitte und im Westen des Staates sind bereits 80 Prozent des Wassers durch Gifte und Abfälle der Agrarindustrie, der Schweine- und der Geflügelzucht kontami-

---

31 Fase, 40 anos de luta por um direito fundamental: a Água, Rio de Janeiro: Fase, 2001, S. 7.
32 Willians Barros, Beleza sinistra, in: National Geografic, Oktober 2001, S. 16.

niert und infolge des Fehlens von Kläranlagen in den großen und kleinen Städten verseucht. Auch die unterirdischen Wasseradern sind verschmutzt. Es fehlt ganz offensichtlich am sorgsamen Umgang mit dem Wasser. In den kleinen und mittleren Anwesen werden die Uferzonen von Wasserläufen und Quellen abgeholzt. Die Sümpfe werden trockengelegt, um die landwirtschaftliche Anbaufläche zu vergrößern.[33]

Große Fazendas und kleine Fabriken wie die Gerbereien im Mato Grosso do Sul leiten Gifte und Dreck in die Bäche und Flüsse der Region ein und schädigen damit den Wasserhaushalt im wunderschönen Naturschutzgebiet des Pantanal. Laut den Forschungen des Brasilianischen Umweltinstituts Ibama ist allein die Schnellstraße BR-262 zwischen Campo Grande und Corumbá am Rande des Pantanal dafür verantwortlich, dass jedes Jahr mehr als zweitausend Waldtiere – darunter vom Aussterben bedrohte wie etwa das Tamanduá-Mirim – überfahren werden.[34]

Die brasilianische Regierung pflegt eine Politik der großen Wasserkraftwerke, Staudämme und Kanalisierungen in Brasiliens Flüssen. Das Megaprojekt der Kanalisierung in Paraná/Paraguay vereint fünf Länder im Becken des Rio de la Plata: Bolivien, Brasilien, Paraguay, Uruguay und Argentinien. Vorgesehen sind Bagger-, Vertiefungs- und Regulierungsarbeiten zur Vergrößerung des Schleifenradius in den Flüssen Paraná und Paraguay, beginnend bei Cáceres in Brasilien und weiter über 1.300 km durch das Pantanal bis Nueva Palmira in Uruguay. Die Absicht ist, den Verkehr von Schiffen «an 24 Stunden pro Tag und 365 Tagen im Jahr» zu ermöglichen. Hauptsächlich geht es dabei um den Transport von Produkten mit großem Volumen und geringem Wert, wie etwa Soja. Alcides Faria, Biologe und Exekutivsekretär der Coalição Rios Vivos, hat erklärt:

Schifffahrt ist eine Notwendigkeit, aber meine Auffassung davon ist, dass sie unter Beachtung des natürlichen Zustandes des Flusses geschehen muss, ohne Eingriffe, die seinen Wasserhaushalt verändern und den Verlust Tausender von Arbeitsplätzen in anderen Tätigkeitsbereichen bedeuten können.[35]

33 Puxando A Prosa, Água para a Vida, in: Cheiro de Terra, Nr. 132, März/April 2001, S. 2.
34 Vgl. Perigo no Pantanal, in: National Geografic, Oktober 2001, S. 18.
35 Alcides Faria, Hidrovia Paraná–Paraguai: Uma ameaça para o desenvolvimento do Pantanal, September 2001; auf der Website der Comissão Pastoral da Terra: www.cptnac.br.

Die Wasserstraße Araguaia-Tocantins ist Teil eines großen Projekts der Bundes- und der Staatsregierungen des Nordens und Mittelwestens; sein Ziel ist die Implementierung einer neuen Transportinfrastruktur in Nord-Süd-Richtung. Angeblich ist dabei die zentrale Absicht, die Transportkosten für die landwirtschaftlichen Produkte zu senken, vor allem für die in dieser Region angebaute Soja, die über Itaqui im Staat Maranhão auf den auswärtigen Markt gebracht wird. Gleichzeitig käme es damit zu einem mächtigen Auftrieb für die Ausweitung dieser Monokultur in der gesamten Nordregion. Im Plano Plurianual (PPA) 2001–2003 der Bundesregierung wird das Kanalisierungsprojekt als eines der 14 Projekte angegangen, die Häfen, Straßen, Eisenbahnen und eben den Kanal umfassen. Dieses Paket von Projekten wird als «Multimodale Araguaia-Tocantins» bezeichnet und genießt seinerseits sowohl bei der Bundesregierung als auch bei den Staatsregierungen der Region hohe Priorität.

Wenn diese Wasserstraße, die fünf brasilianische Staaten (Mato Grosso, Goiás, Tocantins, Pará und Maranhão) durchschneiden würde, zu Stande kommt, so bedeutet das: Drainage der Flussbetten des Rio Araguaia, des Rio Tocantins und des Rio das Mortes und Sprengung des querenden harten Gesteins, das ein Hindernis für die Schifffahrt darstellt. Voruntersuchungen schätzen, dass rund fünf Millionen m^3 an Flusssand ausgebaggert werden müssen; dazu kommen noch 700.000 m^3 Felsen, die gesprengt werden müssen, um die Flüsse für die großen Schiffe schiffbar zu machen.

Studien von Fachleuten unter Verantwortung der Stiftung Cebrac – *Centro Brasileiro de Referência e Ação Cultural* – weisen darauf hin, dass der wirtschaftliche Nutzen der Wasserstraße die Konsequenzen, die diese für die Umwelt hätte, nicht rechtfertigt. Im Rahmen einer Gesamtanalyse des Projekts haben sie gefragt nach der Verwendung öffentlicher Mittel, nach der Infrastruktur, der Lebensqualität der Bevölkerung, der Schaffung von Arbeitsplätzen und Einkommen und vor allem nach einer Gesamtstrategie, die in der Lage wäre, eine effektive, nachhaltige menschliche Entwicklung zu fördern, welche der Bevölkerungsmehrheit in der Region zu Gute käme. Sie sind zu dem Ergebnis gekommen, dass das Projekt unter all diesen Gesichtspunkten absolut untauglich ist. Seine Durchsetzung wird die Ökosysteme, die ihrer biologischen Vielfalt wegen so kostbar sind, schwer schädigen und ernsthafte Folgen für die Umwelt und das soziale Gefüge haben.

In sozialer Hinsicht bedeutet dieses Megaprojekt den gesellschaftlichen Ausschluss für die bäuerlichen Familienbetriebe, da es eine Ausdehnung der Soja-Anpflanzungen auf die ganze Region am Kanal bringt. Es wird zwangsläufig zu einer Besetzung von Indianerland und zur Marginalisierung und sozialen Degradierung der Gemeinschaften führen. 29 indigene Völker aus elf verschiedenen Ethnien sind von dem Projekt betroffen. Ökonomisch wird es zu einer Verschlechterung der Lebensbedingungen der Fischergemeinden und Uferbewohner, zur gesteigerten Konzentration von Grundbesitz und Reichtum kommen. Ökologisch werden die Flüsse Araguaia und Tocantins ihre Charakteristik verlieren, weil sie ausgebaggert und ihre Felsbarrieren gesprengt werden – mit irreversiblen Folgen für die hydrologische Dynamik; es wird in großem Stil Wald abgeholzt werden, um die Ausweitung der Soja-Monokultur zu ermöglichen; der Fischbestand und die biologische Vielfalt der Region werden zurückgehen; die Bodenerosion, die Versandung der Flüsse und die Verseuchung des Wassers und des Bodens durch die intensive Anwendung der Agrargifte werden zunehmen. Dadurch werden viele Strände verschwinden, was wiederum das Aus für die Beschäftigung zahlreicher Bootsführer bedeuten und zur Zerstörung einer der wenigen Erholungsmöglichkeiten der Region führen wird.[36]

4.8 Ein exemplarischer Fall: Die Agonie des Rio São Francisco und ein Funken Hoffnung

Der Rio São Francisco mit seinen 3.160 Kilometern, die sich von der Serra da Canastra (Mato Grosso) bis in die Uferzone von Alagoas erstrecken, ist einer der längsten Flüsse der Erde. Die Indianer nennen ihn «Pará», für die Dichter ist er «der Fluss, der dem Rhein gleicht», und bei den Leuten aus der Wirtschaft heißt er «der Fluss der nationalen Integration». Seine Situation ist heikel; deshalb gebe ich hier einen Artikel von Roberto Malvezzi, dem Nationalkoordinator der Pastoralkommission für Grund- und Bodenfragen, wieder:

---

36 Maria dos Anjos Rodrigues Souza, Hidrovia Agraguaia-Tocantins: Desenvolvimento ou Exclusão Social? ebd.

Vor Millionen von Jahren war die brasilianische Halbwüste vom Meer bedeckt. Danach hoben sich die tektonischen Schichten, und das Meer wich zurück. Es bildete sich ein gewaltiger tropischer Wald, durchzogen von windungsreichen Flüssen und bevölkert von mächtigen Tieren wie dem Säbelzahntiger, riesigen Faultieren, Mammuts und anderen. Die Erinnerung an diese Zeit hat sich in die Topografie der Region eingeprägt, sie wird bewahrt im Museum des Amerikanischen Menschen, in den Höhlenmalereien des Nationalparks Serra da Capivara in São Raimundo Nonato im Süden des Staates Piauí. Zehntausend Jahre später jedoch hat sich die Landschaft verändert. Eine tief greifende Klimaveränderung hat den tropischen Wald vernichtet und die Halbwüste entstehen lassen. Die Riesenspezies verschwanden und von allen mäandrierenden Flüssen, die die Gegend durchzogen, ist nur ein einziger geblieben: der Rio São Francisco.

Seit die europäische Zivilisation ihn – am Tag des heiligen Franziskus, dem 4. Oktober 1501 – erreicht hat, ist dieser Fluss ein Teil der Geschichte des Landes. Zuerst war er der «Fluss der Ställe», eine Anspielung auf den Typ von Bevölkerung, den die an seinem Lauf ansässigen Viehzüchter hervorbrachten. Danach wurde er zum «Fluss der nationalen Integration», zum «brasilianischen Nil» und dergleichen mehr. In unserem Jahrhundert aber hatte es der Fluss plötzlich mit seinem schlimmsten Feind zu tun: dem «homo praedatorius», dem Menschen auf Beutezug.

Die heutige Agonie des Rio São Francisco ist nicht das Ergebnis der «Dürre», sondern eines täglichen, rastlosen, nicht enden wollenden Massakers. Die NASA hat das Versiegen des Flusses für das Jahr 2060 prognostiziert. Uns scheint das angesichts dessen, dass er schon so gut wie tot ist, eine viel zu lange Überlebensfrist. Obwohl sich auch Parlamentarier engagiert haben, konnten wir von der NASA keine offizielle Erklärung für ihre Hypothese erhalten. Inzwischen ist der Urwald verwüstet, das Wasser durch Quecksilber, Abfälle aus Industrie, Krankenhäusern und Privathaushalten verseucht, der Laichzug der Fische durch Stauwerke verhindert und das Flussbett durch die Bewässerung ausgesaugt; so gerät der Rio São Francisco in die schlimmste Lage aller Zeiten. Zusätzlich bleibt die absurde Bedrohung, dass sein Wasser umgeleitet wird.

Im Gebiet von Bom Jesus da Lapa fließt unter einer Brücke, die man errichtet hat, um einen Strom von 1.200 m Breite zu überspannen, ein Rinnsal von kaum einmal 200 Metern. Der Fluss stirbt nicht, er wird gemordet wie viele andere brasilianische Flüsse auch. Die organisierte Gemeinde von Correntina hat beklagt, dass in letzter Zeit infolge der Anpflanzung von Eukalyptus 30 Quellen ausgetrocknet sind. In der Region von Barreiras verschlingen 630 Beregnungsanlagen – die räuberischste Form von Bewässerung – das Wasser der Zuflüsse. In Juazeiro/Petrolina, dem Schaufenster einer Bewässerungslandwirtschaft, versteckt man mit größter Sorgfalt alle ökologischen Auswirkungen dieses Verfahrens. In Wahrheit ist das Entwicklungsmodell, das man am Rio São Francisco eingeführt hat, unhaltbar. Der Tod des Rio São Francisco ist das direkte Ergebnis eines Modells, das nur den unmittelbaren Gewinn im Auge hat und sich um den Fluss und die Bevölkerung der Region nicht schert.

Präsident Fernando Henrique hat mit einem im Amtsblatt publizierten Erlass vom 5. Juli 2001 den Plan zur «Erhaltung und Revitalisierung des Rio São Francisco» vorgelegt. Derselbe Erlass ruft einen «Geschäftsführenden Ausschuss» ins Leben, der das Projekt leiten soll. Irgendwie ist die Stimme des Volkes also doch in die schallisolierten Säle des Palastes auf dem Planalto gelangt. Erstmals hat von einer Revitalisierung des Rio São Francisco ein Text aus den Reihen der in Itaparica versammelten CPT Nordost gesprochen. Wir haben nichts gegen das Vorhaben einzuwenden. Es greift auf, was wir wollen. Allerdings erheben sich Fragen: Wer wird die Revitalisierung durchführen? Werden die Mittel für die Wiederherstellung ausgerechnet in die Hände der Räuber gelangen? Wie werden die Uferbewohner, die popularen Führungskräfte, die Gewerkschaften, die Kirchen, die Sozialpastoral und die NGOs an diesem Prozess beteiligt? Ist die Vorlage des Präsidenten aufrichtig oder nur ein Alibi, das die Proteste stillstellen soll? Redet sie einfach weiter von Revitalisierung, ohne an eine Änderung des im Tal des Rio São Francisco angewandten Entwicklungsmodells zu denken?

Die Zeit wird es weisen. Doch es ist nicht zu leugnen, dass ein Funken Hoffnung in unsere Herzen gefallen ist. Solange es Leben gibt, gibt es Hoffnung.

4.9 Internationale Reaktionen auf die Wasserkrise

Wer Informationen wie die in diesem Buch enthaltenen liest, wird sicherlich mit uns der Meinung sein, dass man unbedingt etwas unternehmen muss, um den Gang der Geschehnisse zu verändern, was den Umgang der Menschheit mit der Erde und mit dem großen Geschenk des Wassers betrifft. Im Folgenden werden wir in einigen Zeilen zusammenfassen, was zur Zeit gedacht und getan wird, was die Gesellschaft tut, um die Krise zu lösen.

4.9.1 Pläne für eine technische Lösung von Seiten der Regierungen und Unternehmen

Die Zeitschriften *Veja* vom 18. April 2001 und *Super Interessante* vom Juli 2000 beschreiben dieselbe Realität und stellen Lösungen vor, die Regierungen und Unternehmen gesucht haben, um das Problem der ökologischen Zerstörung und die Wasserkrise zu bewältigen. Die Initiativen sind höchst unterschiedlich; sie reichen von der populären Maßnahme, «Regenwasser aufzufangen», die Organisationen wie die Caritas befürworten und die die Probleme so vieler armer Familien in der Halbwüste des Nordostens gelöst haben, bis hin zu dem «sehr kostspieligen» Beschluss, «Meerwasser zu entsalzen», wie man es in mehreren Ländern praktiziert hat.

Bowie Kiefer ist ein anglokanadischer Ingenieur, der in den 1980er Jahren eine kleine Maschine erfunden hat, die in der Lage ist, Meerwasser in Trinkwasser umzuwandeln. Das Prinzip ist einfach: Salzwasser wird unter hohem Druck durch permeable Membrane und Filter gepumpt. Das Wasser wird erhitzt, bis es zu Dampf wird, damit sich die Mineralien absondern lassen, und danach wird es abgekühlt, bis es wieder flüssig ist. Heute produzieren 120 Länder in insgesamt 12.500 Fabriken täglich 20 Millionen m³ entsalztes Wasser. Das ist ein Prozent des Weltverbrauchs. Und hat einen Preis: Für jeden Liter entsalzten Wassers werden zwei Liter hoch salzhaltigen, verunreinigten Wassers wieder ins Meer eingeleitet oder – was noch schlimmer ist – in Ländern am Persischen Golf ins Erdreich ausgebracht. Namibia, das Sultanat von Oman, aber auch Chile und Mexiko gewinnen Trinkwasser, indem sie Tau sammeln und Gletscherschnee auftauen.

Ein anderes Experiment wird gemacht mit der «Aufbereitung von verschmutztem Wasser»; es kommt zur Anwendung in einigen städtischen Zentren des Nordens und wird auch für die Großstädte empfohlen. Seit Jahren trinken die Touristen in Disneylândia aufbereitetes Abwasser.

Mit Ausnahme der Maßnahme, «Regenwasser aufzufangen», die für das Leben der Armen unverzichtbar und dazu billig und ökologisch sinnvoll ist, lösen die Verfahren allenfalls das Problem reicher Unternehmen und Shopping-Centers, aber auch der Regierungen, die alle so handeln, als ob sie sagen wollten: «Erst einmal können wir zerstören. Danach machen wir die industrielle Aufbereitung. Wir können verschwenden und verschmutzen, vergeuden und besudeln. Wir haben ja Geld. Danach leiten wir dann den nötigen Aufbereitungsprozess ein.»

Die Vorkehrungen, die die Gesellschaft gegenwärtig trifft, um die Wasserkrise zu lösen, werden das Problem nicht wirklich bewältigen, weil sie es nicht an der Wurzel anpacken. Im Gegenteil favorisieren sie ja das inhumane Projekt der Privatisierung des Wassers. Die Wasseraufbereitung oder die Entsalzung von Meerwasser kann der Menschheit helfen, das Wasser, über das wir noch verfügen, zu schätzen und besser mit ihm umzugehen, sie korrigiert aber nicht den in sich falschen Weg, die Wasserquellen zum Privateigentum und Machtinstrument zu machen. Außerdem haben diese Lösungen nur den Gewinn der Unternehmen und die Konzentration von Reichtum und weltlicher Macht im Auge; darum fehlt es ihnen an der Sorge um eine echte Verteidigung oder einen wirklichen Schutz der Natur und erst recht am Bemühen um eine neue Beziehung zwischen dem Menschen und dem Universum. Im Gegenteil: Sie entsalzen das Meerwasser, und was machen sie mit den Salzen, die sie ihm entzogen haben? Wie sieht es denn unter ökologischem Gesichtspunkt mit den Anlagen zur Aufbereitung von Abwässern aus?

Bis heute hat sich in den meisten Ländern der Welt die offizielle Politik in Bezug auf die Wasserkrise bloß darauf beschränkt, einen Missbrauch des bestehenden Systems zu korrigieren und Mittel zu finden, mit denen sich Erde und Wasser weiterhin ausbeuten lassen, wenn auch rationeller und weniger ungezügelt und unbedacht. Es sind «Auswege», die der Kapitalismus selbst ersinnt. Und alle diese Maßnahmen laufen auf eine Politik der Privatisierung der Wasserwirtschaft hinaus, welche die Krise nicht etwa angemessen bewältigt, sondern sie vielmehr verschärft und international werden lässt.

4.9.2 Bemühungen von Zivilgesellschaft, Nichtregierungsorganisationen (NGOs) und internationalen Organen der UNO um ein neues internationales Recht und einen Weltwasservertrag

1977 haben die Vereinten Nationen in Mar del Plata in Argentinien die erste Weltwasserkonferenz veranstaltet. Seither haben bis heute verschiedene NGOs, Staaten und internationale Organe, die sich mit Fragen der Gesundheit, der Ernährung und der Entwicklung der Völker befassen, immer wieder das Problem des Wassers behandelt. Zahlreiche Foren und Kongresse wurden dazu veranstaltet.

Die Vereinten Nationen haben die Dekade 1981–1990 zur «Dekade des Wassers» erklärt. Das Hauptziel dabei war, bis zum Jahr 2000 für alle Bürger des Planeten den Zugang zu Trinkwasser zu garantieren. In den internationalen Kalender wurde der Weltwassertag am 22. März aufgenommen. Verschiedene internationale

Konferenzen haben wichtige Erklärungen zum Thema Wasser veröffentlicht. Zu nennen sind hier insbesondere die «Charta von Montreal» über Trinkwasser und Wasseraufbereitung (1990) und die «Dubliner Erklärung» (1992) über das Wasser unter dem Gesichtspunkt nachhaltiger Entwicklung. Die Dubliner Prinzipien sind in die «Agenda 21» eingegangen, die auf der «Konferenz der Vereinten Nationen zu Umwelt und Entwicklung» (Rio de Janeiro, 1992) verabschiedet wurde; auch die 1998 vom Internationalen Sekretariat erarbeitete «Straßburger Erklärung» über das Wasser als Ressource der Bürger und als für den Frieden und die Raumordnung notwendiges Element hat die Dubliner Prinzipien übernommen. Es wurde ein Weltwasserforum geschaffen, und die UNO plant ein internationales Recht, das die Wasserwirtschaft auf dem Planeten Erde regeln soll.

Auf der Konferenz der Vereinten Nationen über Umwelt und Entwicklung (ECO 92) in Rio de Janeiro trafen sich mehr als einhundert Staats- und Regierungschefs, zahlreiche Repräsentanten der UNO, internationaler Organisationen und NGOs. Erstmals überhaupt wurde das Thema in einem so wichtigen Forum eingehender diskutiert. Die Konferenz verabschiedete fünf Texte, darunter eine Hauptagenda für die so genannte nachhaltige Entwicklung (ein in sich etwas widersprüchlicher Begriff, der oft nur dazu dient, die Option für das schlichte Weitermachen mit dem Ausbeutungsmodell zu verschleiern, garniert mit ein paar Konzessionen, welche die kritischsten Umweltschützer beruhigen sollen). Neben dieser Agenda 21 wurden zwei weitere prinzipielle Erklärungen und drei internationale Abkommen verabschiedet.

Die Agenda 21 ist das wichtigste von der Konferenz in Rio veröffentlichte Dokument und besteht praktisch in einer Anleitung für eine sozioökonomisch wie ökologisch nachhaltig zukunftsverträgliche Entwicklung.

Kapitel 18 überschreibt die Agenda 21 mit «Schutz der Güte und Menge der Süßwasserressourcen»; das Thema kommt aber auch in anderen Kapiteln vor, wo etwa die Rede von der augenblicklichen Entwaldung, der Wüstenbildung, der Trockenheit, den nicht verrottenden Rückständen (dem Abfall) die Rede ist. Das Dokument will die Mittel aufweisen, die anzuwenden sind, damit bis zum Jahr 2005 alle Menschen auf der Erde Zugang zu Trinkwasser bekommen, das heißt, dass schon im Jahr 2000 allen mindestens 40 Liter täglich garantiert sein und 75 Prozent der Menschheit unter angemessenen sanitären und hygienischen Bedingungen leben sollen. Ausgehend von der Initiative der Weltbank, hat sich der «Weltwasserrat» gebildet. Er hat 1997 in Marrakesch in Marokko ein erstes und 2000 in Den Haag in Holland ein zweites Forum veranstaltet. In den letzten beiden Tagen dieses Forums fand parallel am selben Ort eine Ministerkonferenz statt, an der Vertreter von 130 Staaten teilnahmen; dazu kamen noch Fachleute und Delegierte der internationalen Organisationen. Die Konferenz erarbeitete und verabschiedete eine «Ministererklärung über die Sicherheit des Wassers im 21. Jahrhundert».

Diese Erklärung stellt fest, dass der Wasserverbrauch den Wohlstand und die Lebensqualität der Bevölkerung anzeigt und ihren wirtschaftlichen und sozialen Entwicklungsstand widerspiegelt. In den reichen Ländern überschreitet der Verbrauch 200 Liter Wasser pro Einwohner und Tag, in den ländlichen Gebieten der Dritten Welt liegt er im Durchschnitt unter 30 Litern. Am Tag braucht ein Afrikaner zehn Liter Wasser, ein Franzose 150 und ein Amerikaner 425 Liter. Neben dem sorglos-verschwenderischen Umgang mit dem Wasser hebt die Erklärung hervor, dass dieses zum Instrument für Krieg, Kontrolle oder Herrschaft seitens mächtiger Staaten und Unternehmen wird. Heute befinden sich viele Länder in Kriegen um Wasser. Das trifft zum Beispiel auf Israel zu, das um die Kontrolle über das Wasser in der Region kämpft. Und es traf zu, als Südafrika am 22. September 1998 das kleine Reich von Lesotho militärisch besetzte, um die lokale Regierung zu beseitigen und Position zum Schutz des Highlands Water Project zu beziehen, eines großen Staudammprojekts, das Wasser für die südafrikanische Provinz Guateng, das industrielle und kommerzielle Zentrum des Landes, liefern soll.

Die beim zweiten Weltwasserforum anwesenden Minister haben noch ein weiteres Element herausgearbeitet, das an der Wurzel der augenblicklichen Krise liegt. Es gibt einen politischen Plan, das Wasser zu einem Instrument sozialer und politischer Kontrolle über die Armen zu machen. Es ist eine echte Bosheit, dass die «Hilfe», die der Internationale Währungsfonds einem armen Land angedeihen lässt, als eine Maßnahme die Privatisierung seiner Wasservorräte verlangt. Das Wasser, das ein elementares Gut war und dessen Genuss als ein allgemeines Menschenrecht angesehen wurde, wird durch Beschluss der Gesellschaft zum Privateigentum. Früher haben wir für den Dienst der Wasserversorgung gezahlt. Jetzt müssen wir immer mehr für das Wasser selbst zahlen, das wir trinken und im Haus verbrauchen. Die Minister der verschiedenen Staaten, die an dem Forum in Den Haag teilnahmen, scheuten sich, den räuberischen und antiökologischen Charakter des Weltwirtschaftssystems anzuprangern. Ricardo Petrella kritisiert, dass sie sich weigerten zu erklären, dass alle Menschen ein Recht auf Wasser haben. Sie sagen wohl, es sei ein vitales Bedürfnis, aber nicht, dass es sich dabei in erster Linie um ein universales Recht handelt: eben das Recht aller. Der Unterschied besteht darin, dass das Bedürfnis erst bewiesen werden muss, und die Armen können es nun einmal nicht beweisen. Im Grunde bleibt es auch nach der Erklärung von Den Haag weiterhin möglich, das Wasser zu privatisieren und es lediglich als technisches Problem anzusehen.

> Spricht man heute von Wasser, so heißt das, von drei fundamentalen, eng miteinander zusammenhängenden Größen zu sprechen: dem Recht auf Leben, dem Gemeinwohl und der Demokratie. Vom Recht auf Leben ist zu reden, weil 1,68 Milliarden Menschen keinen Zugang zu Trinkwasser haben und daraus zahlreiche Krankheit und Todesfälle resultieren. [...] Vom Gemeinwohl ist die Rede, weil augenblicklich in der Welt eine Politik der Privatisierung des Wassers vorherrscht. Diese Vorstellung sieht im Wasser eine Ware, die für die Wasserwerke und die Dienstleister Gewinn abwerfen soll. Früher haben die Menschen für die Dienstleistung der Wasserversorgung gezahlt, heute müssen sie für das Wasser selbst zahlen. An verschiedenen Stellen des Planeten hat diese Situation bereits zu Konflikten und Kriegen zwischen Staaten geführt. [...] Schließlich zeigt die Lage des Wassers ganz brutal, dass wir heute in einer immer weniger oder einfach noch nicht demokratischen Gesellschaft leben. [...] Der Preis des Wassers gehorcht den Marktgesetzen und nicht der Sorge um die Sicherung des Zugangs zum Wasser für alle.[37]

In Brasilien wurde durch Gesetz Nr. 9.433 vom Januar 1997 die nationale Wasserwirtschaftspolitik instituiert und das nationale System des Wassermanagements geschaffen. Seine Prinzipien lauten:

1. Das Wasser ist ein öffentliches Gut.

2. Das Wasser ist eine begrenzte nationale Ressource von ökonomischem Wert.

---

37 Ricardo Petrella, Per salvare l'acqua viva, in: Campagna EAS, Acqua, bene comune, S. 4–5.

3. In einer Knappheitssituation sind die Ressourcen vorrangig für den menschlichen Gebrauch und die Tränkung der Tiere bestimmt.

4. Die Verwaltung der Wasserressourcen hat stets den vielfältigen Gebrauch des Wassers zu ermöglichen.

Dies ist ein gutes Gesetz auf vorzüglicher gedanklicher Grundlage. Leider garantiert die ergänzende Gesetzgebung nicht immer die konsequente Verwirklichung seiner Prinzipien. Man braucht in diesem Zusammenhang nur an die Energiekrise vom Juni 2001 zu erinnern.

4.9.3 Eine erste Schlussfolgerung zum Thema

Eine unmittelbare Folgerung: An vorderster Front im Kampf stand die Weltelite, schnell und effizient wie immer. Es stimmt schon hoffnungsvoll, wenn man sieht, dass an verschiedenen Orten der Welt die Zivilgesellschaft gegen ein Projekt der Privatisierung der Wasserreserven mobil macht und dass in der ganzen Welt ein neues Bewusstsein davon erwacht, dass das Wasser ein universelles Bedürfnis ist und dass alle Lebewesen ein Recht darauf haben.

Die internationalen Konferenzen haben folgende Ursachen der aktuellen Wasserkrise ausgemacht: die ungleichen meteorologischen Bedingungen in den Weltregionen, die Achtlosigkeit der verschiedenen gesellschaftlichen Sektoren und die Technik, die sich nicht um ihre Folgen schert. Weniger von Regierungen erwähnt als vielmehr von Humanisten wie Ricardo Petrella hervorgehoben werden die destruktive Potenz des in der Welt vorherrschenden Gesellschaftssystems und die Privatisierungspolitik, die aus dem Wasser eine vom Markt kontrollierte und regulierte Ware macht. Washington Novaes erinnert an Folgendes:

Die Unhaltbarkeit des aktuellen sozioökonomischen Modells geht aus mehreren Berichten des Entwicklungsprogramms der Vereinten Nationen (PNUD) hervor. Sie ist die Folge der starken Konzentration von Produktion und Konsum in den 29 industrialisierten Ländern. Mit 19 Prozent der Weltbevölkerung halten sie 86 Prozent der Produktion und des Konsums weltweit, 82 Prozent der Exporte, 71 Prozent des Welthandels, 68 Prozent der direkten Investitionen und 80 Prozent der Internetnutzer. [...] Die drei reichsten Personen der Welt besitzen zusammen ein Vermögen, das größer ist als das Bruttoinlandsprodukt der 48 ärmsten Länder der Welt, in denen 600 Millionen Menschen leben.

[...] Der Living Planet Report 2000, eine Anfang 2001 veröffentlichte Studie, stellt fest, dass die Umwelt nicht mehr zu erhalten ist. Der Bericht sagt, bezogen auf den Verbrauch von Nahrungsmitteln, Rohstoffen und Energie überschreite die Nutzung von natürlichen Ressourcen auf dem Planeten die Wiederherstellungskapazität der Biosphäre um 42 Prozent und dieses Defizit nehme jährlich um 2,5 Prozent zu. Wenn jeder Mensch im selben Maß natürliche Ressourcen verbrauchen und Kohlendioxid ausscheiden würde wie die Amerikaner und Europäer, dann bedürfte es, um das Überleben der Gattung zu sichern, zweier Planeten mit der gleichen Ressourcenmenge wie die Erde.

Dieser Nachhaltigkeitsverlust schlägt sich praktisch in der Drohung von Klimaveränderungen, in der weltweiten Wasserkrise, in der dramatischen Erosion und Wüstenbildung, im gigantischen Wachstum der Müllproduktion in der Welt nieder [...]. Ganz gleich, wie sich die Dinge in der nächsten Zeit entwickeln – auf lange Sicht sind wir genötigt, unsere Lebensstile neu zu formulieren und neu zu definieren [...]. Wie die Zukunft aussehen wird, das hängt von jedem Menschen ab.[38]

Es liegt auf der Hand, dass das Wasser das strategisch fundamentale Element ist. Seit der Antike wurden ganze Völker unterworfen, wenn die Feinde sich erst einmal ihrer Wasservorräte bemächtigt hatten. In den heutigen Kriegen, wie in dem jüngsten Konflikt zwischen den USA und Afghanistan, fürchteten die Leute in der nordamerikanischen Regierung, ihre Feinde könnten ein Virus in ihre Wasserreservoirs bringen. Das Wasser ist im Entwicklungsmodell von heute ein zentrales strategisches Element. Neben dem landschaftlichen, touristischen und freizeitlichen hat es auch noch medizinischen und heilenden Wert.

Heute herrscht auf der ganzen Welt «ein erbitterter Wettbewerb um die Kontrolle über die Wasserquellen. In mehreren Ländern sind Projekte zur Privatisierung des Wassers im Gange. Man spricht ganz offen vom Wasser als *commodity* und von der ‹Petrolisierung des Wassers›.»[39] Ricardo Petrella hat festgestellt:

In den 1970er Jahren waren die Herrscher der Welt die Herren des Erdöls. In zwanzig Jahren werden wir von den Herren des Wassers beherrscht werden, an erster Stelle von den französischen Multis: Vivendi, Lyonnaise des

38 Washington Novaes, O fim de um tempo, in: O Popular, 18. Oktober 2001, S. A 8.
39 Roberto Malvezzi, O Limite das Águas, S. 130.

Eaux, Nestlé, Danone usw. Bedenken Sie: Coca Cola hat jetzt schon sein eigenes Wasser: Bonaqa.[40]

Wir kommen nicht umhin, dem Wasser einen *ökonomischen Wert* zuzuerkennen und es als ein *ökonomisches Gut* zu betrachten, doch dieser ökonomische Wert erhebt es nicht über das Leben von Menschen.

In Brasilien stammen 94 Prozent der Energie aus Wasserkraft. Schon das zeigt, dass der «vielfältige Gebrauch des Wassers» ein Mythos ist. Darüber hinaus werden 70 Prozent des Wassers weltweit für die Bewässerung verwendet, und das hat eine erschwerende Folge: Es ist für den menschlichen Gebrauch nicht mehr verfügbar. In Brasilien wird das Wasser vieler Flüsse für Bewässerungsanlagen abgezweigt, deren Produkte für den Export bestimmt sind und dem brasilianischen Volk nicht zugute kommen.

Auf alle Fälle ist es gut zu wissen, dass 18 Staaten und der Bundesdistrikt eine Politik des staatlichen Wassermanagements eingeführt haben. Das Bundesgesetz Nr. 9.984/00 hat die Agência Nacional de Aguas (ANA) amtlich gemacht. Leider werden alle Techniker von der Regierung ernannt. Das Volk wird nicht konsultiert, es weiß nicht, was vorgeht, und es ist sich nicht bewusst, dass das Wassermanagement eng von der Bevölkerung begleitet werden müsste und dass die Entscheidungen, die unsere Flüsse betreffen, von allen getroffen werden müssten.

In Cochabamba in Bolivien, einer Großstadt mit schwerem Wassermangel, hat sich im April 2000 die Bevölkerung empört und mit Streiks, Hupkonzerten und der Drohung, die ganze Stadt lahm zu legen, verhindert, dass das Privatunternehmen, das die Wasserversorgung kontrolliert, den Wasserpreis um 45 Prozent erhöhte. Ricardo Petrella hat diese Art von Demonstration unterstützt und gesagt: «Sie haben die Petrolisierung des Wassers verhindert.» Er schlägt vor, ein «Weltwasserparlament» zu schaffen, das mit den NGOs und mit internationalen amtlichen Organisationen verhandeln könnte, um einen «Weltwasservertrag» zu schließen, der Folgendes garantiert: «Das Wasser muss immer ein Allgemeingut bleiben und darf keine private Handelsware werden.[41]

40 Vgl. Olivier Nouaillas, Eau potable, enjeu planétaire, in: La Vie, 2870, 31. August 2000, S. 29.
41 Vgl. Olivier Nouaillas, ebd., S. 29.

In Brasilien haben die Zivilgesellschaft und viele NGOs ein Bewusstsein für die ökologischen Probleme entwickelt, die durch das räuberische Entwicklungsmodell hervorgerufen werden. Bei ihrem 12. Nationaltreffen hat sich die Pastoralkommission für Grund- und Bodenfragen zusammen mit den Arbeitern und der ganzen Zivilgesellschaft dazu verpflichtet, die ökologischen Verbrechen anzuprangern und gegen die phantastischen Wasserkraftwerks-, Staudamm- und Kanalisierungsprojekte zu kämpfen.

Im Mittelwesten hat die Zivilgesellschaft der fünf vom Kanalprojekt Araguaia-Tocantins betroffenen Staaten mittels popularer Organisationen mobil gemacht; sie hat Versammlungen, Seminare und Hearings organisiert und über die sozialen und umweltlichen Auswirkungen debattiert. Aus diesem Aufbruch ist das MPTA (*Movimento pela Preservação dos Rios Tocantins e Araguaia*, Bewegung zur Erhaltung der Flüsse Tocantins und Araguaia) entstanden; es vereint mehr als 45 Organisationen und Gruppen aus verschiedenen gesellschaftlichen Sektoren, die eine kritische Sicht der großen Projekte teilen.

In den Monaten Juli und August, während der Badesaison, erschien die Bewegung an den Stränden. Mit ihrer Kampagne «Halt! Das ist mein Strand. Nein zum Kanal!» wandte sie sich direkt an die Bevölkerung, um mit ihr über die Auswirkungen des Kanals und der allein am Rio Tocantins geplanten sieben Wasserkraftwerke zu diskutieren. Die Kampagne wurde höchst positiv bewertet, denn die Diskussion erreichte ein Publikum, das keine Bindung an die popularen Organisationen hat. Sobald sie ins Nachdenken über die Folgen dieses Projekts kamen, zeigten sich die Leute perplex und empört.

Aus alldem tritt eines ganz klar hervor: Es nützt nichts, die Natur zu verteidigen und sich Sorgen um das Wasser zu machen, wenn sich das System nicht ändert, das die wahre Ursache für dieses beunruhigende Bild ist. Wenn das herrschende sozioökonomische Entwicklungsmodell nicht revidiert wird, gibt es keine wirkliche Abhilfe für die ökologische Zerstörung und die Wasserkrise. Wer plötzlich bemerkt, dass er aufbereitetes Abwasser trinkt, und wer feststellen muss, dass seine Wasserrechnung auf einmal um ein Vielfaches höher ist als früher, der wird sich bewusst, dass Wasser eine natürliche Ressource ist, die eines Tages erschöpft sein kann. Er entdeckt seinen ökonomischen Wert und dass es auf dem Markt ein Gegenstand des Wettbewerbs ist. Aber er ist allein. Er ist nicht dazu erzogen, das Leben, die Natur und das Wasser anders zu sehen. Seine Vorstellung ist immer noch merkantil und bekommt die einzige wirklich tief greifende Lösung nicht in den Blick: eine Beziehung der Liebe und der Fürsorge zur Erde und zum Wasser. Selbst innerhalb dieses kapitalistischen, auf Konzentration ausgerichteten und prinzipiell ausschließenden Systems sind gerechtere Lösungen möglich. Das Entwicklungsprogramm der Vereinten Nationen (PNUD) kommt zu dem Schluss, dass es absolut möglich ist, die Geißel der Wasserkrise weltweit zu besiegen. Nie zuvor hat die Menschheit so viele Reichtümer hervorgebracht, und in keiner anderen Epoche hat die Technologie dem Menschen eine so weit reichende Beherrschung der Nahrungsmittelproduktion und der Ressourcennutzung ermöglicht. Ein Prozent des Welteinkommens würde genügen, um innerhalb von zwei Jahrzehnten die Beseitigung der weltweiten Armut zu finanzieren. Dieser Vorschlag ist alles andere als unrealistisch oder unmöglich. Die Schwierigkeit liegt darin, dass man nicht mit dem politischen Willen der Regierenden rechnen kann. Die Vereinigten Staaten setzen 0,15 Prozent ihres Bruttoinlandsprodukts als Hilfe für die bedürftigsten Länder an. Die UNO macht folgende Rechnung auf: Die Summe, die die schwarzafrikanischen Länder jährlich für Waffen und Kriege ausgeben (acht Milliarden Dollar) würde ausreichen, um allen Bewohnern der armen Länder Trinkwasser und sanitäre Versorgung zu garantieren. Die Grundsicherung von Gesundheit und Ernährung auf der ganzen Welt würde weniger kosten, als was Asien im Jahr 1999 für den Militärhaushalt ausgegeben hat: 15 Milliarden Dollar. Alle Regierungen haben diesen Bericht erhalten und wissen um die Dinge. Kein Land außer Kuba hat irgendeine Sensibilität dafür erkennen lassen. Es fehlt einfach der politische Wille.

Ohne und gegen den Wunsch der Regierungen organisieren sich die NGOs und Menschen guten Willens von überall, um gegen das herrschende sozioökonomische Globalisierungsmodell zu protestieren. Sie legen Zeugnis dafür ab, dass «eine andere Welt möglich» ist.

Die Fülle an alternativen Projekten, die entwickelt wurden, der Gruppen, die ihre Arbeit der Ökologie, der Agroökologie und der Spiritualität der Erde widmen, lässt sich kaum beschreiben. Im Schlusskapitel werden wir auf dieses Thema zurückkommen und einige Vorschläge eingehender darstellen.

Die richtige Reaktion der Menschheit auf die aktuelle Wasserkrise ist die Heranbildung aller zu einer aktiven Bürgerschaft, die dem sozioökonomischen Modell des die Natur ausbeutenden Kapitalismus kritisch begegnet, jenem Modell, das in der ganzen Welt die unselige Politik der Privatisierung und Merkantilisierung der natürlichen Ressourcen durchpeitscht. In diesem Buch drücke ich nicht nur meine Wertschätzung für diese Reaktion aus, sondern schlage auch einen Weg vor, den ich in anderen Büchern bislang noch nicht gefunden habe: eine Beziehung zum Wasser (und zur ganzen Erde) neu zu entdecken, die aus einer spirituellen Option erwächst. Mit anderen Worten: Ich trete für eine Spiritualität der Erde und des Wassers ein.

Wir müssen Schluss machen mit dem Modell einer räuberischen Zivilisation und neue, weltweit geltende Regeln für das Verhältnis zwischen Mensch und Natur, Erde und Wasser fordern. Die Verantwortung jedes Einzelnen für den Schutz der Natur lässt sich mit der berühmten Fabel vom Schiff ausdrücken, die wir Simon bar Yochai verdanken:

Es stachen einmal einige Menschen in See. In einem Augenblick der Entspannung und des Leichtsinns fing einer der Passagiere an, da, wo er saß, ein Loch in den Schiffsboden zu bohren. Einer der Reisegefährten sah das und rief beunruhigt:
«Was machst du denn da?»
Der Mann antwortete ihm wütend:
«Es geht dich gar nichts an, was ich da mache. Das Loch, das ich bohre, ist ja nicht an deinem Platz. Es ist unter meinem Sitz.»
«Es mag ja unter deinem Sitz sein, aber das Wasser wird in das ganze Boot eindringen, es wird kentern, und wir werden alle ertrinken.»[42]

Was ich meine Leserinnen und Leser am Schluss jedes Kapitels fragen möchte:
1. Was war für Sie bei der Lektüre dieses Buches neu?
2. Was finden Sie am wichtigsten für das Gespräch mit den Leuten aus Ihrem Bekanntenkreis, und was wäre durch weitere Lektüre noch zu vertiefen?
3. Was würden Sie aus Ihrer Erfahrung oder aus Ihrem technischen Wissen dem Datenmaterial dieses Buches noch hinzufügen?

42 Ann Helen Walber, Um olhar ecológico através do Judaísmo, Rio de Janeiro: Ed. Imago, 1996, S. 73–74.

DIE VORSCHLÄGE DER AGENDA 21 ZUM THEMA WASSER,
KURZGEFASST:

1. Die weltweiten Wasserreserven schätzen.
2. Quellen und Ökosysteme wirksam schützen.
3. Ein integriertes Management dieser Ressourcen aufbauen.
4. Die Auswirkung der Klimaveränderungen auf die Wasservorräte untersuchen.
5. Der ganzen Menschheit den Zugang zu Trinkwasser garantieren.

5. SEVERINA VOM WASSER (AGOSTINHA VIEIRA DE MELLO)

Eine Kollegin aus dem Kindergarten der Poesie sagte zu mir:
«Der Hunger ist ein Appetit ohne Hoffnung.»
Darauf fragte ich sie:
«Und der Durst – ist er nur ein Gefängnis der Trockenheit?»
Auf trockenem Boden
an Hitze gewöhnt,
gehe ich zwischen Traum und Staub
mit einer Sehnsucht nach dem Morgen,
einer Schläfrigkeit des Heute,
einem Durst nach Jahrhunderten ...

Ich weiß nicht, ob im Traum ob im Staub
ich Severina begegnete
mit ihrem seltsamen Schicksal
einer zierlichen Nordestina.
Selbst so, Ausbund der Dürre,
bemerkte ich: Sie war schwanger, hoch schwanger.
Ganz ohne Umschweife sagte sie zu mir:
«Ich bin kurz davor, mich hinzulegen»
(so sagen sie im Nordosten zur Geburt).
Aus ihrer Zeit als anmutige, graziöse, feurige Frau
war ihr eine stumme, durstige Widersetzlichkeit
im Körper und Gesicht einer Unfrohen geblieben.

Tage später,
ob im Traum ob im Staub, weiß ich noch immer nicht,

besuchte ich Severina, noch runder von Beschwernis und Müdigkeit.
Über einen kleinen Kohleofen gebeugt,
brannte ihre Widerstandskraft heißer als die Glut.
Severina, der Dornbusch. *Feuer* alltäglicher Offenbarung!
Ab und zu blies sie aus keuchender Brust
mit neu gesammelter Kraft heftig in die Glut.
Und ich spürte: Die *Luft*, die das Leben anfacht und für das tägliche Brot sorgt,
kann nur *Luft* sein, die die Lunge reinigt ...

Sie führte mich zu einem Mangobaum ohne Früchte
gegenüber ihrer geborgten Hütte.
Wir saßen am Boden.
Severina lehnte sich an den Stamm,
so wie jemand sich anlehnt,
sehnsüchtig nach einer liebenden Brust.
Sie nahm eine Hand voll *Erde* auf
und hielt mir eine unakademische Vorlesung:
«Diese Erde war gut, heute trägt sie nichts mehr.
Genauso wie die Erde meines Sertão, den ich
mit meinen vier Kindern verlassen musste.»
Heftig ballte sie die Erde in ihrer Hand zusammen.
Liturgie in Not, Geist und Wahrheit.
Oh, Severina, erfahren in misshandelten Sehnsüchten:
der deinen, des Sertão, der sich rundenden Erde,
der Mutter Erde.
Um das Verlangen der *Erde* zu erkennen,
muss man die *Erde* liebkosen.

Ich schaute sie an. In einem Ton zwischen Überraschung und Bestürzung rief sie:
«Die Blase ist geplatzt. Schau nur, mein *Wasser*.
Meine Stunde ist gekommen.»
Die Stunde Severinas vom *Wasser*, der Wasserfall!

Es dauerte nicht lange. Nachbarinnen, Freundinnen kamen,
lebhafte, verzagte, besorgte Hebammen und Helferinnen
(Samaritanerinnen von vielen Brunnen).

Wir brachten Severina zur Entbindungsanstalt.
Einige Zeit später besuchte ich sie und ihr Mädchen.
Ich beugte mich über Severina:
«Wie willst du die Kleine nennen?»
«Maria vom Oh. Wegen der guten Entbindung, die ich hatte.»

6. GOIÁS, DIE WIEGE DES WASSERS (PAULO DE SOUZA NETO)

Jeder echte spirituelle Weg heißt, Stand zu fassen in der Wirklichkeit, und stellt den, der ihn beschreitet, mit den bloßen Füßen auf die Erde, wie einst Gott von Mose am Berg Horeb verlangte (Ex 3). Nachdem wir uns einen raschen Überblick über die Situation der Wasserressourcen auf dem gesamten Planeten Erde verschafft haben, wollen wir etwas näher auf eine konkrete Realität eingehen. Für viele Brasilianer aus Nord und Süd repräsentiert Goiás das Herz Brasiliens. Vor vierzig Jahren träumten die Figuren aus Quarup, dem schon klassisch gewordenen Roman von Antônio Callado, davon, zum innersten Mittelpunkt Brasiliens zu pilgern. Paulo de Souza Neto, Leiter der Agência Ambiental (Umweltagentur) im Staat Goiás, Glaubens- und Traumbruder, wird uns auf dem abenteuerlichen Weg durch die Geheimnisse Zentralbrasiliens begleiten.

Wir sind eine Zivilisation, die gekennzeichnet ist von einer utilitaristischen, konsumistischen Sicht der natürlichen Ressourcen. Wir respektieren sie nicht als unerlässlich für unser Überleben. Im Gegenteil: Immer weiter beschmutzen wir mit größter Sorglosigkeit die Erde, unser gemeinsames Haus. Wir handeln noch immer so, als wären alle natürlichen Ressourcen unendlich und bedürften nicht unseres Schutzes und der Erhaltung. Wir stehen vor einer Entscheidung, die es heute zu treffen gilt, wenn wir den kommenden Generationen eine sicherere Zukunft garantieren wollen.

Das Lebensmodell, dem wir bislang gefolgt sind, muss überdacht werden. Wir müssen die Variable der Nachhaltigkeit der Entwicklung einführen. Wir dürfen sie nicht mehr um jeden Preis vorantreiben. Deshalb müssen wir das Erbe der indigenen Völker bergen und bei ihnen die Lektionen des Lebens lernen, die die Moderne im Namen einer in die Krise geratenen Einstellung vernachlässigt hat. Unser Modell von Entwicklung selbst ist kollabiert.

Eine der großen Herausforderungen unserer Zeit ist die Überwindung der dualistischen Sicht, die bei uns herrscht. Wir lernen, dass es Körper und Geist gibt. Als ob das möglich wäre, trennen wir die geistige Welt von der materiellen Welt, und von da aus konstruieren wir unsere Mythen, Begriffe und Symbole. Dieses Merkmal wird besonders in der westlichen Kultur stark gemacht, zu der wir schon seit Jahrhunderten gehören; vom antiken Griechenland bis heute beherrscht diese Sicht unser Sein.

Von daher die Notwendigkeit, dass wir bei der Analyse eines ganz bestimmten Gegenstandes – in unserem Fall des Wassers – den Blick auf die Ganzheit des Lebens zurückgewinnen. Wir dürfen diesen Gegenstand nicht isoliert von den anderen konstitutiven Elementen des Lebens betrachten. In der Antike haben die Griechen ihre Sicht der Welt in vier Elemente auseinander gelegt: Wasser, Erde, Luft und Feuer. Heute differenzieren wir unseren Blick auf die Realität in Wirtschaft, Soziales, Politik, und wenn es hoch kommt, fügen wir noch Kultur und Umwelt hinzu. Wenn wir zum Beispiel von der Umweltdimension reden, operieren wir dabei immer mit einzelnen Standardbegriffen: Erosion, Klima, Biodiversität, Müll, Entwaldung, Wasser usw. Ist das nicht genau das Gleiche? Wir schaffen es nicht, die ganze komplexe Wirklichkeit auszudrücken, ohne in die Fallen zu tappen, die uns das formale Wissen stellt.[43]

Goiás besitzt eine Geschichte, die unseren Kindern noch unbekannt ist. Sie wissen nicht, dass diejenigen, die zuerst hierher kamen, die Indianer vom Stamm der Jê, keinen festen Wohnsitz hatten. Sie waren Jäger der Hoffnung und Sammler von Träumen in der ungeheuren Weite der Cerrados, die bei der brasilianischen Kolonisierung ihren unwirtlichen Charakter bewies. Unsere Vorfahren wurden vertrieben, ausgebeutet, betrogen und im Namen des Fortschritts dezimiert.

Dennoch haben wir, als Demonstration unserer Generosität, von den Goya-Indianern, die heute ausgestorben sind, den Namen für das Gebiet übernommen. Die Traditionen der wenigen Gruppen, die übrig geblieben sind – Karajá, Kayapó, Xavante und Xerente –, schweigen wir dagegen tot. Das Geheimnis ihrer Lebensweise vermögen wir nicht zu enthüllen, die Einfachheit, die Harmonie mit der Erde, die Fürsorge und Achtung – Lektionen, die wir vergessen haben, und Werte, die wir erst wieder erlernen müssen, damit wir im dritten Jahrtausend über Lebensqualität verfügen.

43 Edgar Morin, Die sieben Fundamente des Wissens für eine Erziehung der Zukunft, übers. von Ina Brümann, Hamburg: Krämer, 2001.

In diesem Abschnitt werden wir die Frage des Wassers unter regionalem und lokalem Gesichtspunkt behandeln. Diese Dimension ist unverzichtbar für ein Wassermanagement, an dem alle beteiligt sind. Dazu werden wir den Blick auf ein Stück Brasilien richten, einen auf dem Planalto Central gelegenen Teil vom Mittelwesten: eben den Staat Goiás. Das Wasser, das im Herzen Brasiliens sprudelt, ist verantwortlich für die Entstehung der wichtigsten hydrografischen Becken Südamerikas; darum heißt das Gebiet Wiege des Wassers.

Als Beispiel könnte auch irgendeine andere politische Region des Bundes dienen. Goiás wählen wir einfach deshalb, weil es zwei Dimensionen vereint: Einerseits birgt es die Geschichte eines Volkes vom zentralen Hochland, das ein gutes Leben führte, und andererseits hat sich in ihm eine reiche Ausprägung jenes phantastischen, bislang noch wenig bekannten Bioms erhalten, das den ganzen Staat Goiás bedeckt und das man Cerrado, Baumsavanne, nennt.

Unser Interesse ist es, mit den in diesem Buch enthaltenen Informationen den kleinen kirchlichen, popularen und sozialen Gruppen wie auch den NGOs eine Reflexion in lokalem Maßstab an die Hand zu geben.

6.1 Die Umweltsituation in Goiás

Erstmals liegt jetzt ein Bericht vor, der die reale Situation der Umweltbedingungen des Staates darstellt. Bei seiner Diagnose fand er die Unterstützung des Umweltministeriums und der Regierung von Goiás durch die *Agência Goiana de Meio Ambiente*; mitgearbeitet hat die Stiftung *Centro Brasileiro de Referência e Apoio Cultural* (CEBRAC). Unter dem Titel «Estado Ambiental de Goiás 2001» wurde der Bericht von den Mitarbeitern der *Agência Ambiental* und vom Staatssekretariat des Umweltministeriums erarbeitet.[44]

Das Ziel des Berichts ist es, Informationen über unsere Möglichkeiten, die bisher nur verstreut zu bekommen waren, systematisch

---

44 Vgl. Maurício Galimkin (Hrsg.), Estado Ambiental de Goiás, Goioânia: Agência Ambiental de Goiás, Fundação CEBRAC, 2001. Von besonderem Interesse ist das von dem Biologen Harlen Inácio erarbeitete Material über die Wasserressourcen in Goiás. Es lohnt sich, damit eine Publikation der UNESCO zu vergleichen: Carlos E. M. Tucci – Ivanildo Hespanhol – Oscar de M. Cordeiro Netto, Gestão da Agua no Brasil, 2001.

zu ordnen; er soll außerdem unseren drei behördlichen Ebenen –
Bundesregierung, Staatsregierung und Gemeindeverwaltung – bei
der Formulierung von öffentlicher Politik die Richtung weisen. Ein
interdisziplinäres Team von Technikern aus der Zivilgesellschaft
und der Politik (speziell aus den für die Umwelt- und Wissen-
schaftspolitik verantwortlichen Organen) sorgt für die jährliche Ak-
tualisierung; diese Gruppe wird von jetzt an eine neue Kultur per-
manenter Informationsbeschaffung und -systematisierung pflegen.

Das Biom Baumsavanne. Nach Aussage von Fachleuten[45] ist der
Cerrado die Savanne mit der größten Vielfalt auf der Welt; in ihm
findet sich ein Drittel der gesamten Biodiversität Brasiliens. Der
räumlichen Ausdehnung nach ist der Cerrado das zweitgrößte
Biom; es umfasst rund zwei Millionen km^2 und schließt die Staaten
Mato Grosso, Mato Grosso do Sul, Rondônia, Goiás, Tocantins,
Maranhão, Piauí, Bahia, Minas Gerais, São Paulo und den
Bundesdistrikt ein. Sein Hauptgebiet liegt in der zentralen Region
des Landes.

Es ist ein Biom von größter biologischer Bedeutung für die
Welt; seine überreiche Fauna und Flora ist im Lauf von Jahrzehnten durch menschliches Eingreifen allmählich zerstört worden.
Deshalb wurde 1993 von der UNESCO das Biosphärereservat Phase I geschaffen – als Anerkennung seiner Bedeutsamkeit für den
gesamten Planeten. Neuerdings, im Jahr 2000, wurde der Plan für
das Biosphärereservat Phase II erarbeitet und verabschiedet. Er soll
im Nordosten des Staates greifen, und unterstützt wird er vom Um-
weltstaatssekretariat, vom World Wildlife Fund WWF und vom
Umweltministerium.

Erhaltung und Schutz des Cerrado werden auf die Anstrengun-
gen vieler Generationen angewiesen sein. Die reiche Artenvielfalt
an Wirbeltieren und wirbellosen Tieren, an Pflanzen, Pilzen, Algen
und Mikroorganismen, die in diesem Biom konzentriert ist, ist Teil
eines lebendigen, komplexen Gewebes von Ökosystemen. Einen
angemessenen Umgang mit diesen natürlichen Ressourcen zu finden, der ein ökologisches Gleichgewicht aufrecht erhält – das ist
eine Herausforderung, die das Mitwirken aller verlangt. Es gibt
Pflanzen- und Tierarten, die nur im Gebiet des Cerrado anzutref-
fen sind.

45 Vgl. Washington Novaes – Otto Ribas – Pedro da Costa Noves, Agenda 21 Brasileira –
    Bases para Discussão, Brasília: MMA/PNUD, 2000.

Das Gebiet und seine Okkupation. Goiás weist zwei klimatisch deutlich voneinander verschiedene Jahreszeiten auf: eine Regenzeit und eine Trockenzeit. Es liegt zwischen 12° 23' 46" und 19° 29' 42" südlicher Breite sowie zwischen 45° 58' 36" und 53° 14' 53" westlicher Länge und bedeckt eine Fläche von 341.289,5 km², das sind 4,19 Prozent des brasilianischen Territoriums. In ihm liegt auch der Bundesdistrikt mit Brasília, der Hauptstadt der Republik. Es zählt zur Zeit 246 Gemeinden, die sich über 18 geografische Mikroregionen verteilen (siehe Karte 1, S. 88). Mit der Entdeckung der Goldlager in den Bergen von Minas Gerais im 17. Jahrhundert wurden die Savanne und der mittlere Westen regelrecht überfallen und in der Kolonialzeit als Durchzugsgebiet genutzt. In der ersten Hälfte des 18. Jahrhunderts wurde das alte Vila Boa (das zuvor den Namen Arraial de Sant' Ana trug, heute Cidade de Goiás heißt und Weltkulturerbe ist) durch die Expeditionen des Bartolomeu Bueno da Silva oder Anhangüera von 1722 und 1726 zum Zentrum einer Bergwerksregion. Ringsum vermehrten sich die Goldminen: Ouro Fino, Ferreiro, Barra, Anta, Santa Rita usw. Den minuziösen Beschreibungen des Historikers Paulo Bertran zufolge[46] lockte die Üppigkeit der Serra Dourada die Bandeirantes aus São Paulo an, die sie zuerst kräftig aussaugten und dann zum strategischen Einfallstor für die Kolonisierung des brasilianischen Cerrado machten.

In den 1770er Jahren lief der Abbau von Alluvialgold aus, und da man für die neuen Goldlager bessere Ausrüstungen und mehr Arbeiter brauchte, begannen sich Subsistenzlandwirtschaft und Viehzucht zu entwickeln, während gleichzeitig die aus der 67-jährigen Kolonialherrschaft herrührenden Konflikte im Zusammenleben von drei Ethnien – der indianischen, der europäischen und der afrikanischen – tobten.

Mit der Entstehung der Republik im Jahr 1889 nahm die Isolation, das Erbe früherer Zeiten, ab. Die Entscheidungen, die von Rio de Janeiro ausgingen, fanden ihr Echo auch im alten Cidade de Goiás, dem Schauplatz der Streitigkeiten zwischen rivalisierenden Familien, die den Coronelismo von Goiás prägen. Mit dem Sturz der Alten Republik und dem Amtsantritt von Getúlio Vargas im Jahr 1930 wird die politische Hegemonie in Goiás durch die Verlegung

---

46 Vgl. História da Terra e do Homem no Planalto Central: Ecohistória do Distrito Federal: do Indígena ao Colonizador, Brasília 2000.

der Hauptstadt auf Grund von physischen, sozialen und politischen Faktoren neu definiert. Von 1933 an bildet Goiânia das politische Machtzentrum des Staates.

Laut Bertran ist mit dem 1960 vollzogenen Umzug der Bundeshauptstadt nach Brasília der Höhepunkt der so genannten internen Expansion Brasiliens erreicht. Seither haben wir eine neue wirtschaftliche Dynamik, die stark vom Umfang der Anreize bestimmt ist, die der Staat mit einer Politik der Entwicklung und der Investition in die Infrastruktur gibt. Neben den ausgedehnten Bodenuntersuchungen durch Embrapa haben das Prodecer – *Programa Cooperativo Nipo-Brasileiro para o Desenvolvimento do Cerrado* – und das Polocentro dazu beigetragen, den Bedarf an kommerzieller Landwirtschaft in der Savanne zu verstärken.

Es lebe Amazonien mit seinen hoch aufragenden, dicht belaubten, üppigen Bäumen! Lunge der Menschheit! Da muss man doch auch die Savanne kultivieren! Mit ihrer ebenen Oberfläche, die sich so gut für die Mechanisierung eignet, mit einer Höhenlage, die zwischen 400 und 1.000 m über dem Meeresspiegel schwankt, mit kleinen, krummen, wenig nutzbaren Bäumen, mit sauren, aber immerhin verbesserbaren Böden, mit zweitrangigen Pflanzen, Blumen und Tieren. So ist die Auffassung von diesem Biom entstanden, das samt seiner typischen Vegetation, der Caatinga, bis heute keine Anerkennung durch die Bundesverfassung erfährt. Eine schöne Täuschung!

Nach Aussagen von Wissenschaftlern zahlen wir heute – einmal abgesehen von den Besonderheiten der Savanne – einen hohen ökologischen und sozialen Preis. Mit dem allgemein anerkannten Entwicklungsmodell machen wir die Kleinlandwirtschaft unmöglich und provozieren einen ländlichen Exodus, indem wir die Zahl der Arbeitsplätze pro bebautem Areal rasant schrumpfen lassen und die Schäden für die Umwelt vermehren. Die demografischen Daten lassen erkennen, dass 1960 575.000 Einwohner in der städtischen und 1.337.000 in der ländlichen Zone lebten. Schon 1980 lebten in der städtischen Zone 2.401.000, im ländlichen Bereich hingegen 1.458.000 Einwohner. 2000 verzeichnen wir 4.391.000 Einwohnr in der städtischen und 606.000 in der ländlichen Zone. Das sind Besorgnis erregende Zahlen, die uns veranlassen, das Entwicklungsmodell, das wir im Lauf der letzten fünfzig Jahre angewandt haben, gründlich neu zu formulieren.

Die Biodiversität. Im Biom Savanne findet sich eine der reichhaltigsten Biodiversitäten der Erde. Seine Fauna und Flora geben ein einmaliges Bild ab. Das Hauptproblem ist, dass wir selbst heute seine Möglichkeiten noch nicht kennen und im Begriff sind, ein Erbe zu zerstören, das seltene und einzigartige Erscheinungen enthält. Dem oben erwähnten Bericht 2001 zufolge haben wir 280 identifizierte Holzarten; an Bäumen und Sträuchern finden sich bereits 429, die nur in diesem Biom vorkommen; 195 Säugetierarten; 837 Vögel; 113 Amphibien und 180 Reptilien, darunter einige bereits vom Aussterben bedrohte. Allein im Becken des Rio Araguaia und seiner Zuflüsse gibt es 300 Fischarten, von denen wiederum ein Großteil in der Region endemisch ist.

Die beschleunigte Entwaldung, die Besetzung der Talgründe, der Einsatz von Agrargiften, die in die Flussbetten gelangen, der unsachgemäße Umgang mit den Böden, der Erosion und die Versandung der Wasserrinnen hervorruft – all das bedroht die Fauna und Flora der Baumsavannen.

Der Fortschritt. Im Namen des Fortschritts kamen auch die Verseuchung und die Minderung der Lebensqualität der Bevölkerung. Die beschleunigte Urbanisierung hat ein Ungleichgewicht in der Nutzung der natürlichen Ressourcen hervorgerufen. Trotz Vorhandenseins modernster und für den Aufbau der Nachhaltigkeit geeigneter Technologien haben wir in Goiás eine Entwertung der Böden und des Weidelandes erlebt. Wir müssen dringend das Modell der Nutzung des Cerrado überdenken und die wirtschaftliche Entwicklung mit dem Umweltschutz versöhnen.

Von daher die Notwendigkeit einer schärferen Kontrolle der Luftverschmutzung infolge der Aktivitäten in Landwirtschaft, Bergbau, Industrie und Verkehr. Bei der Brandrodung stellen wir in Goiás einen beachtlichen Rückgang fest; das kann auf die Satellitenüberwachung in einer besser informierten Gesellschaft zurückgehen; es kann aber auch mit der Aufstellung von Forstbrigaden zu tun haben oder sogar die Leistung eines Interessenverbandes sein, der mehrere Organe und Präfekturen umfasst.

Trotz einer rigorosen Gesetzgebung hat sich die Wasserverschmutzung in Goiás im letzten Jahrzehnt stark erhöht. Die Ursachen: Abwasser und Müll (aus privaten Haushalten, aus Handel und Industrie und von wilden Müllkippen), Bergwerksbetriebe, Agrargifte usw. Bei der Bodenverschmutzung ist die Lage nicht anders als bei Luft- und Wasserverschmutzung. Mit der Zunahme der Mechanisierung in der Landwirtschaft werden auch mehr Stoffe eingesetzt, und leider sind wir nicht darauf vorbereitet, sachgemäß mit solchen Produkten umzugehen.

Auf Grund der Nutzung und Inanspruchnahme des Bodens nimmt die Waldfläche spürbar ab, und entweder treffen wir die dringend erforderlichen Vorkehrungen, oder wir gefährden die künftigen Generationen.

6.2 Das Wasser in Goiás

Mit einem Vorkommen von 39.185 m^3 Wasser pro Kopf und Jahr ist der Staat Goiás gut versorgt und gehört zu den zehn brasilianischen Staaten mit den größten Wasserreserven. Das heißt nicht, dass es kein Versorgungsproblem gäbe und dass man sich deshalb keine Sorgen zu machen bräuchte. Es gibt noch immer viel zu tun, um den Umgang mit den Wasserressourcen in Brasilien und in Goiás zu verbessern.

Gesetzgebung. Die ganze Politik des Wassermanagements in Brasilien war bis in die jüngste Zeit hinein im *Código de Águas* (erlassen durch Bundesdekret 24.643 vom 10. Juli 1934) vorgeschrieben. Mit der Bundesverfassung von 1988 kam es zu einer neuen Gesetzesaktualisierung. Es wurde festgesetzt, dass Wasser ein Gut der Allgemeinheit unter Oberhoheit des Staates und der Union und dass ein privater oder gemeindlicher Besitz nicht möglich ist; siehe dazu die Artikel 20 bis 26.

Die Staatsverfassung von 1989 hat ebenfalls mehrere Regelungen erlassen, darunter eine verpflichtende Folgenabschätzung für die öffentlichen oder privaten Aktivitäten, die eine signifikante Veränderung in der Umwelt hervorrufen; ebenso hat sie den Leitplan für die Wasserressourcen eingeführt und mit Vorrang ausgestattet.

Das Bundesgesetz 9.433 vom 7. Januar 1997 hat die nationale Politik der Wasserressourcen mit gewaltigen Fortschritten und Neuerungen etabliert. Unter dem Sachzwang, ein besseres Management der brasilianischen Wasserressourcen zu garantieren, hat Goiás am 16. Juli desselben Jahres sein Staatswassergesetz erlassen. Daher zeichnen sich die 1990er Jahre durch die Definition einer neuen Route für das Wassermanagement im Lande und in den Bundesstaaten aus.

Neuerungen. Nach einer lang andauernden Debatte, dank deren diese normativen Anordnungen erarbeitet und verabschiedet werden konnten, sehen wir uns nun vor die Herausforderung gestellt, sie umzusetzen. Die erste Neuerung war die Definition des Prinzips der Gewährung des Gebrauchsrechts, das heißt, das verfügbare Wasser wird jetzt nach dem prioritären Gebrauch eingeteilt – häusliche Versorgung und Tränkung der Tiere; gleichzeitig wird damit eine Erfassung und Kontrolle des Verbrauchs ermöglicht.

Die zweite Neuerung ist der Begriff des gemeinsamen Managements der hydrografischen Becken, die als Planungseinheiten verstanden werden. Von jetzt an ist die Festsetzung des Gebrauchs Sache eines Geschäftsführenden Ausschusses, der sich aus den beteiligten Parteien, das heißt aus Organen der politischen und der zivilen Gesellschaft, zusammensetzt.

Drittens wird die Gebühr auf Wasser, die in verschiedenen Ländern bereits mit Erfolg praktiziert wird, nunmehr auch in Brasilien Realität. Im ersten Moment gab es heftigen Widerstand, der jedoch nachzulassen begann, sobald die ersten Ressourcen, je nach Erhaltung und Schutz jedes Beckens oder Unterbeckens, wieder aktiviert wurden.

Allerdings bleibt die Konsolidierung dieser wichtigen Errungenschaften noch auf eine hochgradige Mobilisierung der Gesellschaft und auf die Durchhaltefähigkeit der Regierung angewiesen. Ganz im Sinne dieser Notwendigkeit wurde in der Bacia do Rio Meia Ponte der erste Ausschuss eingerichtet; dieses Flussbecken verzeichnet die größte Bevölkerungsdichte des Staates. Wir müssen aber das ganze Gebiet von Goiás abdecken.

Hydrografische Becken. Die wichtigsten hydrografischen Becken auf dem Territorium von Goiás sind: Paranaíba (Paraná-Prata), São Francisco und Araguaia-Tocantins, Tocantins genannt (siehe Karte 2, S. 89).

Das hydrografische Becken des Paranaíba mit seinen rund 1.120 km Länge nimmt ein Gebiet von 139.488 km^2 auf goianischem Territorium ein; 68 Prozent seiner Gesamtfläche liegen im Süden, im Südwesten und im Zentrum des Staates. Die übrigen 32 Prozent erstrecken sich über die Staaten Mato Grosso do Sul, Minas Gerais und den Bundesdistrikt; die wichtigsten Zulieferer in Goiás sind die Flüsse Corumbá, Piracanjuba, Meia Ponte, dos Bois, Turvo,

Verdão, São Marco, Claro, Verde, Aporé und Corrente. Im Becken des Paranaíba lebt der größte Teil der Bevölkerung des Staates; 74 Prozent davon, das sind 3,3 Millionen, wohnen in den Städten Goiânia, Anápolis, Rio Verde, Jataí, Mineiros, Catalão, Itumbiara und Aparecida de Goiânia.

Das hydrografische Becken des Tocantins wird vom Rio Araguaia und Rio Tocantins gebildet. Im Araguaia-Teil umfasst es ein Gebiet von 86.109 km². Während das Becken des Paranaíba 122 Gemeinden zählt, hat dieses 49, unter anderen Goiás, Iporá, Caiapônia und Crixás, und beherbergt acht Prozent der Bevölkerung von Goiás, das sind 374.000 Menschen. Der Rio Tocantins wird gebildet von den Flüssen das Almas und Maranhão, die auf dem Planalto von Goiás und im Bundesdistrikt entspringen. Hier haben wir 785.000 Einwohner.

Das hydrografische Becken des Rio São Francisco, in der Ostregion des Staates gelegen, nimmt nur 3.400 km² ein, das heißt ein Prozent des Staatsgebiets und nur 0,5 Prozent des betreffenden gesamten Beckens (das 634.000 km² misst). Es umfasst einen Teil der Gemeindebezirke von Formosa mit 40.000, Cabeceiras mit 7.000 Einwohnern und Cavalcante.

Wichtigste Gebrauchsbereiche. Die brasilianische Gesetzgebung setzt die häusliche Versorgung in städtischen und ländlichen Bezirken und danach die Tränkung der Tiere als prioritäre Verwendung des Wassers fest. Ein Sachverhalt, der sich nicht nur in Goiás findet, sondern im ganzen Land, ist die Zunahme der Nutzung für Industrie, Bewässerung, Elektrizitätsgewinnung, Fischzucht und Auflösung der Abwässer in den Flussläufen. All das hat enorme Auswirkungen auf die Umwelt.

Laut den Angaben des Umweltstaatssekretariats verteilt sich die Wassernutzung in Goiás folgendermaßen: 83,65 Prozent für die Bewässerung, 8,60 Prozent für die städtische Versorgung, 7,21 Prozent für die Viehtränke und 0,53 Prozent für die ländliche Versorgung. Der hohe Prozentsatz für die Bewässerung hat einen Konflikt mit den anderen Nutzern hervorgerufen, die sich über die Verschwendung durch die bereits erwähnten Großflächenregner in den Plantagen beschweren.

Im Fall der Bewässerung, die einen erhöhten Anteil an den Wasserressourcen verlangt, müssen wir dringend die bestehenden technologischen Möglichkeiten ausschöpfen, zum Beispiel Mikrosprenger und Tropfbewässerung, die eine bessere Nutzung des Wassers erlauben.

6.3 Die Herausforderung: Was tun für das Wasser?

Endlich wacht die Gesellschaft auf und begreift, wie notwendig es ist, sorgsamer mit dem Wasser umzugehen – aus einem ganz einfachen Grund: Ohne Wasser gibt es kein Leben; Wasser ist Leben, Leben ist Wasser. Wir sind Wasser: Unser Körper besteht fast ganz aus Wasser. In Wirklichkeit müsste sich unser Planet «Wasser» und nicht «Erde» nennen. In diesem Buch ist es schon angeklungen: 75 Prozent der Oberfläche unseres Planeten sind von Wasser bedeckt. Daher hat sich denn auch in den letzten vier Jahrzehnten das Bewusstsein für dessen Schutz und Erhaltung Geltung in den Agenden der Regierungen und NGOs verschafft.

Wir haben viel zu tun. Noch sind die verfügbaren Daten über die tatsächliche Situation der Wasserressourcen in Brasilien wissenschaftlich gesehen dürftig. Wo die Lage am kritischsten ist, haben wir mehr ernst zu nehmende Informationen und Hinweise. Dennoch sind beispielsweise die mit der Kontrolle der Verschmutzung beauftragten Organe aus zahllosen Gründen noch nicht so ausgestattet, dass sie wirklich so durchgreifend arbeiten können, wie es nötig wäre.

Und während dieser Prozess sich vollzieht, verstärkt sich in der Gesellschaft die Erkenntnis, dass nicht die Regierung die Gesellschaft verändert, dass vielmehr das, was die Veränderung herbeiführt, ihr eigener Wunsch nach Veränderung ist. Und genau das trifft auf zahllose soziale Fragen und Umweltprobleme zu. Die Gesellschaft fordert, verlangt, tut mit und verändert. Hier stehen wir vor einer gewaltigen Herausforderung. Was wir auf diesen Seiten zum Ausdruck bringen, ist nur der schlichte Wunsch, einen Weg anzuzeigen, der die Nachhaltigkeit der kostbaren Ressource Wasser schützt.

Global denken, lokal handeln. Diese Maxime hat sich im letzten Jahrzehnt weit verbreitet. Lokal und global denken und handeln müssen wir auch in Bezug auf das Wasser. Im selben Augenblick, in dem wir anerkennen, wie wichtig sämtliches Wasser für den Fortbestand des Lebens auf dem Planeten ist, nehmen wir auch eine

Haltung zu dem Bach, dem Fluss, dem Rinnsal und der Quelle ein, die in unserer unmittelbaren Nähe liegen.

– Die Versandung der Wasserwege, die Verschmutzung, die Verunreinigung der Quellen und Feuchtgebiete und die Zerstörung der Ufervegetation – all das geschieht in unserer Gemeinde. Wir müssen Lösungen für die Probleme auf *lokaler Ebene* finden. Kennen Sie einen Wasserlauf in der Nähe Ihrer Wohnung? Was können Sie für ihn tun?

– Ein Großteil des Wassers, das aus den Flüssen stammt und in unsere Wasserhähne gelangt, geht auf dem Weg durch die Kanäle verloren. Und schlimmer noch: Dieses kostbare Gut, dessen Gewinnung und Transport so teuer war, verschleudern wir für Straßenreinigung und Autowäsche. Was können Sie gegen die *Vergeudung* von Wasser tun?

– Die neue Gesetzgebung fordert ein *gemeinsames Wassermanagement*, das heißt, alle können und sollen sich an einem Ausschuss für ein hydrografisches Becken beteiligen. Wie lässt sich das in Ihrer Stadt realisieren?

– Die Probleme einer Stadt dürfen nicht isoliert voneinander behandelt werden. Sie bilden vielmehr ein komplexes Gewebe, das in seiner *Gesamtheit* verstanden werden muss. Wir können nicht mehr von Entwicklung um jeden Preis reden. Wir müssen alle Aspekte der Nachhaltigkeit im Auge haben: den wirtschaftlichen, den sozialen, den kulturellen, den ökologischen und den politischen.

– Zur Ausbildung einer guten Politik der Wasserressourcen brauchen wir *institutionelle Mechanismen*, wie sie für ein Umweltmanagement unverzichtbar sind. Hat Ihre Stadt bereits ein Umweltreferat oder eine zuständige Umweltbehörde? Gibt es in Ihrer Stadt schon den Umweltrat, der die Mitwirkung aller Gesellschaftsschichten ermöglicht? Wurde in Ihrer Stadt schon der Haushalt für die Umwelt aufgestellt, in den Mittel für die Umweltwiederherstellung fließen können?

– Wir dürfen nie vergessen, dass das Problem der Armut mit dem Modell von Entwicklung zusammenhängt, das die Variable «Umwelt» nicht auf seiner Rechnung hat. Daher brauchen wir unmittelbare Veränderungen in den *Produktions- und Konsumtionsmustern*.

– Wir haben ein annehmbares Wissen vom Oberflächenwasser. Wie aber steht es mit dem *unterirdischen Wasser*? Das weltweit größte bekannte unterirdische Wasservorkommen liegt in Lateinamerika, der Aqüifero Guarani. Sein Wasser, 1.194.800 km³, verteilt sich auf acht brasilianische Staaten, darunter Goiás, und auf Paraguay, Argentinien und Uruguay; 839.800 km³, das heißt 70,9 Prozent der Gesamtmenge, befinden sich innerhalb brasilianischen Gebiets. Es ist ein Ozean unter unseren Füßen, und wir wissen noch nicht, wie es wirklich um ihn steht.

– Es gibt eine *Illusion*, Brasilien sei reich an Wasserreserven und wir hätten eine Kultur des Überflusses an Süßwasser. Tatsächlich aber befindet sich der größte Teil dieser Ressource im Amazonasbecken, wo in geringer Verdichtung nur zwölf Prozent der brasilianischen Bevölkerung leben, während der größte Teil dieser Bevölkerung an bereits verschmutzten Wasserläufen lebt und das Drama der Wasserknappheit am eigenen Leibe verspürt. Wir stehen heute nicht so sehr vor einer technischen Diskussion als vielmehr vor einem ethischen Imperativ: gutes Wasser für alle!

– Und schließlich: Jeder kann sein Teil zur lokalen Nachhaltigkeit beitragen. Jede Gemeinde kann die Umweltliste in ihrer *lokalen Agenda 21* haben. Suchen Sie die Verwaltung und das Rathaus Ihrer Gemeinde oder Stadt auf und unterrichten Sie sich über die Programme und Projekte, die in Entwicklung begriffen sind. Kennen Sie eine Nichtregierungsorganisation, die für den Umweltschutz arbeitet? Machen Sie mit!

Politisch-geografische Karte des Staates Goiás

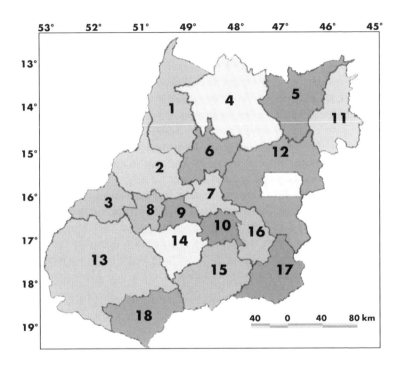

1	São Miquel do Araguaia	10	Goiânia
2	Rio Vermelho	11	Vão do Paranã
3	Aragarças	12	Entorno de Brasília
4	Porangatu	13	Sudoeste de Goiás
5	Chapadas dos Veadeiros	14	Vale do Rio dos Bois
6	Ceres	15	Meia Ponte
7	Anápolis	16	Pires do Rio
8	Iporá	17	Catalão
9	Anicuns	18	Quirinópolis

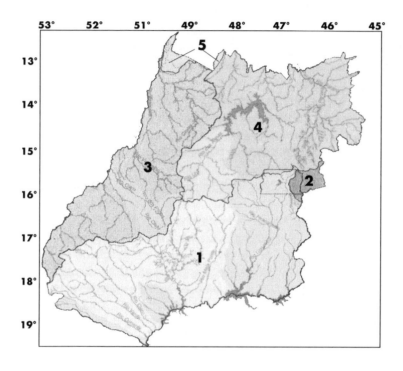

1 Rio Paraná (Rio Paranaiba)
2 Rio São Francisco
3 Alto Rio Araguaia
4 Alto Rio Tocantins
5 Braço Menor do Rio Araguaia ou Javaés

ZWEITES KAPITEL
DIE KRAFT DES WASSERS UND DIE MACHT DES GEISTES

DAS WASSER IN DEN RELIGIONEN UND SPIRITUELLEN WEGEN

Ich bin Luft, ich bin Erde und bin Meer.
Ich habe die Hand, und du hast den Mond,
ich bin Gebirge, und du bist der Regen, der strömt
am Ende der Biegung und den Fluss küsst,
um das Meer zu umarmen.
Deshalb ist das Gebirge eifersüchtig,
wenn der Wind den Regen fortträgt zum Tanz.
Oft endet alles mit einem Gewitter,
Blitze schrillen über den Nachmittag.
Abende schlafen im Mondschein,
es wird Nacht, der Morgen wartet,
ich erwache, um dich zu erwarten.
Orlando Morais – A Montanha e a Chuva

Bisher haben wir über die aktuelle Wasserkrise in der Welt gesprochen. Jetzt lade ich Sie zu dem ein, was nach meiner Überzeugung die tiefste Quelle und das wirksamste Mittel zur Lösung dieser Krise ist. Immer deutlicher wird sich die Menschheit bewusst, dass die Wissenschaft, in ihrer begrifflichen und empirischen Rationalität für sich allein genommen, den tiefsten Sehnsüchten des Menschen nicht gerecht wird und nicht zu verstehen vermag, was Milton Nascimento so treffend «Brunst der Erde» genannt hat – wir könnten hinzufügen: «des Wassers, des Windes und der ganzen Natur». Diese Beziehung liebenden Hinhörens und harmonischen Zusammenlebens kann aus dem herrschenden kapitalistischen System nicht erwachsen, auch nicht aus den flüchtigen Moden der westlichen Gesellschaft. Wir entdecken sie vielmehr in den Glaubensüberzeugungen, Traditionen, Schriften und Riten der verschiedensten Kulturen und Religionen der Menschheit und in dem daraus folgenden öko-spirituellen Weg, den sie uns lehren und nahe legen. Ihn nenne ich «ökologische Spiritualität».

Im Kontext der Halbwüste im brasilianischen Nordosten und in vielen anderen Regionen der Welt interpretieren weite Kreise der Bevölkerung die Dürre noch immer als Strafe Gottes und das Wasser des Regens als unmittelbar von der göttlichen Vorsehung gesandtes Geschenk. Die Theologie der Befreiung fordert uns auf, den Gemeinden dabei zu helfen, dass sie die Gegenwart und die Stimme Gottes nicht mehr in Wundern außerhalb der Geschichte entdecken, sondern in den Tatsachen des Lebens. Man muss die Ereignisse von der Geschichte und von den konkreten, sozialen Ursachen her lesen. Die Trockenheit ist die Folge meteorologischer Phänomene und der rücksichtslosen Politik der Mächtigen, welche die Wälder zerstört, die Erde ausgelaugt und die Ökosysteme der Region mit Füßen getreten haben. Der Regen ist das Resultat der atmosphärischen Kondensation und muss als natürliches Phänomen und nicht als Wunder gesehen werden. Die ökumenische Spiritualität aber bestärkt uns in der Entscheidung, Zeichen für die Gegenwart und Liebe Gottes im Leben des Planeten und in der Geschichte des Volkes zu erblicken.

Als die Kolleginnen und Kollegen vom *Centro de Estudos Bíblicos* (CEBI) mich ermunterten, dieses Buch zu schreiben, hatte ich zunächst die Idee, nur ein Kapitel über das Wasser in der Bibel aufzunehmen. Doch in Lateinamerika bemühen wir uns immer, den biblischen Text von der alltäglichen Wirklichkeit aus und in Bezug zu den Kulturen der Völker zu lesen. Um mit der Bibel ins Gespräch über die gegenwärtige Krise des Wassers zu kommen, müssen wir zum einen die ganze, im vorausgegangenen Kapitel beschriebene Realität berücksichtigen und zum anderen schauen, wie Gott sich auch in anderen Kulturen, unter anderen Namen und in verschiedenen Formen offenbart. Bevor wir in diese Meditation des Wortes Gottes in den Religionen und spirituellen Wegen eintreten, werden wir einige Begriffe klären und eine Vereinbarung miteinander treffen.

1. Auf der Suche nach einer «ökumenischen und kosmischen Spiritualität»

Bis vor einigen Jahren schien sich Spiritualität einzig auf die Dinge des «Spiritus», des Geistes der Menschen, zu beziehen; mit der Erde und dem konkreten Leben hatte sie allem Anschein nach nichts zu tun. Als ich 1977 anfing, in der «Pastoral da Terra» zu arbeiten, spürte ich, dass sich der Dienst einiger christlicher Kirchen an den Kleinbauern diese Bezeichnung zugelegt hat, um das hervorzuheben, was Pedro Casaldáliga in einem Lied so ausgedrückt hat: «Wir wollen Erde auf Erden, Erde im Himmel haben wir schon.»

Spiritualität ist nicht «Spiritualismus», jene Wertschätzung des so genannten spirituellen, geistigen Teils des Seins zum Nachteil seines so genannten materiellen Aspekts. Spiritualität meint eine Bewegung des göttlichen Geistes in uns und im Universum. Sowohl die Gruppen, die glauben, dass es sich dabei um ein personales Sein handelt (Gott in den monotheistischen Religionen), als auch diejenigen, die meinen, das Leben selbst habe eine göttliche Dimension, können die Spiritualität als Lebensdimension oder Lebensform zur Geltung bringen. Ich persönlich glaube an einen personalen Gott, und als Christ bemühe ich mich um eine intime Beziehung zu Gott durch Jesus Christus.

Martin Buber, der jüdische Philosoph und Mystiker, hat einmal folgende Überlegung angestellt:

Gott ist das beladenste aller Menschenworte. Keines ist so besudelt, so zerfetzt worden. Gerade deshalb darf ich darauf nicht verzichten. [...] Die Geschlechter der Menschen mit ihren Religionsparteiungen haben das Wort zerrissen: sie haben dafür getötet und sind dafür gestorben; es trägt ihrer aller Fingerspur und ihrer aller Blut. [...] Wir können das Wort «Gott» nicht reinwaschen, und wir können es nicht ganz machen; aber wir können es, befleckt und zerfetzt, wie es ist, vom Boden erheben und aufrichten über einer Stunde großer Sorge.[1]

Und Paul Tillich, einer der bedeutendsten evangelischen Theologen unserer Zeit, sagt:

Der Name dieser unendlichen Tiefe und dieses unerschöpflichen Grundes alles Seins ist *Gott*. Jene Tiefe ist es, die mit dem Wort Gott gemeint ist. Und wenn das Wort für euch nicht viel Bedeutung besitzt, so übersetzt es und sprecht von der Tiefe in eurem Leben, vom Ursprung eures Seins, von dem, was euch unbedingt angeht, von dem, was ihr ohne irgendeinen Vorbehalt annehmt.[2]

1   Martin Buber, Begegnung. Autobiografische Fragmente, Stuttgart: Kohlhammer, 1960, S. 34f.
2   Paul Tillich, In der Tiefe ist Wahrheit, Religiöse Reden. 1. Folge, Stuttgart: Evangelisches Verlagswerk, ⁵1952, S. 55.

Ich versuche Zeugnis abzulegen von dem Glauben, der von mir verlangt, dass ich mich dem Dialog und der Suche nach Communio mit allen wahrheitsliebenden Menschen öffne: ohne Dogmatismus und ohne den Anspruch, zu meinen, mein Glaube sei besser als der irgendeines anderen oder ich sei weiter fortgeschritten auf dem Weg als irgendein anderer glaubender Mensch.

Auf den folgenden Seiten werde ich von Spiritualität so sprechen, dass auch Gläubige jeder anderen Religion, Menschen, die keiner bestimmten Religion angehören, und sogar solche, die überhaupt nicht an Gott glauben, meine Worte akzeptieren können. Von Jesus Christus lernen wir, dass jede Spiritualität als Weg zur Intimität mit Gott uns für alle anderen Wege der menschlichen Gottsuche offen macht und mich in die Communio mit allen Wesen des Universums stellt. Es ist ein Weg der ökumenischen Offenheit, der das Leben ins Zentrum von allem rückt und im Leben das Heiligste überhaupt sieht. Dieser Weg hat mehrere Dimensionen:

1. die Suche nach innerer Einheit (Spiritualität ist die gelingende Einheit jeder Person mit sich selbst, im Dialog jedes Einzelnen mit seinen besten Anteilen und Eigenschaften);

2. die Communio mit der ganzen Menschheit und allen Wesen des Universums (eine kosmische Communio);

3. für viele Menschen hat die Spiritualität ihren innersten Kern in der Offenheit des Daseins für eine göttliche Dimension, die über uns hinausgeht und die Juden, Christen und Muslime «göttlichen Geist» nennen, eine weibliche Energie, die in der Bibel mit einem Sturmwind verglichen wird, der das Leben erneuert und die Quelle der Liebe ist, die uns in die Verantwortung für alle nimmt.

In diesem zweiten Kapitel werden wir ein Gespräch mit verschiedenen Religionen und spirituellen Traditionen darüber führen, wie wir unsere Beziehung zur Erde, zum Wasser und zum ganzen Universum auf eine neue und spirituelle Weise gestalten können.

Bevor wir diese Pilgerfahrt zu den Quellen der Spiritualität der Völker beginnen, möchte ich noch zwei Punkte klären:

– Ein Grundelement des interreligiösen und spirituellen Dialogs ist, dass man niemals an die Stelle des anderen tritt. Wir müssen zulassen, dass jede Tradition sich selbst darstellt, und dürfen nicht von unserer je eigenen religiösen oder kulturellen Vorstellung aus über den Glauben des anderen sprechen. Ich werde mich also möglichst unmittelbar auf Quellen jeder Religion stützen und Brüder und Schwestern aus dieser Tradition befragen. Soweit es machbar war, wurde mein Text von jemandem durchgesehen, der für die jeweilige Tradition steht. Das Ziel war nicht, die ganze Theologie oder das religiöse System jedes spirituellen Weges zu beschreiben. Es geht vielmehr darum, zu sehen, was das Wasser und die Ökologie in jeder Tradition bedeuten. Wenn jemand bei der Lektüre dieser Seite die eine oder andere Interpretation seiner Glaubensüberzeugung oberflächlich oder gar fehlerhaft findet, möge er mir verzeihen und mich korrigieren, damit ich mehr über seine Tradition erfahre und in einer eventuellen zweiten Auflage dieses Buches meinen Text ändern kann.

– Die alten religiösen Traditionen sprechen durch das Symbol und nicht in rationalen Begriffen. Die Mehrheit von ihnen drückt sich durch narrative Mythen und fragmentarische Berichte aus oder aber durch Gesänge und Riten, die eher in Andeutungen als in eindeutiger Aussage sprechen. Daher sollte klar sein: Es lässt sich nicht eindeutig, systematisch und objektiv beantworten, was die Religionen über das Wasser sagen. Aber spricht nicht genau so die Sprache der Liebe? Es ist doch besser als das, was sich durch eine rein begriffliche Theologie vermittelt. Damit haben wir schon etwas darüber gelernt, wie wir eine neue und tiefe Beziehung zum Wasser und zur Erde aufbauen können, in dem und auf der wir «leben, uns bewegen und sind» (vgl. Apg 17,28).

2. Das Wasser ist mehr als Wasser

Das Wasser ist das Kleid, in dem das Leben uns besucht.
Jedes sprudelnde Wasser ist die Wohnung des Geistes, und dieser erscheint
in den Wogen und im Sturm, der sich zusammenbraut.
In Amazonien zeigt sich der in den Flüssen hausende Geist
stark in den gewaltigen Wellen. Steig niemals in einen Fluss
oder in ein Boot, ohne den Geist zu grüßen,
der in den Wassern wohnt.
Bep Karoti, Schamane der Kayapó-Pará

In allen Religionen und spirituellen Traditionen hat das Wasser eine Bedeutung, die über seinen materiellen Gehalt hinausgeht. Das Wasser symbolisiert das Leben. In der Mehrheit der Schöpfungsmythen stellt das Wasser die Quelle des Lebens und die göttliche Energie der Fruchtbarkeit der Erde und der Lebewesen dar. Das Vorhandensein von Wasser garantiert das Leben. Doch wenn es im Übermaß regnet, verursacht das Wasser Überschwemmungen und Zerstörungen. Das Wasser kann also auch Zeichen für Vernichtung und Tod sein (so die Sintflut).

Symbole sind universal, kosmisch und anthropologisch. Das erste Bild des Gottesgeistes in der Bibel ist das vom göttlichen Sturmwind (*ruah*), der über der Urflut des Kosmos weht (Gen 1,1). In Gegenden wie Amazonien wird Gott noch heute als «Geist der Wasser» gesehen. Das aufgewühlte Wasser ist, kraft der Gegenwart des Geistes, des Atems, des Sturmwinds, lebendiges und heiliges Wasser. Jede Quelle ist heilig, ist, wie es in den afrobrasilianischen Religionen heißt, Quelle des Oxum; sie gleicht einem Tempel, in dem Bündnisse des Lebens geschlossen und erneuert werden, Bündnisse der Ehe und der eigentlichen Verbindung mit Gott. In den alten paganen Religionen waren die Quellen Ort der Nymphen. Im volkstümlichen Christentum erscheint die Jungfrau Maria an Quellen, wie etwa in Lourdes, das bis heute seine wundertätige Quelle besitzt, und aus solcher Quelle schöpfen die Menschen Wasser für die ganze Welt.

In praktisch allen spirituellen Wegen wird das Wasser als Quell des Lebens und Mysterium der Fruchtbarkeit und der Liebe verehrt. Das stehende, gestaute Wasser hingegen ist tot und bringt den Tod. In den antiken Mythologien wohnen die Drachen in den Stauseen.

3. Das Wasser in den antiken Kulturen und Philosophien

Für die alten Ägypter war das Wasser mit der Idee der Wiederbelebung verbunden. Osiris lässt einen Wasserstrahl sprudeln, der den Menschen aus der Todesstarre befreit. Auch in Babylonien musste die Göttin Ischtar, die in manchen Dokumenten und Geschichten durch den Mond dargestellt ist, zum Ort der Toten hinabsteigen, um das Wasser des Lebens zu bekommen. Vielleicht sind diese symbolischen Bilder des Wassers auch noch in der neutestamentlichen Theologie der Taufe als Eingliederung in den Tod und die Auferstehung Christi irgendwie wirksam (vgl. Röm 6,3–11).

Die orientalischen Religionen nahmen durch den Hellenismus abendländisch gewendete Formen an, ein kulturelles Phänomen des 4. Jahrhunderts vor Christus. Verschiedene hellenistische Riten und Rituale der Mysterienreligionen basierten auf rituellen Waschungen und Riten der spirituellen Wiedergeburt. Die bekanntesten sind die Reinigungsbäder, die den Mysterien in Eleusis vorangingen. Manche Forscher nehmen einen Einfluss der eleusinischen Riten auf die Waschungspraxis der Essener vom Toten Meer und auf die Johannestaufe im Jordan an.

In verschiedenen antiken orientalischen Riten spielt das Wasser eine Rolle bei der Salbung der Könige. Die Macht, die der König empfing, war nicht nur politisch. Sie bestand vor allem darin, dass er für das Volk der Repräsentant der Gottheit war. In den antiken Thronbesteigungsriten finden sich Anspielungen auf das *Wasser des Lebens*. Man reichte dem König von diesem Wasser des Lebens zu trinken, und er wurde gesalbt und in reinigendes Wasser getaucht (getauft). Diesen Ritus durchliefen die Pharaonen Ägyptens, die Könige Mesopotamiens, die Fürsten Indiens und verschiedener afrikanischer Stämme.[3]

In der griechischen Kultur hat das Wasser ebenfalls diese zweifache Bedeutung von Leben und Tod. Der Philosoph Thales von Milet lehrte, alle Formen des Lebens kämen aus dem Wasser.[4]

Diese Überzeugung, dass das Wasser der Urgrund des Universums sei, ist Teil der menschlichen Psychologie. Das Unbewusste des Menschen wird durch die verborgenen Quellen im Inneren der Erde dargestellt. Darum ist in der Mythologie aller Völker das Wasser der Ort des Abenteuers und der Gefahr, an dem man dem Unbekannten begegnet und in die tiefsten Tiefen seiner eigenen Identität vordringt.

In der antiken Mythologie segelt Odysseus zehn Jahre lang auf dem Meer umher, trifft auf die Sirenen, Wesen des Wassers und der Erde, halb fischförmige Frauen, die wundersam singen und die vom Wege abgekommenen Reisenden verzaubern. In der Mythologie der Mittelmeerländer gibt es auch die Gestalt der *anguanas*. So sagt Daniela Perco:

---

3 Geo Widengren, Religionsphänomenologie, Berlin: De Gruyter, 1969, S. 385f.
4 Die Vorsokratiker. Die Fragmente und Quellenberichte, hrsg. von W. Capelle, Stuttgart: Kröner, 1968, S. 71.

Sie werden in der Regel als einsame junge Frauen dargestellt, die von außergewöhnlicher Schönheit sind und das lange Haar offen tragen. Sie können aber auch als hässliche, Schrecken erregende Frauen geschildert werden, die in nächtlichen Alpträumen erscheinen. Im Allgemeinen hing dieser Mythos mit dem Waschen der Wäsche und mit kultischen Aspekten dieser weiblichen Tätigkeit zusammen. Die *anguanas* sind nächtliche Wäscherinnen und begegnen einsamen, vom Weg abgekommenen oder versprengten Männern. Sie stehen für die Beziehung zwischen der menschlichen Welt und dem Übernatürlichen.[5]

Diese Beziehung zwischen Leben und Tod, zwischen der menschlichen Wirklichkeit und dem Geheimnis des Lebens nach dem Tode findet ihren Ausdruck in der Überzeugung vom «Fluss des Todes», die in der antiken griechisch-römischen Religion lebendig war. Der klassischen Sicht zufolge ist der Tod ein Fluss mit dunklem, geheimnisvollem Wasser. Den Übergang über den Todesfluss besorgt der Fährmann Charon. Bei Aristoteles lesen wir:

Von den ältesten Philosophen nun waren die meisten der Ansicht, dass die Ursachen von materieller Art allein als die Prinzipien aller Dinge zu gelten hätten. Das, woraus alle Dinge stammen, woraus alles ursprünglich wird und worin es schließlich untergeht, während die Substanz unverändert bleibt und sich nur in ihren Akzidenzen wandelt, dies bezeichnen sie als das Element und als das Prinzip der Dinge. Daher ist es ihre Lehre, dass es so wenig ein Entstehen als ein Vergehen gibt; bleibt doch jene Substanz stets erhalten. [...] Thales, der erste Vertreter dieser Richtung philosophischer Untersuchung, bezeichnet als solches Prinzip das *Wasser*. Auch das Land, lehrte er deshalb, ruhe auf dem *Wasser*. Den Anlass zu dieser Ansicht bot ihm wohl die Beobachtung, dass die Nahrung aller Wesen feucht ist, dass die Wärme selber daraus entsteht und davon lebt; woraus aber jegliches wird, das ist das Prinzip von allem. War dies der eine Anlass zu seiner Ansicht, so war ein andrer wohl der Umstand, dass die Samen aller Wesen von feuchter Beschaffenheit sind, das Wasser aber das Prinzip für die Natur des Feuchten ausmacht. Manche nun sind der Meinung, dass schon die Uralten, die lange Zeit vor dem gegenwärtigen Zeitalter gelebt und als die ersten in mythischer Form nachgedacht haben, die gleiche Annahme über die Substanz gehegt hätten. Diese bezeichneten Okeanos und Tethys als die Urheber der Weltentstehung und das Wasser als das, wobei die Götter schwören; sie nennen es Styx wie die Dichter. Denn am heiligsten gehalten wird das Unvordenkliche, und der Eid wird beim Heiligsten geschworen. [...] Anaximenes sodann und Diogenes setzen vor das Wasser und als das eigentliche Prinzip unter den einfachen Körpern die *Luft*, Hippasos von

5 Daniela Perco, Le anguane: mogli, madri e lavandaie, in: Campagna EAS, Acqua e Símbolo, 6.2.

Metapont und Heraklit von Ephesus das *Feuer*; Empedokles aber kennt vier Elemente, indem er zu den genannten die *Erde* als das vierte hinzufügt. Diese, meint er, seien das beständig Bleibende; sie entständen nicht, sondern verbänden sich nur in größerer oder geringerer Masse zur Einheit und lösten sich wieder aus der Einheit. [...] Demzufolge müsste man annehmen, es gebe nur eine Art des Grundes, diejenige, die man als den materiellen Grund bezeichnet. Als man aber in diesem Sinne weiter vorging, zeigte die Sache selbst den Forschern den Weg nach vorwärts und zwang sie, weiter zu suchen. [...] Wenn daher ein Mann auftrat, der erklärte, es stecke Vernunft, wie in den lebenden Wesen, so in der Natur, und Vernunft sei der Urheber der Welt und aller Ordnung in der Welt, so erschien dieser im Vergleich mit den Forschern vor ihm wie ein Nüchterner unter Faselnden.[6]

4. Was uns die Kinder des Waldes und der Flüsse zu sagen haben

Yara war eine bildhübsche Frau. Ihre Hautfarbe war wie die einer Jambo-Guave, ihre Gesichtszüge strahlten Adel aus, und ihre Figur war ein Traum. Beinahe täglich ging sie an den Stränden des Amazonas spazieren. Gern badete sie in den ruhigen Verbindungsläufen mit ihren klaren Wassern. Die Jungen folgten ihr auf Schritt und Tritt, um ihre Aufmerksamkeit auf sich zu ziehen und mit der Aufmerksamkeit auch ihr Herz. Auch ältere Männer schauten ihr mit schmachtenden Blicken nach, wohl wissend aber, dass es dabei bleiben würde.

[...] Eines Tages, die Sonne war bereits untergegangen, vergnügte sich Yara im ruhig dahingleitenden Wasser des Verbindungskanals, in dem sie am liebsten badete. Da hörte sie mit einem Mal Stimmen. Sie wurden immer lauter und kamen immer näher. Doch es waren nicht die Stimmen der Brüder und Schwestern ihres eigenen Stammes. Als sie sich umdrehte, sah sie, dass es Weiße waren. Sie unterhielten sich in einer fremden Sprache, die sehr aggressiv klang. An den Füßen trugen sie schwere Stiefel und am Körper grobe Kleidung. In ihren Blicken lag nichts Zärtliches, nur blanke Begierde. Man hätte an hungrige wilde Tiere denken können.

Yara war Frau genug, um Böses zu ahnen. Sie versuchte zu fliehen. Doch auch wenn ihr Körper glatt und sie selbst durchaus nicht ungeschickt war, ergriffen sie starke Hände. Und es waren viele. Sie schlugen sie am ganzen Körper. Gewaltsam warf man sie zu Boden. Einer nach dem anderen machte sich über sie her. Als sie leblos schien, warfen sie sie in den Fluss.

Der Geist des Wassers aber hatte Mitleid mit Yara. Er nahm sich ihres geschundenen Körpers an. Er hauchte ihr wieder Leben ein und gab ihr den vollen Glanz ihrer Schönheit zurück. Um sie aber nie mehr der Verge-

6 Aristoteles, Metaphysik I, 3, 983b.

waltigung ausgesetzt zu sehen, kleidete er sie in die Gestalt einer Seejung-frau.[7]

Dieser Mythos der Tupi-Guarani-Indianer drückt symbolisch die Aggression der Konquistadoren von damals und heute gegen die jungfräulich-schöne Erde Amazoniens aus.

Hinter dem Mythos steht der Entwurf einer anderen, einer spirituellen Beziehung zur Erde und zum Wasser, einer Beziehung des Respekts vor dem Geheimnis der Yara, nicht der Ausbeutung bis hin zur Zerstörung. In der gewaltigen, wunderbaren Welt der Flüsse und Flussarme wird der Amazonas «die Mutter des Flusses» genannt, und die Menschen sprechen von ihm wie von einem Halbgott. Wer an seinen Ufern lebt, tritt in eine Beziehung zu dem Fluss und weiß, wann die schrecklichen Wellen kommen und wie man sich vor ihnen schützen kann. Er lernt, dass in den Mondnächten der Boto-Tucuxi zu einem jungen Verführer wird, der die Fräuleins verzaubert und die Mädchen schwängert, denen die Eltern erlaubt haben, nach Einbruch der Dunkelheit im Kanu zu sitzen oder sich an Deck des Schiffes zu zeigen.

Auch in der Region des Rio São Francisco glaubt das Volk an die «Wassermutter».[8] Die Vielfalt der indigenen Kulturen und ihres religiösen Universums hängt in hohem Maß mit der Umwelt zusammen, in die das Leben des Volkes eingebettet ist. Eine Gruppe, die in der Baumsavanne des Mittelwestens lebt oder die in früheren Zeiten den unfruchtbaren Sertão von Ceará verließ, hat nicht dieselbe Beziehung zum Wasser wie die Völker Amazoniens oder Menschen, die am Ufer eines großen Stroms gelebt haben und immer noch leben. Doch beiden ist das Wasser heilig. Die Anwohner an den Ufern der großen Ströme sind dem Wasser enger verbunden als der Ackererde, und sie verehren es als die Quelle ihres Lebens. Die in trockenen Gegenden oder in Halbwüsten wohnen, verehren das Wasser als einen verborgenen Schatz, den sie ersehnen und auf den sie ebenfalls angewiesen sind. Die Initiation der *Wapté* – der Adoleszenten – in die Xavante-Gemeinde geschieht durch das rituelle Bad. «Das rituelle Bad

---

7 Haus aus Himmel und Erde. Erzählungen der brasilianischen Urvölker, hrsg. von Leonardo Boff, bearb. und übers. von Horst Goldstein, Düsseldorf: Patmos, 2003, S. 52f.
8 Honorato Ribeiro dos Santos, A biografia de Carinhanha do Médio São Francisco, zit. in: Jornal do Commercio, Recife, 25/ 10/ 2001, Cuaderno Brasil, S. 7.

der Xavante-Initiation mit den dazu gehörigen Zeremonien erstreckt sich über einen Monat oder mehr.»[9] Viele indigene Traditionen sagen, dass der Mensch aus Wasser gemacht ist und aus dem Wasser auf die Erde kam, um eine Sendung zu erfüllen: für die Natur zu sorgen und sie zu behüten. Das Volk der Karajá lebt seit Jahrtausenden an den Ufern des Rio Araguaia. Es betrachtet ihn als Brücke für die Beziehung zwischen Himmel und Erde.

4.1 Schöpfungsmythos der Karajá

In den tiefsten Wassern des Rio Araguaia, an einem verborgen gehaltenen und nur einigen alten, aber ganz und gar verschwiegenen Wissenden bekannten Ort ist das Volk der Karajá entstanden.

Als Kananciué, das höchste Wesen, am Anfang der Welt die Karajá schuf, waren sie zuerst unsterblich. Unbekümmert wie Aruanã-Fische lebten sie im Wasser und schwammen von Fluss zu Fluss und von See zu See. Sie kümmerten sich weder um Sonne und Mond noch um Pflanzen und Tiere. Angesichts der Unsterblichkeit, die sie genossen, lebten sie in ungetrübtem Glück.
Allerdings reizte sie ständig eine Versuchung: Denn auf dem Grund des Flusses befand sich eine helle Öffnung. Wie wäre es wohl, da hinein zu schwimmen, oder sollte man es doch besser lassen? Vom Schöpfer war ihnen das nämlich strikt verboten worden, und als Strafe für den Fall des Zuwiderhandelns hatte er den Verlust der Unsterblichkeit angedroht. Also schwammen sie um das Loch herum und bewunderten das Licht, das daraus hervorstrahlte und die Farben ihrer Schuppen kräftiger erscheinen ließ. Sie versuchten in die Öffnung hineinzuschauen, aber die Helligkeit des Lichtes blendete sie. Insgesamt jedoch hielten sie sich getreulich an das Verbot.
Eines Tages indes brach ein verwegener Karajá das Tabu des Verbots. Mir nichts dir nichts schwamm er in das strahlende Loch hinein und landete am schneeweißen Strand des Araguaia-Stroms. Eine bezaubernde Landschaft breitete sich vor ihm aus. Diese Welt sah völlig anders aus als die ihm bekannte! [...] Ganz außer sich bestaunte der Karajá-Indianer das irdische Paradies so lange, bis es Abend wurde. Als er dann endlich zurückkehren wollte, überraschte ihn ein weiteres faszinierendes Schauspiel. Hinter dem grünen Wald ging ein silberner Mond auf und beschien in der Ferne die Umrisse der Berge. Als sich dazu noch Tausende von Sternen am Himmel gesellten, war sein Staunen grenzenlos.[10]

9   CNBB, Texto-base CF 2002, Ed. Salesiana, S. 89.
10 Haus aus Himmel und Erde, S. 74–78.

Als es Morgen wurde, kehrte er zu seinen Brüdern und Schwestern zurück, erzählte ihnen sein Abenteuer und sprach zu ihnen von der Schönheit der Welt, die er angetroffen hatte. Da beschlossen sie, Kananciué, den Schöpfer, zu bitten, er möge ihnen erlauben, in jener Welt zu sterben.

Der Schöpfer ließ zu, dass sie die Unsterblichkeit verloren. Und alle Karajá schwammen begeistert durch die leuchtende Öffnung am Grunde des Flusses. Noch heute leben sie in jenem Paradies an den Ufern des Rio Araguaia. Sie hatten den unerhörten Mut, die Sterblichkeit vorzuziehen, um als ganz und gar freie Wesen neu geboren zu werden. Und das sind sie bis auf den heutigen Tag.

4.2 Völker aus dem Xingu und aus dem Cerrado

Im Xingu glauben die dort lebenden Völker, dass ein Urahn, ein erster Mensch, in die Welt der tiefsten Wasser hinabgestiegen sei. In dieser Unterwasserregion habe er dem *Tapanawaña* beigewohnt, einem geheimen Ritus, auf den weitere Inititations- und Lebensriten zurückgehen. Daher konnte er die Geister einfangen, die in den *Apapâlu*-Flöten saßen. Und er nahm diese heiligen Flöten mit, um damit das Leben und den Kult seines Volkes zu leiten.[11] Das gesamte Gleichgewicht des Lebens und der menschlichen Beziehungen bis hin zur Ehe ist auf die Geister angewiesen, die aus der Tiefe der Flüsse kamen und jetzt in den heiligen Flöten hausen.

Im Sertão des Mato Grosso verehren und respektieren einige Völker, wie etwa die Minki, das Wasser in einem Maße, dass sie es niemals direkt trinken. Sie denken, reines Wasser zu trinken könne Schmerzen hervorrufen. Weiße, die kamen, um mit ihnen zu leben, wurden beaufsichtigt, damit sie nicht riskierten, Wasser zu «trinken», wenn sie im Fluss badeten. Gemäß ihrer Tradition trinken sie immer Xixa, ein leicht vergorenes Getränk aus dem Saft der wilden Mandioka. Das Wasser ist den Göttern und den gemeinschaftlichen Bädern vorbehalten, bei denen sich Männer und Frauen zusammentun und mit dem Wasser als Zeugen den Bund fürs Leben eingehen.

---

11 Vgl. E. B. Viveiros de Castro, Notas sobre a Cosmologia Yawalapiti, in: Religião e Sociedade, Nr. 3, 1978, S. 163.

4.3 Spiritualität der Guarani

Im kolonialen Brasilien stellten die in verschiedenen Zweigen und Familien organisierten Tupi-Guarani die größte indigene Nation dar und bewohnten weite Teile des heutigen Brasilien, Paraguay, Argentinien und Bolivien. Da sie niemals Tempel besaßen, keine Tieropfer und keine figürlichen Darstellungen der Gottheit kannten, nahten ihnen die Europäer stets in der Überzeugung, die Tupi-Guarani hätten überhaupt keinen Glauben. Berühmt geworden ist der Ausspruch eines Missionars, der sagte: «Sie haben keinen Gott und kein Gebot.» Die Religion der Guarani hat etwas Geheimes und schwer Auszudrückendes. Doch die tiefe Spiritualität dieses Volkes ist ganz offensichtlich. Das Wesen seiner religiösen Vision ist der Glaube an die Unversehrte Erde, die Yby mara-é-yma, wie sie bei den Tupi heißt, bzw. die Yvy mara-é der Guarani. Es fällt schwer, diesen Glauben an eine Erde, die sich ins Paradies verwandelt, zu verstehen, ohne ihn gleichzeitig mit der jüdisch-christlichen Tradition vom irdischen Paradies und von der Verheißung des Reiches Gottes zu vergleichen. Dieser Vergleich ist jedoch unangemessen, gefährlich und respektiert die Autonomie des anderen nicht. Tatsächlich weisen ja alle Glaubensformen irgendwelche Ähnlichkeiten auf, weil sie sich mit universalen menschlichen Archetypen auseinander setzen. Zum Beispiel zählen die Guarani zu ihren Glaubensinhalten eine Sintflutgeschichte (das Wasser, das Bedrohung und Zerstörung hervorruft). Diese Geschichte gehört jedoch zu einem großen Ganzen, das sich stark vom biblischen Bundesbegriff unterscheidet.

Die Unversehrte Erde ist die vollständig erlöste Natur, in der die Erde von sich aus ihre Früchte hervorbringt, der Mais von allein wächst und die Pfeile das Wildbret ganz von selbst erlegen. Die Tätigkeit des Menschen besteht darin, zu tanzen und Feste zu feiern. Alle verwalten sich selbst. Der Weg zur Unversehrten Erde wird beschritten, indem sich jeder von sich selbst, von seiner Daseinsbedingung als der Gesellschaft unterworfener Mensch befreit, um zu göttlicher Befindlichkeit zu gelangen. Die Propheten des Kults sind die *caraíba* (bei den Guarani *caraí* genannt), allein lebende Menschen, die fasten, ein tugendhaftes Leben führen und deshalb das Volk zur Unversehrten Erde führen können. Wo aber liegt diese Unversehrte Erde? Manche sagten: «Hinter den großen Bergen.»

Im 16. Jahrhundert brachen Tausende zu den Andenkordilleren auf. Wenige nur überstanden diese Reise, und die wurden von den Spaniern gefangen genommen und versklavt. Später sagten dann andere: «Sie liegt in der Tiefe der Erde», gleichsam als Ausdruck dafür, dass diese Reise sich innerhalb des Zusammenlebens mit der Mutter Erde vollzieht. Die meisten sind jedoch überzeugt: Die Unversehrte Erde liegt mitten im Ozean. Daher kam es seit der Kolonisierung zu mehreren aufeinander folgenden Migrationswellen der Guarani nach Osten. Indianer aus Paraguay gelangten so bis wenige Kilometer vor São Paulo. Stets schlugen sie ihre Zelte in Meeresnähe auf, in der Hoffnung, ihrer Utopie im Wasser zu begegnen.[12]

4.4 Die Sagen vom Rio São Francisco

Wer die Uferstädte am Rio São Francisco kennt, kennt auch die Schiffe mit ihren hölzernen Fratzen, die die bösen Geister bannen und den göttlichen Segen herabrufen sollen. An den Ufern des Flusses erzählt man sich viele Sagen und Geschichten, die von hohem Interesse sind – nicht nur wegen der Phantasiewelt, von der sie künden, sondern auch wegen der sozialen Konflikte und des kulturellen Widerstandes, die der mythischen Erzählung zu Grunde liegen. In Carinhanha im Staat Bahia, einer der am engsten der Tradition verbundenen Uferstädte, schwatzen und palavern die Leute nicht einfach drauf los, vielmehr sucht jedermann den «Klatschbaum» auf, einen dicht belaubten Baum nahe dem Rio São Francisco, der, wenn man den ältesten Einwohnern glauben darf, einst der bevorzugte Platz für die politischen Diskussionen in der Stadt war. Die Stadt selbst verbreitet auch heute noch gern die Sagen der Region. Eine davon ist die Geschichte vom «Wasserpaten», einem Caboclo mit schwarzem Gesicht, Zähnen so spitz wie ein Piranha und Entenfüßen. «Er erschreckt und piesackt die Leute. Er bringt das Kanu zum Kentern. Er verwandelt sich in irgendwas, in einen Flaschenkürbis oder in ein Gebüsch. Du packst den Kürbis an, und er wird zu einem Kerl und frisst dich auf.» Das erzählen viele Leute aus der Gegend im Brustton der Überzeugung. Eine andere volkstümliche Geschichte ist die von der Zauberschlange, die es schaffte, dass jedermann jeden Samstag

---

12 Eduardo de Almeida Navarro, A Terra sem Mal, o Paraíso Tupi-Guarani, in: Revista de Cultura Vozes, Nr. 2, März/April 1995, S. 61–71.

das Muttergottesoffizium betete, damit die Schlange keine Flügel bekäme. «Wenn sie nämlich vom Grund des Flusses auffliegt, dann gibt es ein gewaltiges Getöse und fünf Uferstädte werden vernichtet.»[13] Mit Sicherheit spielen diese Erzählungen in der Geschichte des Flusses und der indigenen Bevölkerung der Region eine wichtige Rolle beim Schutz der Natur und bei der Verteidigung der Kultur des Volkes. Die heute im Gang befindliche ökologische und kulturelle Zerstörung des Rio São Francisco hat ökonomische und soziale Motive, aber sie hängt auch mit der systematischen Zerstörung der kulturellen Werte des Volkes zusammen.

5. Das Wasser bei anderen indigenen Völkern ausserhalb Brasiliens

Die Mehrheit der indigenen Völker glaubt, dass das Wasser das erste Element der Schöpfung und die ursprünglichste Bekundung der göttlichen Liebe zu uns ist. Viele beten es als eine Gottheit oder als eine Wohnung der Geister an. Von Nord bis Süd verehren Gesänge und Gebete der Ureinwohner den Großvater Sonne, die Großmutter Mond, die Mutter Erde und die Schwester Wasser. Diese Bezeichnung zeigt, dass das Wasser eine Beziehung großer Nähe und enger Verwandtschaft zum Menschen unterhält. So treten die Indianer in eine Beziehung zu Flüssen und Quellen. Sie sind heilige Orte, und viele Initiationsriten werden in der Morgenfrühe bei Vollmond im Wasser vollzogen.

Das Wasser ist Quelle des Lebens, Instrument der Beziehung zum Göttlichen und des Einklangs des Menschen mit sich selbst und mit der ganzen Natur. Indigene Gemeinschaften liefern uns auf Wasser basierende Therapien.

Der Regen wird stets als heiliges Wasser angesehen, das die Macht des Lebens manifestiert. Verschiedene Völker pflegen Überlieferungen von Sintfluten und von der Erneuerung der Erde durch das Wasser. Und es ist ist weithin üblich, die Macht der Schamanen mit ihren Fähigkeiten als Regenmacher in Verbindung zu bringen. Es gibt Trommeln und Rhythmen eigens für den «Ruf nach Regen» und Tänze, die das Rinnen des Wassers auf dem Boden imitieren und anscheinend die Macht haben, neuen Regen anzuziehen.

13 Honorato Ribeiro des Santos, A biografia, S. 7.

Der Schamanismus ist eine auf der ganzen Welt geachtete Weisheit. Er stammt von Völkern Sibiriens, verband sich dann aber mit religiösen Bräuchen der nordamerikanischen Indianer, und heute sprechen manche von Schamanismus, um damit Riten und Bräuche aller möglichen indigenen Völker zu bezeichnen.

Ein Grundelement des Schamanismus ist das Wissen des Schamanen, der mit den Geistern verkehrt und die Gabe besitzt, die Erde, die Menschen und die innerste «Seele» aller Lebewesen zu heilen. Die schamanistischen Religionen gehören zum initiatischen Typ. Im Zuge mancher ihrer Rituale muss der Initiand eine Wanderung unternehmen, bis er eine Wasserquelle entdeckt, die einen Geist besitzt, der die zu initiierende Person adoptiert. Wenn diese so Sohn oder Tochter des Geistes in dieser Quelle oder jenem See wird, stellt sich eine mystische Beziehung zwischen jener Person und dem Geist dieses Wassers her. Anderswo werden die Initianden an drei Tagen in eine Quelle getaucht, die das Wasser mehrerer geheimer und magischer Quellen vereint. So entsteht eine Beziehung der Nähe und Kommunikation mit den Tieren, die im Urwald aus derselben Quelle trinken. Der Mensch wird befähigt, mit diesen Tieren zu «sprechen» und das Heilungswissen ihres Geistes zu empfangen.

Viele indigene Völker im Nordamerika von heute haben ihre Mythen, die die Überzeugung begründen, das Wasser sei das Grundelement der Schöpfung. Ein unter den Indianern Nordamerikas recht verbreiteter Brauch ist das «Zelt des Schweißes». Die Technik ist einfach. Sie bauen ein völlig geschlossenes Zelt auf. Darin liegt ein großer Stein, auf dem sie ein starkes Feuer entfachen. Wenn der Stein weißglühend ist bzw. sehr heiß gehalten wird, gießen sie Wasser aus einer nahen Quelle darauf und produzieren auf diese Weise Dampf. Dieses Dampfbad wird kollektiv genommen. Häufig ist es mit einer Weihe der Menschen an die Sonne verbunden. In diesem Fall nehmen sie das Bad viermal, entsprechend den vier Himmelsrichtungen. Während der durch die Hitze hervorgerufenen Trance erzählen die Männer einander ihre Träume vom Leben, von der Zukunft und von den menschlichen Beziehungen.[14]

---

14 Siehe dazu Richard Erdoes – Alfonso Ortiz, American Indian myths and legends, New York: Pantheon Books, 1984.

5.2 Die Stadt der Götter auf dem Wasser

Auf dem mexikanischen Hochland bauten das Volk der Mexika und später die Azteken den Hauptsitz ihrer Zivilisation in der Stadt der Götter (Tenochtitlan) auf dem heiligen See. Dieser See ist völlig verschwunden, und heute ist vom großen Lago de México nur mehr der Name übrig. Die ganze Religion der Mexika war eine Verehrung der Kräfte des Lebens. Sie wurden in Form der Schlange Alada (Quetzalcóatl) und als Gott, der die Erde befruchtet (Huitzilopochtli), dargestellt. Die primäre Kommunikation mit der göttlichen Energie geschah durch das Wasser. Zu den wichtigsten und gängigsten Mexika-Riten gehörten die nächtlichen Waschungen, die in den Gläubigen die Energien des reinen und glücklichen Lebens erneuerten. Tlaloc, der Gott des Regens, ist der Garant der sich erneuernden Schöpfung. Quetzalcóatl, die gefiederte Schlange, ist ein Gott, der in seiner Mythologie die Symbolwelt des Wassers aufweist.

5.3 Das Volk der Maya

Die Maya in Mittelamerika haben eine jahrtausendealte Zivilisation. Ihre Kultur kreist um die «Mutter Erde» und um den «heiligen Mais». Das Wissen, auf Grund dessen sie in Trockengebieten des Hochlandes ausgedehnte Maiskulturen anzulegen verstanden, stammt aus dem Wissen um die Bewässerung – ein Modell für alternative Kultur – und aus dem Respekt vor dem Wasser, das die hohen Berge Guatemalas und seiner Nachbarländer verschönt. Chak ist die Gottheit des Regens und die Beschützerin der Menschheit.[15]

5.4 Der andine Kult des Wassers und der Mutter Erde

Die Indianer der Anden glauben, dass Viracocha, die höchste Manifestation Gottes, in den Wassern des heiligen Sees Titicaca lebt. Von seiner Behausung im See aus hat er die Erde betreten, die ersten Menschen geschaffen und sie danach verbessert. Er weist ihnen die Richtung und erhält sie im Sein.

15 José Angel Zapeta, Quinientos Años e Identidad Maya, in: Voces del Tiempo. Revista de religión y sociedad, Guatemala, Nr. 1, 1992, S. 11–20.

Für die andinen Gemeinschaften ist das Wasser das primäre göttliche Geschenk, da sie der Auffassung sind, der Mensch bestehe mehr aus Wasser als aus Erde – eine Auffassung, die von der Wissenschaft bestätigt wird. Viele andine Familien halten an dem Brauch des «Wasseropfers für Pacha-Mama» fest. Sobald die Familienmutter morgens aufwacht (bei einigen Ketschua-Gruppen übt allerdings der Vater und nicht die Mutter diesen Brauch), öffnet sie die Haustür, schaut in Richtung der aufgehenden Sonne, gießt gegenüber der Tür ein wenig Wasser auf die Erde und spricht dabei einen Gruß an die Pacha-Mama.

Eine der Formeln, die ich auf dem peruanischen Altiplano gehört habe, lautet: «Dieses Wasser des Lebens bringe ich dem Mütterchen Erde dar für die Fruchtbarkeit des Bodens und damit sie uns wohl gesonnen sei bei Tag und Nacht. Dass Großvater Sonne uns das Wasser vom Himmel schenke und Großmutter Mond die Tiere fruchtbar mache und das Wetter uns günstig sei.»

Jedes Jahr zu Frühlingsanfang bringen die Ureinwohner die Gottheit des Wassers mit dem Vollmond in Verbindung und huldigen der Fruchtbarkeit der Erde. In Ekuador erweisen Hunderte von Indianergemeinden am Fest des Kulla Raymi der Fruchtbarkeit der Erde die Ehre; sie feiern die Weiblichkeit und ehren den Vater Sonne, die Schwester Mond und die Schwester Regen.

6. Die Orixás des Wassers und der Wasserfälle – das Wasser in den afrobrasilianischen Religionen

> Ich habe Mamãe Oxum am Wasserfall gesehen. Sie saß am Ufer des Flusses, pflückte Lilien, Lilien, eee, pflückte Lilien, êeeáá, pflückte Lilien, êeee, um damit deinen Kopfschmuck zu zieren.
> *Volkslied*

Die afrobrasilianischen Religionen inspirieren sich in erster Linie an uralten afrikanischen Kulten. Afrika ist ein Kontinent, der, wie wir bereits sahen, in seiner Natur Gebiete mit reichlich Wasser aufweist, aber auch andere, die seit Jahrhunderten Wüste sind und unter Wassermangel leiden. Die Bewohner, die gefangen und als Sklaven nach Amerika verschleppt wurden, kamen hauptsächlich von der afrikanischen Atlantikküste und aus mehr westlich gelegenen Gegenden. In ihrer Mehrheit gehörten sie den Völkern der Bantu, Nagô, Fon und Yoruba an. In diesen Gebieten sind die Flüsse heilig, und mehrere Namen von Orixás (Manifestationen des Göttlichen in der Yoruba-Kultur) oder Inquices (göttliche Geister in der Bantu-Kultur) sind Namen von Flüssen (Oxum, Oyá, Iemanjá u. a.). Die erste Gestalt der Religionen afrikanischen Musters ist durch den Candomblé[16] zu uns gelangt. Sie kann unterschiedliche kulturelle Formen annehmen, wie etwa den Candomblé der Angolaner mit seinen Inquices oder den Candomblé der Yoruba mit der volkstümlichen Bezeichnung «Ketu-Candomblé», die Religion der Orixás.

Ein wichtiges Moment in der afrikanischen Spiritualität ist die enge Wechselbeziehung aller Elemente des Lebens. Vor allem in der Religion der Orixás wird das Heilige hier und jetzt erlebt, in allen Aspekten des Alltagslebens, und hauptsächlich manifestiert es sich in den Elementen der Natur. Ein Element allerersten Ranges ist dabei das Wasser. In den Candomblé-Gemeinden steht neben dem Sitz des Orixá obligatorisch ein Krug oder sonstiges Gefäß mit sauberem, klarem Wasser.

Verschiedene Orixás des Candomblé – wie Iemanjá, Oxum und Obá – tragen Namen afrikanischer Flüsse der Region von Nigeria und Dahomey/Benin. In Brasilien wird Oxum mit dem Süßwasser der Flüsse, Quellen, Seen und Bäche identifiziert. Normalerweise existiert in jedem Tempel der Religion der Orixás eine heilige Quelle. Und das Volk verehrt in jedem Süßwasserquell den Wohnsitz Oxums, die göttliche Manifestation in der weiblichen Schönheit.

Die Umbanda ist eine eher städtische Inkulturation der Afroreligionen. Sie übernimmt Elemente aus dem Spiritismus des Allan Kardec, aus indigenen Traditionen und Glaubensüberzeugungen und auch aus dem Volkskatholizismus. Ihre Sicht der Erde und des Wassers hat viel mit allen afrikanischen und indigenen Religionen gemeinsam. Gott wird in seiner Gegenwart und Bekundung im Universum und in jedem Wesen der Natur geschaut. Auf dem Ersten Kongress der Umbanda wurde folgende Erklärung verabschiedet:

16 Candomblé ist ein Bantu-Wort, das «Trommelschlag» oder «Fest» bedeutet. Daher ist die allgemeine Bezeichnung «Religion oder Kult der Orixás» nicht sehr treffend.

Die Philosophie der Umbanda besteht in der Anerkenntnis des Menschen als eines Teilchens der Gottheit, das aus dieser lauter und rein emaniert ist und schließlich am Ende des notwendigen evolutiven Kreislaufs, im selben Stand der Reinheit und Lauterkeit, den es aus eigener Kraft und aus eigenem Willen erreicht hat, wieder in sie integriert wird. [...] Das Universum ist magnetisiert. Es ist der unendliche Raum der kosmischen Energie, die der Leib Gottes ist.[17]

Manche Umbanda-Gemeinden vollziehen die Kindertaufe und verstehen diesen Ritus mit Wasser als den ersten Kontakt mit den Führungsgeistern. Daher muss sie im ersten Monat nach der Geburt erfolgen. Das Wasser soll aus einem Wasserfall sein. Einem anderen Autor zufolge wird «die Taufe mit dem Wasser des unlängst gefallenen Regens vollzogen. Falls es in den letzten Tagen nicht geregnet hat, muss man Wasser aus einem Wasserfall oder aus einer reinen Quelle auffangen».[18]

Diese Initiationsriten (der Mensch wird im Wasser geboren und wiedergeboren) sind auch in den Traditionen der Orixás zu finden, insbesondere in den alten «Häusern» von São Luiz do Maranhã. Ein Forscher, der die Gemeinden des Fon-Ritus untersucht hat, schreibt dazu:

Vor und nach den Festen und anderen Zeremonien nimmt das Personal der Casa da Mina Bäder, denen Kräuter zugesetzt werden und zu denen man in Vorratskrügen aufbewahrtes Wasser verwendet. Vor den Festen dient das Bad der Reinigung, danach nimmt man es, um geistig vorbereitet in den Alltag zurückzukehren. Die Bäder, das heißt das heilige Wasser, bleiben in einem Becken auf dem Altar der Nana und werden für die Musiker und Tänzer gebraucht oder auch in kleinen Karaffen unter Freunden verteilt.[19]

7. Das Wasser in den Geschichten von den Orixás

7.1 Die Geschichte von Nanã

In der Tradition der Ketu heißt der älteste der Orixás Nanã. Er ist der Orixá (die göttliche Manifestation) in der Urschöpfung, das

17 Varii, Doutrina e Ritual de Umbanda, Rio de Janeiro: Livraria Tupã, 1951, S. 68.
18 Paulo Gomes de Oliveira, Umbanda Sagrada e Divina, Bd. I, Rio de Janeiro: 1953, S. 188.
19 Sérgio Ferretti, Querebentãde Zomadônu, Etnografia da Casa de Minas do Maranhão, São Luiz: Ed. EDUFMA, 1996, S. 202–203.

heißt in dem Schlamm, aus dem die Menschen hervorgehen. Nanã ist der Orixá des Wassers, das mit Erde gemischt wird, um das Leben zu bilden. Es ist interessant, weshalb in dieser Sicht das Bild des Schöpfergottes weiblich und anzestral ist. Nanã gilt als Gemahlin von Oxalá, dem Vater der wichtigsten Orixás. So bekundet der Mythos, indem er die Erinnerung an die afrikanischen Vorfahren aufgreift, die Verbindung von Männlichem und Weiblichem im Schöpfergott.

7.2 Das Wasser des Oxalá

Eines Tages wollte Oxalá Xangô im Reich von Oió besuchen. Er beriet sich mit Ifá, um zu erfahren, ob er reisen könne. Dieser antwortete, er solle lieber nicht gehen. Oxalá aber wollte nicht hören und brach auf. Als er ins Reich Oió kam bat ihn ein Junge (der mit Exu identifiziert wird) um einen Gefallen: «Halte bitte mal hier.» Es war ein Topf mit Kokosnussöl. Oxalá hielt ihn fest. Kokosnussöl gilt als *Kisila*, für die Kinder Oxalás verboten, und der Greis ward über und über beschmiert. Es gelang ihm, sich zu säubern, und er setzte seine Reise fort. Ein Mann, eine weitere Manifestation Exus (des Exu Elepô), trat auf ihn zu und bat ihn, einen Gegenstand festzuhalten. Es war eine Kohle, und sie verschmutzte Oxalás Gewand. Der wollte sich gerade säubern, als er das Pferd seines Sohnes Xangô erblickte, wie es zügellos über die Weide stob. Er bändigte das Pferd, um es seinem Sohn zu übergeben. Da überraschten ihn die Soldaten des Reiches, die auf der Suche nach dem Räuber waren. Er versuchte ihnen zu erklären, dass er der König Oxalá und gekommen sei, um seinen Sohn zu besuchen. Da sie ihn aber schmutzig und zerlumpt sahen, glaubten ihm die Soldaten nicht und warfen ihn ins Gefängnis, in dem er sieben Jahre blieb. Als Xangô, der sich Sorgen um seinen Vater machte, ihn im Gefängnis entdeckte, befahl er, alle sollten Oxalá einem Reinigungsritus unterziehen und reines Wasser über ihn ausgießen. Noch heute wiederholen die traditionellen «Häuser» des Candomblé in der Morgendämmerung eines Septembertags diesen Ritus, in dessen Verlauf Wasser über Oxalás Sitz ausgegossen wird.

Indigene Völker der Anden und anderer Regionen begehen Mitte September das Fest zur Ankunft des Regens. Auch im Candomblé wird Mitte September das Fest vom «Wasser des Oxalá» gefeiert. In Bahia hat die Tradition vom Wasser des Oxalá den Brauch entstehen lassen, dass die Frauen der Stadt die Freitreppe vor der Kirche Senhor do Bonfim putzen. Synkretistisch verknüpften sie den Herrn von Bonfim mit Oxalá und kamen, um dessen Wohnsitz zu waschen. Früher haben sie die ganze Kirche geputzt. Die katholische Hierarchie hat das verboten. Jetzt waschen sie nur mehr die äußere Treppe.

7.3 Die Reise der Iemanjá

Iemanjá war sehr unabhängig: Sie liebte die Freiheit, das Reisen und wollte nur nach ihrem Kopf handeln. Eines Tages beschloss sie, ermüdet von dem Leben, das sie in Ifé führte, nach Osten zu reisen, ohne ihrem Mann Olofin, dem König der Stadt, etwas davon zu sagen. Dieser ließ das Heer ausrücken, um sie zurückzuholen. Als die Soldaten sie gefangen nehmen wollten, warf sie einen Krug zu Boden, den sie von ihrem Vater bekommen hatte und der einen magischen Trank enthielt. Als der Krug auf der Erde zerbrach, verwandelte sich Iemanjá in einen Fluss, der direkt ins Meer floss, wo der Palast Olokums, ihres Vaters, des «Herrn der Tiefe» lag.[20]

7.4 Obá, der Orixá der Wellen

Obá ist der Name eines Flusses an der westafrikanischen Küste; in der Überzeugung der Gläubigen hat er sich in ein altes Weib verwandelt, eine mächtige Zauberin und Anführerin des Vereins der kriegerischen Frauen, der Gesellschaft «Elekô». Daher beherrscht sie alle Elemente. Ihr bevorzugter Aufenthaltsort aber ist die große Welle, der tosende Zusammenprall der Wasser. Diese Eigenschaft – dass sie im Zusammenprall der Wasser wohnt – macht diese Orixá mit ihrer hartnäckigen Persönlichkeit zur Bewirkerin des Unmöglichen.[21]

---

20 Rosamaria Suzanna Barbara, Il Regalo di Iemanjá, Mailand: Xenia Edizioni, 2000, S. 17.
21 Vgl. Cleo Martins, Obá, a amazona belicosa, Rio de Janeiro: Ed. Pallas, 2001, S. 5.

8. DAS WASSER IN DER AFRIKANISCHEN SYMBOLIK

Jeder Mensch wurde aus dem Wasser geboren, und im Wasser wird er wiedergeboren.

Lied der Dogon aus Mali

Wenn die afroamerikanischen Kulturen im Wasser einen Orixá oder Inquice verehren, so stammt diese Spiritualität aus ihrem afrikanischen Erbe. In den ältesten Kulturen Afrikas wurde das Wasser als Gottheit angebetet. In Ägypten galt der Fluss Nil als Gottheit, die vom Himmel herabstieg, um die dürre Erde zu erfrischen. Eine sehr wichtige Quelle der afroamerikanischen Kultur ist die Tradition der Bantu.

Für die Bantu ist der Ort der Urschöpfung eine große, brodelnde Wassergrube oder ein mit Tau gefülltes Becken, das nach ihrer Überzeugung im Osten liegt. Auf dem Gebiet, das heute als Republik Kamerun bekannt ist, wird das Wasser als mütterliches Element mit den Fischen assoziiert. Bei den Bamiléké im Westen dieses Landes segnet der Vater seine Tochter am Tag ihrer Eheschließung mit Wasser, in das Blätter einer Pflanze gestreut werden, die Zärtlichkeit und Einheit symbolisiert.

In vielen Ländern Schwarzafrikas sind die Riten, die sich um die Geburt ranken, eng mit dem Wasser, dem Prinzip des Lebens, verknüpft. Wenn die Plazenta ausgestoßen und so der Nachweis erbracht wird, dass das Kind wirklich geboren ist, nimmt eine der Geburtshelferinnen Wasser in den Mund und besprengt damit sachte das Kind. Die Kühle des Wassers regt es zum Schreien an. Es hat durch das Wasser, mit dem es bespritzt wurde, offiziell die Gabe des Wortes erhalten.

Die Dogon aus Mali bringen das Wasser, das befruchtende Element, mit dem Licht und dem Wort in Zusammenhang. «Trockenes Wasser» und «trockenes Wort» bezeichnen ein Denken, das nicht zum Dialog wird. Den Ursprung der Welt schreiben die Dogon dem höchsten Gott Amma zu, der sein Double namens Nommo, den Gott des Wassers, geschaffen hat. Sie glauben, in der Musik sei die Melodie Öl und der Rhythmus sei Wasser, Wort.[22]

Auf die eine oder andere Weise erinnert ganz Afrika die Welt daran, dass das Wasser heilig ist und dass wir es als ein Gottesgeschenk behandeln sollen.

---

22 Camille Talkeu Tounounga, Symbolique Africaine, in: Fondation pour les progrès de l'homme, La Conquête de l'Eau, Lausanne: Charles Léopold Mayer, 1995, S. 17.

9. Die Bedeutung des Wassers und der Erde im Hinduismus

Ehre sei dir, Vishnu, Herrin des Wassers in uns und im All!

Wenn die indigenen und schwarzen Traditionen schon unterschiedlich und Punkte der Übereinstimmung nur schwer zu finden sind, so sind die spirituellen Wege des Ostens noch reicher, komplexer und schwerer zusammenzufassen. Im Westen pflegte man als Hinduismus ein Ensemble von verschiedenen und gegeneinander abgegrenzten Religionen zu bezeichnen (Brahmanismus, Vishnuismus usw.), die als Einziges die Tatsache gemeinsam haben, dass sie in Indien und in anderen, benachbarten Ländern bis hin zum Fernen Osten zusammen leben.

In Südostasien kennen und verehren die Menschen seit altersher Götter und mythische Heroen, die sich an gewissen speziellen Orten der Erde offenbaren und denen die Gläubigen vor allem dann begegnen, wenn sie im Ganges oder in anderen heiligen Flüssen Asiens baden.

Vielen Traditionen zufolge wurde der Gott Brahma im heiligen See Pushkar geboren. Die Gläubigen reinigen sich durch das Bad in diesem See. Vishnu seinerseits wird identifiziert mit einer Gottheit des Wassers, die schöpferische und zerstörerische Kraft zugleich besitzt. Die Vishnu-Gläubigen sind erkennbar an dem Zeichen des Gottes, das sie auf der Stirn tragen und manchmal sogar auf die Wände der Häuser und der Geschäftslokale malen. Das Zeichen ist ein U, das vom unteren Ende der Nase aus über die Wangen nach oben geführt wird. Ein weiteres wichtiges Symbol ist ein auf einer seiner drei Spitzen stehendes Dreieck. Dieses Dreieck ist das Symbol des Wassers und des weiblichen Prinzips, das in dieser Kultur mit dem nassen Element identifiziert wird.[23]

Varuna ist ein alter vedischer Gott, das Gegenstück zu Ahura Mazda, und ebenfalls eine Wassergottheit. Seine Anhänger glauben, das Universum habe seinen Ursprung im Wasser, gleichsam als Mutterschoß. Daher wird jeder Mensch in der Beziehung zum Wasser geistig wiedergeboren. Das Wasser ist die auf die Erde ausgegossene uterine Materie der Gottheit. In den heiligen Flüssen

---

23 Gerhard J. Bellinger, Knaurs grosser Religionsführer. 670 Religionen, Kirchen und Kulte, weltanschaulich-religiöse Bewegungen und Gesellschaften sowie religionsphilosophische Schulen, München: Droemer Knaur, 1986, S. 192ff.

und in besonderen Quellen werden die Riten der geistigen Wiedergeburt und auch die Riten der Bitte um Gesundheit und Schutz vollzogen.

Alle zwölf Jahre kommen am Zusammenfluss des Ganges, des Yamuna und des Saraswati, der drei heiligen Flüsse Indiens, Millionen von Pilgern aus den großen religiösen Bekenntnissen zusammen. Es ist das «große Fest der Amphore» (Maha Kumbh Mela). Laut dem Mythos wühlten eines Tages Götter und Dämonen den Ozean auf, weil sie auf der Suche nach dem großen Krug (Kumbh) waren, der den Nektar der Unsterblichkeit (Amrit) enthielt. Als Dhanwantari, der Arzt der Götter, mit dem Kumbh in Händen erschien, entbrannte ein heißer Kampf zwischen den Göttern und den Dämonen um seinen Besitz. Während der Schlacht fielen einige Tropfen des Nektars an vier verschiedenen Orten nieder: Allahabad, Hardiwar, Nasik und Ujjain. Seither erinnern sich die Pilger und Frommen, wenn die Planeten in derselben Konstellation stehen, an dieses Götterereignis. Kumbh Mela wird im Abstand von drei Jahren nacheinander an jedem der vier Orte begangen, an denen die Tropfen des Nektars der Unsterblichkeit niedergefallen sind. Somit findet das Fest in Allahabad alle zwölf Jahre statt; dabei fällt es mit dem Durchgang des Planeten Jupiter durch den Tierkreis zusammen.

Das Ziel des Bades in den heiligen Flüssen ist die Reinigung und Befreiung aus dem Rad der Wiedergeburt und des Todes, damit die Seele mit dem Göttlichen eins werden kann. Für das Volk ist es freilich ein Ritus der Gesundheit und des Lebens. Alle wollen im Wasser sein, wenn bei Neumond die Götter und Göttinnen in Prozession vom Himmel zum Bade kommen. Dann fällt ein Tropfen vom Nektar der Unsterblichkeit nieder, und wer genau in diesem Augenblick im Wasser ist, empfängt ihn.

Die westlichen Medien nennen die Pilgermenge in ihrer ganzen Vielfalt schlicht «Hindus». Dabei vereint die Maha Khumb Mala Gläubige aus Shivaismus, Vishnuismus, Shaktismus, Jainismus und Buddhismus, aus dem Christentum und aus anderen Glaubensformen! Von Januar bis Februar 2001 hat Indien vierzig Tage lang siebzig Millionen Pilger beherbergt. Das war eine größere Zahl als die sämtlicher Katholiken, die während des ganzen Heiligen Jahres 2000 Rom besucht haben.

China besitzt zwei große Denktraditionen: den Taoismus und den Konfuzianismus. Wir werden im Folgenden den Taoismus befragen, welche Rolle das Wasser in seiner Spiritualität spielt. Lao Tse hat gesagt, eine große Nation zu regieren sei, wie wenn man einen kleinen Fisch kocht. Der Taoismus ist die Philosophie der Achtsamkeit für die kleinen Dinge. Er vergleicht einen tugendhaften Menschen mit dem Wasser, das süß ist, die Form des Gefäßes annimmt, in das es gegossen wird, immer an die tiefste Stelle fließt und alles nährt, was ihm nahe kommt. So beschreibt Lao Tse die «Spiritualität des Wassers». Sie sei wie das Wasser, lauter, transparent und immer bereit, das All zu nähren. Sie nehme den Weg der Liebe.

Die chinesische Spiritualität glaubt, dass der Körper Veränderungen unterworfen ist, und zwar dank der Energie, die sich in der Welt bekundet und sich in fünf Elementen manifestiert: Wasser, Feuer, Metall, Holz und Erde. Diese Elemente beeinflussen unsere Beziehungen zum anderen. Entsprechend seinem jeweiligen Temperament besitzt jeder Mensch ein vorherrschendes Element, das ihn in seinem ganzen Leben beeinflusst. Die Harmonie zwischen diesen verschiedenen Kräften findet ihren plastischen Ausdruck in dem kreisförmigen Symbol von Yin und Yang, wobei das Yin das Dunkel und das Yang das Licht bedeutet. Diese beiden Prinzipien bewirken kosmologische und anthropologische Wandlung und Umformung und stellen das Tao von Himmel und Erde dar, jenes eine, einigende Prinzip, das manche Texte «Mutter des Lebens» und allen Seins nennen, das aber nicht als personaler Gott verstanden werden darf.

Der Taoismus lehrt, wie sich diese Prinzipien vereinen lassen. Die Verschmutzung des Wassers und der Erde ist das Zeichen von Unordnung in den Elementen. Sie ist das Symptom geistigen Ungleichgewichts.

Die Welt ist in ständiger Wandlung begriffen. Das zeigt sich in drei Zyklen: in den Kreisläufen der Natur mit Tag und Nacht, Sommer und Winter, in den Zyklen der Entwicklung und des Wachstums der Pflanzen, Tiere und Menschen und im Wechsel zweier Prinzipien, des Schöpferischen und des Rezeptiven. (K'yen ist das göttlich-schöpferische Element, K'ouen das rezeptive.)

In Indien und manchen Nachbarländern findet sich außerdem eine im Westen weniger bekannte Religion: die der Sikhs. Auf Sanskrit besagt der Ausdruck *sikh* so viel wie Schüler. So nannten sich die Nachfolger des Gurus Nanak, der im Pandschab des 16. Jahrhunderts eine Reform des Hinduismus vertrat. Die Sikhs gerieten später bis zu einem gewissen Grad unter den Einfluss des Islam, blieben aber immer noch eine dissidente Form der Traditionen des Hinduismus. Sie haben ein heiliges Buch, das Granth, das den Veden ziemlich nahe steht. Ihre heilige Stadt ist Amritsar; dort haben sie einen künstlichen See angelegt, den sie «See der Unsterblichkeit» nennen; in seiner Mitte liegt der goldene Tempel, Zentrum des Glaubens und Zeichen dafür, dass die Wahrheit und Gegenwart Gottes aus dem Wasser kommt. Es ist eine kosmische und ökologische Spiritualität, die zu einer Haltung der Ehrfurcht und der Communio mit dem Universum beitragen kann.

11. Das Wasser in den buddhistischen Traditionen

Ananda, der Lieblingsschüler des Buddha, kam, ermüdet von einer langen Reise, an einen Brunnen. Dort bat er ein junges Mädchen aus der Kaste der Kandala, das er dort antraf, um einen Schluck Wasser. Sie machte ihn darauf aufmerksam, dass er Gefahr laufe, unrein zu werden, wenn er Wasser von einer unreinen Frau annehme. Er antwortete ihr: «Ich habe dich nicht nach deiner Kaste oder nach deiner Familie gefragt. Ich habe nur nach dem Wasser gefragt, ob du mir davon geben kannst.»[24]

Auch der Buddhismus kennt verschiedene Strömungen. Im Großen und Ganzen legen sie alle den Akzent auf die Hinfälligkeit dieser Welt: «Buddha sagt, dass alle Dinge hinfällig, ohne Dauer und in stetem Wandel begriffen sind. Nichts gibt es in der Welt, auf das wir uns stützen könnten. Das Nirwana ist nicht in den Dingen, die uns umgeben.» Indes, wenn Buddha einerseits eine Art Distanz oder Entäußerung von allem Bestehenden empfiehlt, insistiert er doch andererseits auf dem unbedingten Respekt vor dem Leben und auf dem vorbehaltlosen Mitleiden mit allen Wesen.

Ähnlich wie es beim Christentum und bei anderen Religionen der Fall ist, unterscheidet sich auch der Buddhismus in der Form,

---

24 Alain Marchadour, Le puits et la femme, in: Dossier Sources et Puits, Dossier de la Bible, März 1987, S. 7.

wie er sich in jedem Volk inkulturiert, in mehreren Punkten von dem Weg, wie er in den Büchern dargestellt ist. An Orten wie Sri Lanka oder Tibet hat sich der Buddhismus in ältere religiöse Traditionen eingegliedert, sodass dort ein ausgeprägter Synkretismus mit anderen östlichen Glaubensüberzeugungen vorherrscht. Die buddhistischen Schulen, die in Indien oder Japan am weitesten verbreitet sind, haben ältere Traditionen in sich aufgenommen, von denen manche mit der Verehrung des Mondes und mit dem Wasser verknüpft waren. In Japan muss in vielen Häusern auf dem «Hausaltar», den die Gläubigen für ihre Meditationen und Opferzeremonien unterhalten, immer ein Gefäß mit reinem, trinkbarem Wasser als vornehmstes Zeichen für die Beziehung zum Leben stehen.

Der Buddhismus hat keine spezielle Vorstellung von einer mit dem Kosmos und den Geschöpfen verbundenen Sakralität. Er glaubt nicht an einen Schöpfergott, auch nicht an ein absolutes transzendentes Prinzip. Doch die Ehrfurcht vor der Natur ist in Gemeinschaften und an Orten buddhistischer Tradition stärker als in anderen Traditionen; das hat seinen Grund in dem vom Buddha herrührenden Gefühl des Mitleidens. Das Mitleiden ist als Lebenskeim in allen Seienden angelegt und muss entfaltet werden. Viele Schulen legen Wert auf die göttliche Dimension in allen Seienden, von den großen Urelementen der Natur, wie Erde und Wasser, bis hin zu jedem Lebewesen.

Der Dalai Lama hat diese Spiritualität des Mitleidens zu neuer Geltung gebracht. Sie vereint buddhistische Traditionen anderer Länder mit uralten tibetanischen Bräuchen, beispielsweise die Waschungsriten, die im Buddhismus nichts mit den Reinigungsriten oder mit mystischer Initiation zu tun haben, sondern Übungen der Meditation sind und der Beziehung zu den Geistern der noch nicht reinkarnierten Ahnen dienen.

Daisetz Taitaro Suzuki ist ein Philosoph unserer Tage, ein buddhistischer Theologe, der die Zen-Texte interpretiert, indem er sie mit der christlichen Mystik in Verbindung bringt; sein besonderes Interesse gilt dabei Meister Eckhart, der als der größte christliche Mystiker des mittelalterlichen Abendlands gilt. In einem seiner Bücher erklärt Suzuki:

> Gott schuf die Welt nicht, nur um irgend etwas zu machen. Er war von einem bestimmten inneren Antrieb beseelt. Er wünschte sich in seiner

Schöpfung gespiegelt zu sehen. Das ist gemeint, wenn die Bibel davon spricht, dass Gott den Menschen nach seinem Bild gemacht habe. Aber nicht der Mensch allein ist Gottes Ebenbild, die ganze Welt ist sein Bild, selbst der armseligste Floh, würde Eckhart sagen, hat in seiner Ist-heit an Gottes Ist-heit teil. Und auf Grund dieser Ist-heit bleibt die ganze Welt in Bewegung.[25]

12. Die spirituelle Sicht des Wassers in Japan und Indonesien

Das *misogi* (Reinigungsritus) geschieht im Wasser. Man bringt die Hände und den Mund an ein sauberes Wasser. Und mit dem Kopf im Wasser bittet man um Vergebung und um Licht, um die Beschmutzung abzuwaschen, die man einer Quelle oder einem Bach zugefügt hat.
Shintoistisches Ritual im ländlichen Japan

Die bekannten Standardfotografien aus Japan zeigen den Fujiyama. Japan ist ein Land mit prachtvollen, hohen Bergen, aber arm an landwirtschaftlich bestellbarer Fläche. Von altersher denken die Japaner, das Wasser sei ein Geschenk und eine Naturkraft. Sie glauben an die *Kami*, Gottheiten, die über die Wasserstellen herrschen. Jeder Bach, jede Quelle, jeder Fluss hat seinen *Kami*. Dieser Glaube führt dazu, dass die Menschen jeden Wasserlauf und jede Wasserquelle mit religiöser Sorge umgeben. Sie pflanzen als heilig geltende Bäume bei den Quellen, und selbst mitten in Flüssen pflanzen sie Bambus an.

In der Shinto-Spiritualität verehrt man das Leben und glaubt an seine ewige Dauer. Und die Dauer des Lebens wird mit dem Wasser verglichen, das unentwegt rinnt. Das Ende des Wasserflusses lässt sich auch als Ende des Leben verstehen. Ein Fluss oder ein Brunnen, in den ein Mönch oder ein spiritueller Mensch seinen Stab taucht, ist heilig, weil er *Kami* birgt, und sein Schutz ist die Grundbedingung für das Leben aller. Die Alten sagen, manche Brunnen seien entstanden, als ein spiritueller Lehrer seinen Stock in den trockenen Boden gestoßen habe. So entstehen heilige Quellen.

Im Japan von heute herrscht eine Spannung zwischen den Modernen, die Talsperren errichtet haben, um mit dem Wasser Geld zu

---

25 Daisetz Taitaro Suzuki, Der westliche und der östliche Weg. Essays über christliche und buddhistische Mystik. Weltperspektiven, Frankfurt a. M.; Berlin 1986, S. 39 f, zit. nach: Alexandre Ganoczy, Suche nach Gott auf den Wegen der Natur. Theologie, Mystik, Naturwissenschaften – ein kritischer Versuch, Düsseldorf: Patmos, 1992, S. 140.

machen, und die Flüsse mit Rückständen aus der Landwirtschaft und Chemikalien aus der Industrie verschmutzen, und den traditionsbewussten Gemeinschaften, die die *Kami* in den Quellen und Bächen verehren. Heute führen die Shinto-Priester die Kampagne für den Schutz der Flüsse, Bäche und Quellen an. Das ist ihre Weise, für den Kult der *Kami* einzutreten.

In Japan gibt es zahlreiche Feste zu Ehren des Regens und der *Kami*. An dieser Tradition können wir sehen, wie die Spiritualität zu einem alternativen Weg ökologischer Umsicht und Rücksicht werden kann.

In Indonesien verehrt die eingeborene Bevölkerung ihre Naturgottheiten. Im Süden der Insel Bali existiert bis heute eine soziale Form der «Bewässerungsgesellschaft», *Subak* genannt. Die Menschen wohnen in Dorfgemeinschaften in trockenen, dürren Gebieten. Der *Subak* umfasst Terrassen, die von einem Fluss bewässert werden; diese Terrassen wiederum sind Kollektiveigentum der Familien, die dort anpflanzen und produzieren. Mehr noch als eine ökonomische Größe ist der *Subak* jedoch eine religiöse Einheit. Die Menschen fühlen sich dazu «auserwählt», an jener Arbeit teilzunehmen. Es gibt einen Ritus zur Einleitung des Flusswassers in die Bewässerungskanäle. Und es gibt einen Ritus zur Reinigung des Wassers, bei dem man den Göttern Speise- und Wasseropfer darbringt. Danach kann man, gleichsam in Erfüllung eines Gelübdes, auf den bewässerten Feldern anbauen. All das geschieht unter Gesängen und Opfergesten gegenüber den Göttern.

13. Das Wasser des Bundes im Judentum

> Ein gerechter und heiliger Mensch kann das Wasser in einem Brunnen steigen lassen und den wohltuenden Regen herbeirufen.
> *Glaube der chassidischen Juden*[26]

Die jüdische Tradition erwächst aus der Bibel, und daher ist es eigentlich unmöglich, vom Judentum zu sprechen, bevor von den biblischen Texten die Rede war. Letzteres werden wir im nächsten Kapitel tun. Die Interpretation der Bibel durch die jüdische Kultur

---

26 Vgl. Norbert Lipszyc, La symbolique de l'eau dans le judaisme, in: Marie-France Cais – Marie-José del Rey – Jean-Pierre Ribaut, L'Eau et la Vie, Lausanne: Ed. Charles Léopold Mayer, 1999, S. 48–49.

erfolgte jedoch in Gestalt des Talmud, eines für die jüdische Religion ganz spezifischen Werkes.

Das Volk Israel ist aus Stämmen entstanden, die in einer halb wüstenartigen Region bzw. in der Wüste selbst lebten. Für das Volk der Bibel ist die Erde fundamental und der Gegenstand der ersten Verheißung Gottes an Abraham. Aber die Erde wird für sie nutzlos sein, wenn es nicht auch zumindest eine Trinkwasserquelle gibt, die das Leben sichert. Im Mittleren Osten hängt das Leben mehr an den Wasserquellen, die selten sind, als an der Erde im Sinne eines Territoriums, wiewohl auch dieses wichtig ist.

Das Wissen, dank dessen der Mensch auch in Wüstenregionen zu überleben vermochte, hat sich einst als Ausdruck einer spirituellen Beziehung zur Erde und zum Wasser entwickelt.

Die Verbindung zwischen Wasser und Wort Gottes führt dazu, dass die religiösen Richtungen des Judentums glauben, wer mit dem Wort aufs Innigste vertraut sei, habe eine gewisse Macht über das Wasser. Die Evangelien erzählen, dass Jesus dem Wasser des Sees befiehlt, sich zu beruhigen, und dass dieses ihm gehorcht (Mk 4,39). In den chassidischen Kreisen glaubte man, ein *Saddik* (ein Gerechter, Heiliger) sei fähig, das Wasser in einem Brunnen steigen zu lassen und den wohltuenden Regen herbeizurufen.[27]

In den Kommentaren zur Tora ist das erste und am häufigsten vorkommende Symbol für das Gesetz Gottes das Wasser. Der Talmud, ja schon die Tora assoziiert immer wieder das Wasser mit dem Gesetz Gottes. Das Wasser repräsentiert die Kenntnis des Gotteswortes.

Dieser Spiritualität ist es zu verdanken, dass vor mehr als zweitausend Jahren die nabatäische Zivilisation im Stande war, eigene Techniken zu benutzen, um Oasen anzulegen und die Negevwüste urbar zu machen. Seit prähistorischen Zeiten haben Menschengruppen auf dem Weg über den Sinai Arabien mit Afrika verbunden. Und die Bibel hat als Gründungsgeschichte des Glaubens den Zug von unterdrückten Menschen aus Ägypten durch die Wüste und über das Sinaigebirge ins Land Kanaan gewählt. Die Bibel erzählt, Gott habe ihnen Trinkwasser aus einem Felsen geschenkt und sie vierzig Jahre lang – das heißt über einen unbestimmten, langen Zeitraum – mit dem täglichen Brot und mit Trinkwasser versorgt.

27 Norbert Lipszyc, ebd.

Nichts illustriert dies besser als die Riten der Feste, insbesondere des Wochenfestes *Schawuot*, an dem man der Übergabe der Tora gedenkt. Bis heute pflegen sich die Mitglieder der marokkanischen Gemeinden an diesem Festtag gegenseitig mit Wasser zu besprengen. Auch an den zehn Bußtagen, den zehn feierlichsten Tagen des jüdischen Kalenders, vom *Rosch ha-Schanah* (Neujahr) bis zum *Jom Kippur* (Versöhnungsfest) müssen die Gläubigen symbolisch ihre Sünden abwaschen. Vielleicht stammt ja von daher das Gebet des Psalms 51: «Wasche meine Schuld von mir ab».

Die jährlich wiederholte Geste, seine Vergehen ins Wasser, in lebendiges, fließendes Wasser, zu werfen, die *Taschlich* genannt wird, bildet die Basis vieler Reinheits- und Waschungsriten im Judentum. Seit altersher kannte das Judentum Waschungsriten. Es waren Gesten ritueller Reinigung, die zu vollziehen waren, bevor man in den Tempel eintreten durfte, und weniger Gesten, die der Wegnahme von Sünden dienten. Es waren keine Versöhnungsriten. Das Buch Exodus erzählt, das ganze Volk habe seine Kleider gewaschen, bevor es am Sinai die Tora empfing (Ex 19,10–14). David wusch sich, bevor er das «Haus Gottes» betrat, und der Priester tat das Gleiche, bevor er das Opfer darbrachte (vgl. Chr 4,6; 30,17). Es handelte sich um eine Waschung (*taher*) und nicht um ein Eintauchen (*tabal*). Letzteres ist das Wort, das, ins Griechische übertragen, zu *baptein* oder *baptizein* wurde, deutsch: taufen, eintauchen, untertauchen.

In biblischen Zeiten trat niemand dem Tempel oder dem Gottesdienst näher, ohne eine Reihe von rituellen Waschungen vorzunehmen. Es war das Wasser, das den Gläubigen reinigte und ihn so in den Stand versetzte, sich dem Haus zu nähern, in dem der Name des Allerhöchsten wohnte. Fast alle Feste wiesen Riten mit Wasser auf.

Die Taufe ist ein jüdischer Ritus. Seit dem 1. Jahrhundert v. Chr., als Menschen aus anderen Nationen zum Judentum konvertierten, vollzogen die Rabbinen, sofern die Bewerber erwachsen waren, an ihnen ein Reinigungstauchbad in einer Quelle, eine Art Taufe. Bei Männern geschah dies acht Tage nach der Beschneidung. Der Babylonische Talmud erklärt: «Jeder Proselyt ist gleich einem Neugeborenen.»[28]

In der letzten Zeit des Ersten Testaments praktizierten die Juden rituelle Bäder in den *Mikwaot* (im Singular: *Mikwe*), in den

---

28 Jebamot, 22 a; zit. bei Michel Meslin, in: Varii, I riti di iniziazione, Mailand: Jaca Book, 1979, S. 77.

Felsen gehauenen, 2 mal 4 Meter messenden rituellen Becken, die 40 Sea, das heißt 600–800 Liter Wasser fassten. Sie hatten im Inneren zwei oder drei Stufen, die das Eintauchen erleichterten. Gefüllt wurde die Mikwe unter anderem mit Regenwasser, das ja gleichsam direkt von Gott kam.

Seit dem 2. Jahrhundert fanden sich diese Becken in vielen Räumen, wie etwa an den Tempeltoren und in den Kellern der Häuser von Priestern in Jerusalem. Die rituellen Bäder gelangten unter dem Einfluss des Hellenismus ins Judentum.

In der jüdischen Kultur gibt es ein Fest, das nicht in der Bibel belegt ist, obwohl es mit dem Laubhüttenfest *Sukkot,* einer der von der Tora angeordneten Feierlichkeiten, zusammenhängt. In der biblischen Zeit war *Simchat Tora* die Zeremonie, die jede Nacht nach dem ersten Tag des Sukkot bis zum Ende des Festes im Tempel vollzogen wurden. Sukkot ist ein Fest am Beginn der Regenzeit. Der Ritus des Wassers bestand in Tänzen unter Anrufung des Heiligen Geistes; man schöpfte Wasser aus dem Teich Schiloach und brachte es zum Altar im Tempel. Dabei stützte man sich auf Jesaja 12,3: «Ihr werdet Wasser schöpfen voll Freude aus den Quellen des Heils.» Die Mischna sagt: «Wer nie die Freude der Zeremonie des Wasserschöpfens aus der Quelle des Tempels erlebt hat, weiß nicht, was Freude ist» (Sukkot 5,1). Bei diesem Fest tanzten die Schriftgelehrten mit dem Volk zum Klang einer von den Leviten gespielten Musik, durchwachten die ganze Nacht und betteten ihren Kopf zum Schlummer auf die Schulter ihres Nachbarn. In der ganzen Stadt Jerusalem brannten Freudenfeuer. Heute macht man in den Kibbuzim in Israel den Versuch, dieses Fest in einer modernen Form wieder zu beleben.[29]

14. Im Namen Gottes, des Allbarmherzigen – das Wasser in der Tradition des Islam

Und Wir machten aus Wasser alles Lebendige.
Koran, 21. Sure, 30

Islam bedeutet «Hingabe», totale und rückhaltlose Unterwerfung und Gehorsam gegen Gott. Dieser religiöse Weg wurde im 7. Jahr-

29 Geoffrey Wigoder, Dictionnaire Encyclopédique du Judaïsme, Paris: du Cerf, 1993, S. 327.

hundert (622) in Arabien dem Propheten Muhammad durch den Erzengel Gabriel mitgeteilt. Der Islam, in der Wüste und aus einer Wüstenkultur heraus entstanden, hat sich um das Verhältnis des Menschen zur Natur nicht besonders gekümmert. Trotzdem ist das Wasser ein wichtiges Element im Leben der Muslime. Der Prophet Muhammad sagt:

> An dem Tag, an dem Gott der Allerhöchste den Himmel und die Erde schuf, schuf er hundert Erbarmungen und legte eine jede von ihnen in eines seiner Werke, so dass alles, was es im Himmel und auf Erden gibt, mit seinem Sein eine Erbarmung des Allerhöchsten verknüpft findet. Die Erbarmung, die die Erde trägt, ist jene, die mit ihrer Kraft die Mütter dazu bewegt, ihre neugeborenen Söhne und Töchter zu lieben, und die wilden Tiere und Vögel dazu befähigt, ihre Jungen zu lieben. Diese (mütterliche) Erbarmung wird die Grundlage sein, auf der Er am Tag der Auferstehung seiner Schöpfung alle seine Erbarmungen hinzufügen wird.[30]

Im heiligen Buch des Koran steht geschrieben:

> In der Schöpfung der Himmel und der Erde und im Wechsel von Nacht und Tag und in den Schiffen, die das Meer befahren mit dem, was den Menschen nützt, und in dem Wasser, das Allah niedersendet vom Himmel, womit Er die Erde belebt nach ihrem Tode und darauf verstreut allerlei Getier, und im Wechsel der Winde und der Wolken, die dienen müssen zwischen Himmel und Erde, sind fürwahr Zeichen für solche, die verstehen (2. Sure, 164).

Gott ist Schöpfer:

> Haben die Ungläubigen nicht gesehen, dass die Himmel und die Erde in einem einzigen Stück waren, dann zerteilten Wir sie? Und Wir machten aus Wasser alles Lebendige. Wollen sie denn nicht glauben? (21,30).

Gott gibt der Mannigfaltigkeit Gestalt:

> Und Allah hat jedes Lebewesen aus Wasser erschaffen. Unter ihnen sind manche, die auf ihren Bäuchen gehen, und unter ihnen sind manche, die auf zwei Beinen gehen, und unter ihnen sind manche, die auf vieren gehn. Allah schafft, was Er will. Wahrlich, Allah hat Macht über alle Dinge (24,45).

---

30 Al-Nawawi, Il Giardino dei Devoti, Detti e Fatti del Profeta, Triest: Società Italiana Testi Islamici, 1990, S. 149.

Gott ist Spender:

Habt ihr betrachtet, was ihr aussäet? Seid ihr es, die ihr es wachsen lasset, oder lassen Wir es wachsen? Wollten Wir es, Wir könnten es alles in Staub verwandeln, dann würdet ihr nicht aufhören, euch zu beklagen: «Wir sind zugrunde gerichtet! Nein, wir sind beraubt.» Habt ihr das Wasser betrachtet, das ihr trinkt? Seid ihr es, die ihr es aus den Wolken niedersendet, oder sind Wir die Sendenden? (56,63–69).

In einem berühmten Vers scheint das heilige Buch des Koran die heutige Realität vorherzusehen, wenn es sagt:

Verderbnis ist gekommen über Land und Meer um dessentwillen, was die Hände der Menschen gewirkt, auf dass Er sie kosten lasse die (Früchte) so mancher ihrer Handlungen, damit sie umkehren (30,41).

Einer der Pfeiler des Islam ist die Verpflichtung zur Mekkawallfahrt. Mit dieser Pilgerreise soll der fromme Mensch anerkennen, dass der Tempel Gottes nicht das Haus aus Steinen ist, sondern das Herz des Gläubigen und die Schönheit des Alls. Eines der Gebete, die in diesem Zusammenhang empfohlen werden, stammt von Al Halladsch: «Hier bin ich, mein Geheimnis, mein Vertrauter, / Hier bin ich Dir zu Dienst, mein Ziel, mein Sinn.»[31] Unter all den Kennzeichen Gottes ist das bekannteste die Güte, mit der er in der Wüste verborgene Quellen zeigt. Eines der Wallfahrtsrituale ist der Hadsch; er vergegenwärtigt die angstvolle Suche, die Hagar, die Mutter des Propheten Ismael, in der Wüste durchlebte, bis sie endlich den Brunnen von Zamzam fand. Dieser Brunnen stillt noch heute den Durst von Millionen von Mekkapilgern. Die Menschen umrunden den großen Felsblock der Kaaba, und danach verneigen sie sich, werfen sich nieder und berühren die Kaaba mit den Händen. Der Stein der Kaaba gilt als derselbe, dessen Gott sich bediente, um Wasser sprudeln zu lassen und den Durst der Sklavin Hagar und ihres Sohnes Ismael zu stillen (vgl. Gen 21). Manche Sprichwörter der Tuareg bezeugen eine Spiritualität, in der das Wasser eine zentrale Stellung einnimmt: «Dein Kamel bitte um Milch, deine Frau bitte um einen Sohn, aber das Wasser kannst du nur von Gott erbitten.» Oder: «Gott hat wasserreiche Länder geschaffen, damit die Menschen dort leben. Und er hat

---

31 Aus: Al-Halladsch Märtyrer der Gottesliebe. Leben und Legende, ausgew., übers. und eingel. von Annemarie Schimmel, Köln: Jakob Hegner, 1968, S. 42.

die Wüsten geschaffen, damit die Menschen ihre Seele dort suchen können.»

Es ist nur zu verständlich, dass in den Wüstenzivilisationen das Paradies als ein gut bewässerter Garten vorgestellt wird. Im Koran erscheint das Paradies als ein von einer Mauer umgebener Garten, von zwei Flüssen mit vier Armen gespeist, wovon einer Wasser, ein anderer Milch, der dritte Honig und der vierte Wein führt.[32]

Die islamische Mystik lädt uns ein, in der ganzen Schöpfung die Zeichen des göttlichen Erbarmens zu betrachten. Um die Bedeutung des Wassers im Leben des Gläubigen auszudrücken, verbietet der Islam, während der Tage des Ramadan Wasser zu trinken.

Eine alte Legende erzählt, eines Tages habe Allah, erzürnt über die Menschen, beschlossen, die Menschheit dadurch zu strafen, dass er für jede begangene Sünde ein Sandkorn auf die Erde fallen ließ. Die menschlichen Sünden waren aber so zahlreich, dass der Sand einen Großteil der Erde bedeckte. Wo einst Wälder, Flüsse und grüne Felder gewesen waren, da erstreckte sich nun nur noch die Sahara, die größte Wüste der Welt. Und Gott ließ nur ein einziges Zeichen für den Fortbestand des Paradieses bestehen: Die Oasen inmitten des gewaltigen Meeres von Dünen und Sand.[33]

15. Das Wasser in den volkschristlichen Traditionen

> Auf die letzte Reise bereitet man einen Menschen mit einer Kerze und mit viel Weihwasser vor.
> *Ratschlag einer Betfrau aus dem einfachen Volk*

Das Christentum ist aus einer Gruppe jüdischer Dissidenten entstanden. Jahrelang waren die christlichen Gemeinden eine prophetische Bewegung innerhalb der Synagogen. Diese Bewegung entstand im Anschluss an die Jünger Johannes' des Täufers; auch Jesus selbst hatte sich ja zu Beginn seines Auftretens so verstanden. Christ wird ein Mensch durch den Glauben (das Bekenntnis zum Reich Gottes) und durch das Zeichen der Taufe (griech. *bapto,* eintauchen,

---

32 Cinzia Cingolani, Il giardino paradisiaco della tradizione islamica, in: Aquapolis: Rivista trimestrale del Centro Internazionale Città d'Acqua, Venezia, Nr. 3, 1998; auch in: I Giochi d'acqua nel giardino, Fichas da Campagna EAS , 7.2.

33 Pietro Laureano, Vivere senz'acqua: Le tecniche dell'oasis, in: Varii, Acqua e Attività Umane, Campagna EAS, 2000, 2. 7.

untertauchen). Wir werden dem Wasser in der Bibel und in der christlichen Theologie ein spezielles Kapitel widmen. Hier wollen wir lediglich daran erinnern, dass das Christentum bei seiner Begegnung mit anderen Kulturen und Traditionen einen großen Schatz an Riten und Glaubensüberzeugungen in Verbindung mit dem Wasser geborgen hat.

In vielen Gegenden ist eines der wichtigsten christlichen Feste die Feier der Geburt Johannes' des Täufers am 24. Juni. Alle wissen, dass auf diesen Tag auf der nördlichen Erdhalbkugel die Sommersonnwende und auf der südlichen die Wintersonnwende fällt. Aber nur wenige wissen, dass das Fest mit alten, vorchristlichen Kulten zusammenhängt, in denen die Menschen um Regen baten und vom Himmel das wohltätige Wasser erflehten.[34]

Die ältesten christlichen Kirchen enthielten in ihrem Inneren auch eine Quelle oder ein Bad. In vielen Fällen war das Baptisterium ein eigenständiges Gebäude, das ebenso kunstvoll ausgestaltet war wie das Kirchenschiff. So wie im Tempel zu Jerusalem vom Heiligtum eine Quelle ausging, die das gottgeschenkte Leben symbolisierte, waren die Kirchen rund um das Taufwasser und um das Grab der Märtyrer gebaut, auf dem das Herrenmahl gefeiert wurde. Auch heute noch taufen viele jüngere evangelische Kirchen ihre Gläubigen in Flüssen und Quellen mit fließendem Wasser. Für manche Pfingstkirchen stellt der Fluss, in dem die Gläubigen getauft werden, eine echte Kirche dar.

Was sich auf diese Weise heutzutage in jungen Kirchen abspielt, ist gar nicht so verschieden von der antiken Tradition. Wie in den orientalischen Religionen sind auch im Christentum viele Pilgerkirchen und große Glaubensbewegungen aus dem Zusammenhang mit Quellen, Flüssen und Seen entstanden.

Während die Mönche in der Thebais (Ägypten) und in Palästina das monastische Leben an abgelegenen Wüstenplätzen begannen, entstand das Mönchtum im Westen an der Mittelmeerküste; es begann mit Johannes Cassianus im 4. Jahrhundert und gewann seine spezifische Gestalt mit Benedikt von Nursia im 6. Jahrhundert. Dieser gründete im Laufe seines monastischen Weges zwölf Klöster in Höhlen und an unwirtlichen Stellen von Subiaco (lat. *Subla-*

34 Vgl. James G. Frazer, Der goldene Zweig. Eine Studie über Magie und Religion, übers. Von Helen von Bauer, Köln: Kiepenheuer & Witsch, 1968 (Nachdruck der Ausgabe von 1922).

queum, Ort am See). Seine Klosterregel sieht vor, dass man den Gästen und allen, die zum Kloster kommen, die Füße wäscht und so ein Zeichen dafür setzt, dass man in jedem Besucher die Person Jesu Christi erkennt.

Auf der ganzen Welt gibt es Riten der Marienverehrung, die als Vorgeschichte oder als Hintergrund antike Riten und Kulte um das Wasser und die Erde haben. Zu vielen berühmten Marienheiligtümern gehört eine wundertätige Quelle. An vielen Stellen auf der Welt empfindet das einfache katholische Volk tiefe Verehrung für das Weihwasser, das ihm dazu dient, Menschen zu segnen, Schmerzen zu lindern, böse Geister zu bannen und Gegenstände und Häuser zu segnen.

In Brasilien ist das als wundertätig geltende Bild Unserer Lieben Frau von Aparecida (*Nossa Senhora Aparecida*, die zur Patronin des ganzen Landes wurde) im 18. Jahrhundert im Rio Paraíba do Sul aufgetaucht und geborgen worden. Dieses Bild ist der Ursprung des bedeutsamsten Marienkults im brasilianischen Volkskatholizismus.

In Bolivien ist die Verehrung Unserer Lieben Frau von Copacabana mit dem heiligen Titicacasee verknüpft. Sie kommt von dem vorchristlichen Kult der Pacha-Mama und von indigenen Traditionen her, die den See mit der Wohnung der Gottheit in Verbindung bringen. Im christlichen Synkretismus hat die Mutter Erde die Gestalt der Jungfrau Maria angenommen, und ihr Kult spielt sich an den Ufern des heiligen Sees ab.

In Europa haben sich im Rahmen des populären Christentums alte vorchristliche, um die Natur kreisende Bräuche erhalten. Noch immer benutzen die Menschen die Quellen und Brunnen als Werkzeuge der Offenbarung und der Heilung. Es sind immer wieder Quellen, an denen Marienerscheinungen geschehen. In manchen Ländern findet man «wundertätige» Quellen, deren Wasser verschiedene Krankheiten zu heilen vermag. Die heilige Klara ruft man bei Augenleiden, den heiligen Antonius bei Darmbeschwerden und den heiligen Andreas bei Keuchhusten an, und die Verehrung dieser Heiligen steht stets mit einer Quelle in Zusammenhang.

In manchen Gegenden nehmen junge Mädchen ihre Zuflucht zu Wasserquellen, wenn sie einen guten Mann und Kinder bekommen wollen. Dazu müssen sie aus dem betreffenden Brunnen trinken oder Geld hineinwerfen. In einem Buch über Spiritualität, das das CEBI vorbereitet, schreibt Mercedes Lopes:

Im Landesinneren von Minas Gerais konnte man ein schlichtes, unschuldiges Ritual beobachten. Es war ein Gebiet, in dem es normalerweise zwischen Juni und August nicht regnet. Ich bin dort gegen Ende November vorbeigekommen, und bis dahin war noch kein Tropfen Regen gefallen. Die Leute in der Gemeinde warteten auf Regen, um die Äcker bestellen zu können. Das abgemagerte Vieh trottete dahin, auf der Suche nach etwas Fressbarem. Die Landschaft und die Gesichter sahen traurig aus ... In der Luft hing die Drohung der Dürre ...

Eines Nachmittags machte sich eine Gruppe von Kindern auf zu einem großen Holzkreuz, das auf einem Hügel stand. Sie hatten Wasser in Glaskrügen oder in Konservendosen bei sich und sangen:

«Heiliger Barnabas dort droben über der Serra,
geh und bitte unsern Herrn, dass er Wasser auf die Erde schickt,
Regen, der uns nass macht, und Brot, das uns tröstet.
Wir sind zwar Sünder, aber hab Mitleid mit den Unschuldigen.»

Als sie auf dem Hügel ankamen, gossen sie, immer noch singend, das Wasser am Fuß des Kreuzes aus. Dieses schlichte Ritual hat sich meinem Gedächtnis tief eingeprägt. Ich habe begriffen, dass diese Kinder in diesem Augenblick ein Opfer von dem brachten, was ihre Gemeinschaft am heißesten ersehnte: Wasser, Symbol des Lebens. Ohne Wasser kann man nicht leben.

Das populare Christentum gewinnt alte Bräuche zurück und kann uns helfen, die Menschen wieder zur Verehrung für das Wasser als Zeichen und Werkzeug der göttlichen Liebe zu führen. In einem Tanzlied aus Bahia, einem klassischen Baião von Luiz Gonzaga und Hervé Cordovil, heißt es:

Wenn auf der trockenen Erde die Ernte nicht gut ist,
singt die Drossel nicht, Mais und Bohnen gibt es nicht
in Paraíba, Ceará und Alagoa.
Landflüchtige, die vorüberziehen, singen ihr Lied.
Tra la la la la la.
Heiliger Petrus, hilf mir, schenk uns Regen,
guten Regen, hellen Regen, sprühenden Regen, mag es auch kein Dauerregen sein.
Einmal hat es auf die dürre Erde geregnet, da sang die Drossel!
Und es gab so viel Überfluss, dass der Landflüchtling zurückkam.
Tra la la la la la.
Gott sei Dank, es hat geregnet, hat geregnet immerzu.

Im brasilianischen Nordosten und in anderen Regionen der Welt gab es einmal eine Zeit, in der christliche Missionare das Volk lehrten, die Dürre sei eine Strafe Gottes und der Wassermangel sei durch die Sünden des Volkes verursacht. Das hat sich in der Kultur der Alten derart festgesetzt, dass, wenn jemand sagt, die Trockenheit entstehe durch natürliche Phänomene und die schlechte Verteilung des Wassers hänge mit der menschlichen Ungerechtigkeit zusammen, er als Gotteslästerer oder Atheist gilt. Wir müssen die Volksspiritualität, die im Wasser ein Sakrament Gottes erblickt, respektieren und zur Geltung bringen, nicht aber jene ungeschichtliche, resignative Sicht fördern, die Gott, der Kraft des Lebens und der Befreiung, Unrecht tut.

16. Das Wasser in anderen alten und heutigen Traditionen

> Wenn der Mensch das Wasser nicht gemäß dem göttlichen Willen gebraucht, dann wird er von einem Durst heimgesucht werden, den alle Ozeane nicht werden stillen können.
> *Abdu'l-Baha, Prophet der Baha'i-Religion*

Pierre Erny, Professor an der Université Louis Pasteur in Straßburg, erklärt:

> Es gibt zwei Typen von Wasser: solches, das von oben kommt, und solches, das aus der Erde kommt. Nach der antiken Vorstellung bilden Himmel und Erde ein Paar. Der männliche Himmel befruchtet die weibliche Erde, damit so ihre Kinder, die Pflanzen, geboren werden. In diesem Sinn ist das Regenwasser eine Samenflüssigkeit mit männlicher Konnotation. Andererseits ist das Wasser von Quellen und Brunnen eindeutig weiblich, mütterlich. Es ist das Wasser der Geburt, das Blut und die Lymphe der Erde, der Saft, dem Schoß der Mutter Erde entsteigt.[35]

Bis heute bringen die Religionen und spirituellen Wege ihre Faszination für das Wasser durch kosmische, initiatische und purifizierende Riten zum Ausdruck.

16.1 Das Wasser in der Baha'i-Religion

Der Baha'ismus hält die Landwirtschaft und die Erhaltung des ökologischen Gleichgewichts für überaus wichtig. In der Spiritualität der Baha'i ist das Wasser von zentraler Bedeutung. Abdu'l-

---

35 Pierre Erny, L'imaginaire de l'Eau, in: Dire. Revue du conte et de l'oralité, Nr. 13, Winter 1991, S. 34.

Baha, Prophet der Baha'i-Religion, sagt: «Gott hat das Wasser geschaffen und schenkt es der Welt. Er hat geboten, dass es gebraucht wird, um den Durst des Menschen zu stillen, aber sein Gebrauch muss mit dem göttlichen Plan übereinstimmen. Wenn dies nicht gemäß dem göttlichen Willen geschieht, dann wird der Mensch von einem Durst heimgesucht werden, den alle Ozeane nicht werden stillen können.»

Den Riten der Baha'i zufolge kommt es grundlegend darauf an, für die Reinigung Wasser zu verwenden, das weder in seiner Farbe noch in seinem Geschmack noch in seinem Geruch verändert ist. Die Reinheit des beim Kult und bei der Reinigung des Gotteshauses verwendeten Wassers hat eine spirituelle, keine materielle Bedeutung.

> In den heiligen Schriften werden die himmlischen Räte mit dem Wasser verglichen. [...] Selbst in der materiellen Welt reizt die körperliche Reinheit zur Spiritualität und zur spirituellen Reinheit an. Die Sorge um die Sauberkeit von Flüssen und Wasserläufen gehört zwar der physischen Ordnung an, hat aber einen wichtigen Einfluss auf das Leben des Geistes (Abdu'l-Baha).

Ein Gebet der Baha'i lautet:

> Mein Gott, mein Angebeteter, mein sehnlich Verlangter! Welche Sprache kann meinen Dank an dich ausdrücken? Ich war fern von dir, du aber erwiesest mir die Gnade, zu deinem Gastmahl zu treten. Ich war wie tot, du hast mich wieder belebt durch das Wasser des Lebens. Ich war durstig, du hast mich aufgerichtet durch die himmlische Woge des Wortes, das aus dem Munde des Allerbarmers kommt.
> O göttliche Vorsehung! Alles Leben entsteht aus deiner Güte. Nimm ihm nicht das Wasser deiner Großmut und wende den Ozean deiner Barmherzigkeit nicht von uns ... (Abdu'l-Baha).[36]

16.2 Das Wasser in den zeitgenössischen spiritualistischen Wegen

Manche mit der Natur verknüpfte Bräuche und Riten, die vor fünfzig Jahren bereits abgetan und auf einige Sonderkulturen, wie etwa Ureinwohnergemeinschaften, beschränkt schienen, kommen heute durch spiritualistische Gruppen mit ökologischer Sensibilität, etwa

36 Arthur Lyon Dhal, La vision baha'i de l'eau, in: Varii, L'Eau et la Vie, Lausanne: Charles Léopold Mayer, 1999, S. 55.

im Rahmen der New-Age-Bewegung, auf der ganzen Welt wieder zur Geltung.

Eines der Motive für Menschen, sich enttäuscht von den christlichen Kirchen abzuwenden, ist gerade die Tatsache, dass diese mit der westlich-kapitalistischen Gesellschaft in ihrer zerstörerischen Ausbeutung der Natur einverstanden sind. Im Allgemeinen sind es Menschen, die, der Technik überdrüssig, eine neue Beziehung zum Universum und zu sich selbst suchen. Sie betrachten die Religionen als Flüsse, die aus ihrer Quelle reinstes, klares Wasser beziehen, dann aber, je mehr sie auf ihrem Weg Städte durchqueren, immer mehr verschmutzen. Das Ergebnis ist eine religiöse Institution, die sich mehr durch hierarchische Macht und Dogmatismus auszeichnet als durch die Liebesenergie, die von Gott kommt und die Menschheit erneuert. Als Alternative entwickeln die Menschen, die sich den neuen spiritualistischen Gruppen verbunden wissen, drei Dimensionen spiritueller Suche:

1. Eine psychologische Mystik, basierend auf der Selbsterkenntnis, auf der Beziehung zum Besten, was jeder in sich trägt, und auf der Suche nach einem menschlichen und geistigen Gleichgewicht. In manchen Fällen kann ein solcher Weg eine intimistische, egozentrische, ja narzisstische Spiritualität erzeugen. Diese Gefahr ist nun aber keineswegs das Monopol der New-Age-Gruppen. Im Gegenteil: Es findet sich auch in jeder Kirche oder Religion, selbst im römisch-katholischen Klerus.

Die Möglichkeit, dass es auf dem Weg zu Verirrungen kommt, rechtfertigt nicht, dass man gleich das Ganze verwirft. In allen Ländern Lateinamerikas hat diese Sensibilität dazu beigetragen, die einst vergessenen oder abgelehnten Methoden indigener oder populärer Medizin neu schätzen zu lernen. Zu diesen Ressourcen gehört unter anderem eine große Bandbreite an Hydrotherapien und Wasserbehandlungen.

2. Der zweite Prozess, man könnte auch sagen: die zweite Etappe dieser Spiritualität ist eine Art «kosmischer Mystik». Es bildet sich eine Beziehung der Communio und des Wissens um die Zugehörigkeit zum Kosmos. Der Mensch fühlt sich eins mit jedem Element der Natur. Diese Sensibilität schafft bei zahlreichen Gliedern der bestehenden Gesellschaft eine Beziehung der Sympathie und der Zustimmung zu den so genannten primitiven Religionen oder Naturreligionen.

3. Ein dritter Schritt besteht schließlich darin, dass sich manche Gruppen einer «dialogischen Mystik» öffnen, das heißt einer geistigen Offenheit für den anderen; dies ist ein echter Gemeinsinn, der in manchen Fällen sogar zur Entdeckung Gottes als des Ganz Anderen und zugleich mit jeder menschlichen Person zuinnerst Verbundenen führt. Auch in dieser Phase zeigen sich die Menschen offen für die verschiedenen Manifestationen des Göttlichen und die unterschiedlichsten Namen, unter denen die Gottheit angebetet wird.

Die Spiritualität dieser Gruppen versucht ein Leben, das in der Moderne in lauter Fragmente aufgesplittert ist, neu zu einen. Für die antiken Zivilisationen war alles religiös; für sie gab es keinen Unterschied zwischen Kult und Kultur, zwischen sakralen und profanen Bädern. In der jüdischen und buddhistischen Frömmigkeitstradition und in anderen Religionen rezitiert man, sobald man morgens aufgestanden ist und sich das Gesicht wäscht, ein Gebet oder ein Mantra während der Waschung. Das bedeutet, dass man gleichzeitig eine hygienische Geste und einen individuellen liturgischen Ritus vollzieht. Die beiden Dimensionen sind niemals getrennt. Die Taufe war anfänglich ein Untertauchen um des Lebens willen, da sie Bekehrung ausdrückte, faktisch aber diente sie auch dazu, den staubbedeckten, verschwitzten Körper nach dem langen Marsch durch die Wüste zu reinigen. Sicherlich besteht die «Armut» der modernen Kultur auch in der Spaltung zwischen dem Realen und dem Symbolischen. In diesem Sinn haben die indigenen und afrikanischen Volksreligionen, aber auch die alternativen spirituellen Wege Recht, wenn sie um die Vereinigung der verschiedenen Elemente ringen. Eine neue spirituelle Form, uns zum Wasser zu verhalten, kann uns auf dem Weg unserer Integration in den Kosmos und unser selbst helfen.

Wir haben nun einige Traditionen betrachtet. Zahlreiche weitere könnten folgen. Hier geht es aber nur um einen Abriss mit einigen wenigen bekannteren und weiter verbreiteten. Sie bestätigen uns, dass das Wasser zum Symbolerbe aller Kulturen und Religionen gehört. Auf allen Kontinenten projiziert der Mensch die Verwirklichung seiner Hoffnungen und Befürchtungen, die Verheißung des Lebens und die Drohung des Todes, die er empfindet, auf das Wasser. Das Wasser trägt all das mit sich. Dürre und Überschwemmungen sind Zeichen dafür, wie schwer es ist, die Macht des Wassers zu kontrollieren.

Wir wollen glücklich sein
wie die von der Flut Heimgesuchten,
die alles verloren haben
und nun in ihren Notunterkünften zueinander sagen:
Gott sei Dank, es hätte schlimmer kommen können!
Adélia Prado[37]

Statt hier eine Zusammenfassung des Kapitels zu geben, schlage ich vor, meine Leserinnen und Leser mögen folgende Fragen beantworten:

1. Wie würden Sie den Ort und die Funktion skizzieren, die das Wasser in der Mehrheit der Religionen einnimmt?

2. Was offenbart Ihnen Gott über das Wasser oder durch das Wasser aus Religionen heraus, die nicht die Ihre sind?

17. Das Schwert, der Baum, der Stein und das Wasser (Subcomandante Marcos)[38]

Der Alte Antonio kaut auf seiner Pfeife. Er kaut die Worte, gibt ihnen Form und Sinn. Der Alte Antonio beginnt zu sprechen. Der Regen hält inne, um zu lauschen, und das Wasser und die Dunkelheit legen eine Atempause ein.

«Unsere Vorfahren mussten mit dem Fremden kämpfen, der gekommen war, um unser Land zu erobern. Der Fremde kam mit der Absicht, unser Leben zu ändern, unser Wort, unseren Glauben, er kam mit einem anderen Gott und anderer Gerechtigkeit. Seine Gerechtigkeit war nur dazu da, seinen Besitz zu mehren und uns zu berauben. Sein Gott war das Gold. Geglaubt hat er nur an seine eigene Überlegenheit. Sein Wort war Lüge. Seine Lebensart war die Grausamkeit. Unsere mutigsten Krieger stellten sich ihnen entgegen, und große Kämpfe entbrannten, um das Land vor der Hand der Fremden zu schützen. Aber groß war auch die Kriegsmacht, die die Fremden mit sich brachten. Eine Schlacht folgte auf die andere, wenige nur noch waren unsere Krieger, und die Frauen und Kinder ergriffen die Waffen der Gefallenen.

37 Adélia Prado, A face de Deus é vespas, in: dies., Poesia Reunida, São Paulo: Siciliano, 1991.
38 Subcomandante Marcos, Geschichten vom Alten Antonio, hrsg. von der Redaktionsgruppe Topitas, Hamburg: Libertäre Assoziation 1997, S. 98–102, übers. von Danuta Sacher.

Damals versammelten sich die Weisesten unserer Vorfahren und erzählten sich die Geschichte vom Schwert, dem Baum, dem Stein und dem Wasser. Sie erzählten, dass vor langer, langer Zeit dort in den Bergen all die Dinge zusammenkamen, die die Menschen benutzen, um zu arbeiten und sich zu verteidigen. Die Götter wandelten umher, wie sie es gewöhnlich taten, oder vielmehr schliefen sie, denn die Götter von damals waren rechte Faulpelze und nicht die erhabensten, die die Welt erschufen, die ersten. Mann und Frau gaben sich in irgendeinem Winkel des Morgengrauens ihren Körpern hin und dem Wachstum ihrer Herzen. Still war die Nacht. Sie schwieg, da sie wusste, dass ihr nur wenig Zeit blieb. Da sprach das Schwert ...

So ein Schwert», unterbricht sich der Alte Antonio und erhebt eine große, zweischneidige Machete. Aus dem Feuer stieben für einen Augenblick Funken, dann herrscht wieder die Nacht. Der Alte Antonio fährt fort:

«Da sprach also das Schwert: ‹Ich bin der Stärkste und kann euch alle vernichten. Meine Schneide ist scharf und gibt Macht dem, der mich ergreift, und den Tod dem, der sich mir entgegenstellt.›

‹Lüge!›, sagte der Baum. ‹Ich bin der Stärkste. Ich habe dem Wind und wildesten Stürmen widerstanden.›

Das Schwert und der Baum begannen zu kämpfen. Stark und hart wurde der Baum und stellte sich dem Schwert entgegen. Das Schwert schlug und schlug zu, bis der Stamm zerhackt und der Baum gestürzt war.

‹Ich bin der Stärkste›, wiederholte das Schwert.

‹Lüge!›, sagte der Stein. ‹Ich bin der Stärkste, denn ich bin hart und kalt, schwer und massiv.›

Das Schwert und der Stein begannen zu kämpfen. Stark und hart wurde der Stein und stellte sich dem Schwert entgegen. Das Schwert schlug zu und konnte den Stein nicht vernichten, aber in viele Stücke zerschlagen. Das Schwert blieb mit stumpfer Schneide zurück und der Stein zerstückelt.

‹Das ist unentschieden!›, sagten das Schwert und der Stein, und beide weinten über ihren nutzlosen Kampf.

Währenddessen hatte das Wasser des Baches nur zugeschaut und nichts gesagt. Das Schwert sah es und sagte:

‹Du bist am schwächsten von uns allen! Nichts kannst du gegen niemanden ausrichten. Ich bin stärker als du!› Und mit diesen Worten warf sich das Schwert mit aller Kraft ins Wasser. Es gab ein wildes Hin und Her und viel Lärm, sodass die Fische erschraken, und das Wasser konnte den Schwertschlägen nicht widerstehen.

Aber nach und nach, ohne etwas zu sagen, nahm der Bach sein gleichmäßiges Fließen wieder auf, umhüllte das Schwert und folgte seinem Weg zum Fluss, der ihn zum großen Wasser leitete, das die Götter geschaffen hatten, um ihren Durst zu stillen. Die Zeit verging, und das Schwert begann zu altern und zu rosten im Wasser, verlor seine Schärfe, und die Fische näherten sich furchtlos und machten sich über es lustig. Mit Pein zog sich das Schwert aus dem Bach zurück. Ohne Schneide und besiegt klagte es:

‹Ich bin stärker als der Bach, aber kann ihm nichts anhaben, und er, ohne zu kämpfen, hat mich besiegt.›

Das Morgengrauen verging, und die Sonne stieg auf, um Mann und Frau zu wecken, die sich gemeinsam erschöpft hatten, um Neue zu werden. Sie fanden das Schwert in einem dunklen Winkel neben dem zerstückelten Stein, dem gefallenen Baum und dem singenden Bach ...

So endeten die Vorfahren mit der Geschichte vom Schwert, dem Baum, dem Stein und dem Wasser, und sie sagten:

‹Manchmal müssen wir so kämpfen wie ein Schwert gegen ein wildes Tier, manchmal wie der Baum gegen den Sturm und manchmal wie die Steine gegen die Zeit. Aber manchmal müssen wir auch widerstehen wie das Wasser dem Schwert, dem Baum und dem Stein. Die Stunde ist gekommen, wo wir Wasser sein müssen und unserem Weg zum Fluss und ins große Wasser folgen müssen, das die Götter zur Linderung ihres Durstes geschaffen haben, die erhabensten Götter, die die Welt erschufen, die ersten.

So taten es unsere Vorfahren», sagte der Alte Antonio. «Sie widerstanden, wie das Wasser den härtesten Schlägen widersteht. Der Fremde kam mit seiner Kriegsmacht, erschreckte die Schwachen, glaubte gesiegt zu haben, und mit der Zeit wurde er alt und rostig. Voller Scham endete der Fremde in einem Winkel, ohne zu verstehen, wieso er verloren war, wo er doch siegte.»

Der Alte Antonio entfachte erneut die Pfeife und das Feuer und fügte hinzu:

«So war es, wie unsere besten und weisesten Vorfahren den großen Krieg gegen die Fremden gewannen. Der Fremde ging. Wir sind weiter hier, so wie das Wasser des Bächleins, das stets zum Fluss geht, der es zum großen Wasser bringt, das die Götter geschaffen haben, um ihren Durst zu stillen, die erhabensten Götter, die die Welt erschaffen haben, die ersten ...»

Das Morgengrauen ging und mit ihm der Alte Antonio. Ich folgte dem Weg der Sonne nach Westen, am Rande eines Baches, der sich zum Fluss hin schlängelte. Vor dem Spiegel, zwischen Morgen- und Abendsonne ist die zärtliche Liebkosung der Mitternachtssonne. Eine Linderung, die Wunde ist. Wasser, das Durst ist. Eine Begegnung, die Suche bleibt ...

Wie das Schwert aus der Erzählung des Alten Antonio hat die Offensive der Regierungsarmee im Februar ohne jedes Problem die zapatistischen Gebiete getroffen. Mächtig, blendend, mit beeindruckender Treffsicherheit schlug das Schwert der Mächtigen das Territorium der Zapatistas. So wie das Schwert aus der Erzählung des Alten Antonio machte es viel Lärm und Aufsehen und erschreckte einige Fische. Wie in der Erzählung des Alten Antonio war der Schlag groß, stark – und nutzlos. Wie in der Erzählung des Alten Antonio liegt das Schwert nun im Wasser, wird alt und rostet. Das Wasser? Hat seinen alten Weg wieder aufgenommen, hat das Schwert umhüllt und zieht, ohne es weiter zu beachten, weiter zum Fluss, der es zum großen Wasser bringt, in dem die erhabensten Götter ihren Durst löschen, die die Welt erschufen, die ersten ...

18. Planet Wasser (Guilherme Arantes)

Wasser, das der heiteren Quelle der Welt entspringt
und die tiefe Höhle öffnet,
Wasser, das ein unschuldiges Bächlein bildet
und in den Strom des großen Baches mündet.

Sicheres Wasser der Flüsse,
die dem Sertão die Fruchtbarkeit bringen,
Wasser, das Dörfer bewässert
und den Durst der Bevölkerung stillt.

Wasser, das von den Felsen stürzt
im Schleier der Wasserfälle, im Tosen,

und dann wieder still ist
im Bett der Seen.

Erde, Planet Wasser,
Wasser der Flussarme,
wo Iara, die Wassermutter, geheimnisvoller Gesang ist,
Wasser, das die Sonne zu Dampf macht,
das zum Himmel steigt und zu Wattewolken wird.

Tropfen von Regenwasser,
Heiterer Regenbogen über der Pflanzung,
Tropfen von Regenwasser, so traurig,
sind Tränen der Überschwemmung.

Wasser, das Mühlräder antreibt,
ist dasselbe Wasser, das den Boden tränkt
und immer wieder sanft
in den Schoß der Erde zurückkehrt.

DRITTES KAPITEL
«DIE STIMME DES HERRN ERSCHALLT ÜBER DEN WASSERN»

DAS WASSER UND DIE ERDE IN DER BIBEL

> Im Anfang schuf Gott Himmel und Erde. Die Erde aber war wüst und leer.
> Finsternis lag über der Urflut, und der Geist Gottes schwebte über den
> Wassern.
> *Genesis 1,1f*

Ich gestehe, dass ich ein Vorurteil und eine Befürchtung hege. Das
Vorurteil äußert sich darin, dass ich das Motiv des Wassers in der
Bibel nicht nach Art eines theoretischen, von der Geschichte ab-
gelösten «Themas» abhandle, auf Grund dessen ich zu einer These
gelangen könnte. Ich schlage vielmehr eine Vorgehensweise vor,
die mehr Rücksicht auf die Geschichte nimmt: Schauen, wie die
Frage des Wassers in der Bibel zur Sprache kommt, ausgehend
von der Geschichte des Volkes und von den Texten, die aus der
Lebenserfahrung der Gemeinden stammen. Da ich die Texte in
ihrem historischen und kulturellen Kontext angehe und nicht so,
wie sie wörtlich in der Bibel erscheinen, könnte man in meinen
Darlegungen vielleicht eine gewisse methodische Unordnung
oder Unklarheit erblicken. Zum Beispiel spreche ich zweimal von
der Schöpfung: zum ersten Mal, wenn ich erzähle, wie das Volk
Israel entstanden ist, und zum zweiten Mal, wenn ich von der Erfahrung des Volkes in der babylonischen Gefangenschaft handle.
Faktisch gibt es in der Genesis zwei selbstständige Schöpfungsbe-
richte, und ich versuche, beide in ihren historischen Kontext zu
stellen. Außerdem bemühe ich mich, die ökologische Neuentde-
ckung und Wertschätzung der Schöpfung mit den Befreiungs-
kämpfen der heutigen Menschen zu verknüpfen.[1] Meine Leserinnen und Leser mögen dieses Vorgehen entschuldigen, das
komplexer und schwieriger nachzuvollziehen ist, als wenn ich das

---

[1] Ich lasse die Schöpfungserzählungen im Weisheitsbuch und andere Erwähnungen (wie
etwa in 2 Makk) beiseite, weil ich aus ökumenischen Erwägungen keine Bücher zitieren
möchte, die viele evangelische Kirchen als apokryph (nicht biblisch) betrachten.

Thema «Wasser» so genommen und entfaltet hätte, wie es Buch für Buch in der Bibel erscheint.

Die Befürchtung, die ich hege, ist, Sie könnten das Vorgehen und die Lektüre als allzu detailliert und weniger leicht empfinden. Hin und wieder war es nicht möglich, technische Bemerkungen ganz zu vermeiden, vor allem dann nicht, wenn ich die Probleme um Erde und Kultur darstelle, bevor ich im eigentlichen Sinn auf die Texte eingehe.

1. Ein erster Blick auf die biblische Geschichte und das Wasser

Die Bibel ist eine Sammlung von Tatsachen und Worten, die nach dem Glauben der jüdischen und christlichen Gemeinden eine Offenbarung der Liebe Gottes zur Menschheit enthält. Mittels der Geschichte alter Gemeinschaften, die das Volk Israel bildeten, hat Gott seinen Plan des Lebens und der Liebe für die ganze Welt offenbart. Daher geht es in der Bibel vor allem darum, wie Gott verarmte und unterdrückte Menschen und Gemeinschaften erwählt hat, um in ihnen die Kraft seiner mütterlichen Liebe zu offenbaren.

In diesem Geist erzählt die erste Seite der Bibel, dass Gott den Himmel und die Erde erschaffen hat. Historisch gesehen jedoch war das Erste, was die Israeliten von Gott entdeckt haben, dass er der Befreier ist. Und genau um dies zu verdeutlichen, dass nämlich Gott fähig ist, die Seinen aus der Sklaverei zu befreien, sagten die Propheten und Prophetinnen: «Er kann uns befreien, weil er uns erschaffen hat» (Jes 40 und 41).

Das erste Kapitel der Genesis wurde für jüdische Bauern und Handwerker geschrieben, die im 6. Jahrhundert v. Chr. nach Babylon verschleppt worden waren. Dieser Bericht ist eine Relektüre einer anderen, älteren Erzählung, die einige Jahrhunderte zuvor für Gemeinschaften entstanden ist, die auf der dürren Erde Judäas lebten:

So wurden Himmel und Erde vollendet und ihr ganzes Gefüge. Am siebten Tag vollendete Gott das Werk, das er geschaffen hatte, und er ruhte am siebten Tag, nachdem er sein ganzes Werk vollbracht hatte. Und Gott segnete den siebten Tag und erklärte ihn für heilig; denn an ihm ruhte Gott, nachdem er das ganze Werk der Schöpfung vollendet hatte. Das ist die

Entstehungsgeschichte von Himmel und Erde, als sie erschaffen wurden. Zur Zeit, als Gott, der Herr, Erde und Himmel machte, gab es auf der Erde noch keine Feldsträucher und wuchsen noch keine Feldpflanzen; denn Gott, der Herr, hatte es auf die Erde noch nicht regnen lassen und es gab noch keinen Menschen, der den Ackerboden bestellte; aber Feuchtigkeit stieg aus der Erde auf und tränkte die ganze Fläche des Ackerbodens. Da formte Gott, der Herr, den Menschen aus Erde vom Ackerboden und blies in seine Nase den Lebensatem. So wurde der Mensch zu einem lebendigen Wesen. Dann legte Gott, der Herr, in Eden, im Osten, einen Garten an und setzte dorthin den Menschen, den er geformt hatte. Gott, der Herr, ließ aus dem Ackerboden allerlei Bäume wachsen, verlockend anzusehen und mit köstlichen Früchten, in der Mitte des Gartens aber den Baum des Lebens und den Baum der Erkenntnis von Gut und Böse. Ein Strom entspringt in Eden, der den Garten bewässert; dort teilt er sich und wird zu vier Hauptflüssen. [...] Gott, der Herr, nahm also den Menschen und setzte ihn in den Garten von Eden, damit er ihn bebaue und hüte (Gen 2,1–10.15).

Dieser Tradition zufolge ist die Erde ein Garten Gottes, und der Mensch ist damit beauftragt, für den Garten zu sorgen. Diese Art, von der Schöpfung zu erzählen, stammt aus Gemeinschaften, die in Dürregebieten lebten. Für sie bestand das erste Schöpfungswerk Gottes darin, für Regen auf der Erde zu sorgen und eine wüstenähnliche Gegend zu bewässern. Dass der Strom, der im Paradies entspringt, sich dann in vier Flüsse teilt, ist eine Anspielung auf die vier Windrichtungen. Und das Wasser, das die ganze Erde bewässert, macht sie fruchtbar und kreativ.

Viele Völker besitzen in ihren Ursprungsgeschichten die Erinnerung an eine große Überschwemmung, die die Erde verwüstete. Das Volk der Bibel übernimmt diesen Glauben an eine Sintflut, durch die Gott seinerzeit die Menschheit gerichtet und bestraft habe. Doch die Bibel hat die Erzählung, die sie von anderen Kulturen übernahm, verändert. Laut dem biblischen Text hat Gott das Leben eines kleinen Teils der Menschheit gerettet, damit dieser eine neue Geschichte beginnen könne. Und durch diese erneuerte Menschheit hat Gott einen Bund mit den Menschen und der ganzen Schöpfung geschlossen. Er hat versprochen, nie wieder werde das Wasser die Erde verwüsten (Gen 9).

Eines Tages erinnerten sich Clans von landlosen Kleinbauern und Arbeitern, die von den Kanaanitern bedrängt wurden, an diese Geschichte, schlossen sich zusammen und nahmen im Namen Gottes Kanaan ein. Sie erzählten, um einen Liebesbund mit der ganzen Menschheit zu schließen, habe Gott den Abraham auserwählt und ihn zum Ahnherrn des ganzen Volkes Israel gemacht.

Als es auf Grund des Wassermangels zu einer Dürre und zu Hungersnot in der ganzen Region von Kanaan kam, sahen sich die Hebräer gezwungen, nach Ägypten auszuwandern (Gen 47). Dort vermehrten sie sich und gerieten unter die Knute des Pharao und der ägyptischen Reichen (Ex 1). Die hebräischen Sklaven schrieen zu Gott, und dieser eilte zu ihrer Befreiung herbei. Er führte die Hebräer aus der Sklaverei in das Land der Freiheit, durch das Rote Meer, das sich in zwei Teile spaltete und sie trockenen Fußes mitten durch das Wasser ziehen ließ (Ex 14). Ähnliches geschah, als die Hebräer später, bereits zu ein und demselben israelitischen Volk vereint, unter Führung Josuas trockenen Fußes den Jordan durchquerten, um von der Erde Kanaans Besitz zu ergreifen (Jos 3–4).

Der Jordan ist für Israel immer das Symbol jenes befreienden Durchzugs geblieben. Man erzählt sich, eines Tages in der Zeit des Propheten Elischa sei ein Syrer, ein Beamter der Königs von Damaskus, gekommen, um den Mann Gottes zu bitten, er möge ihn von der Lepra heilen. Der Prophet habe ihm befohlen, er solle sich sieben Mal im Jordan waschen. Naaman der Syrer habe die Anweisung befremdlich gefunden, sie aber befolgt und sei geheilt worden (2 Kön 5).

Als die Gesellschaft Israels sich ins Unrecht verrannte, fiel sie in die Hände ihrer assyrischen und babylonischen Feinde. Israel erlebte eine siebzig Jahre dauernde Gefangenschaft. Die Propheten berichten von der Rückkehr der Juden aus Babylon in das gelobte Land als von einem neuerlichen Exodus, in dem Gott in der Wüste Quellen sprudeln ließ, um seinem Volk zu trinken zu geben.

Das Volk der Bibel hat das Wasser zu einem wichtigen Symbol in seinem Gebet gemacht. Zahllose Psalmen verknüpfen das Wasser mit dem Wort Gottes, den Durst mit dem Wunsch nach Intimität mit Gott, den Ritus der Waschung mit der inneren Läuterung und dem Eintauchen in ein neues Leben. Und die Propheten verkünden den Messias als eine Quelle lebendigen Wassers (vgl. Sach 9).

Zur Zeit Jesu praktizierte der Prophet Johannes die Taufe, einen im popularen Judentum bereits bekannten Ritus, als Zeichen der Umkehr und der Änderung des Lebens. Jesus von Nazaret wurde Jünger des Täufers in der Wüste. Doch bei seiner Taufe im Jordan wurde er sich einer Sendung bewusst, die über die eines Propheten in der Wüste hinausging: Er wurde Prophet, der die Nähe des Gottesreichs verkündete.

Die christlichen Gemeinden erkennen in der Taufe ein Zeichen, durch das alle sich dem Tod und der Auferstehung Jesu Christi anschließen können. Dieser selbst lädt jeden Glaubenden ein: «Den Durstigen werde ich lebendiges Wasser geben.» Und der christliche Teil der Bibel schließt mit dieser Verheißung und dem Ruf des Glaubenden: «Komm, Herr Jesus!» (Offb 22).

Diese knappe Zusammenfassung der biblischen Geschichte und der Hauptereignisse aus dem Leben des Volkes Israel zeigt:

> Wir sind durch das Wasser mit dem Universum verbunden. Das ist die älteste Erinnerung der Bibel; sie ist im Glaubenszeugnis gegenwärtig und kommt immer wieder zur Sprache – von der Genesis bis hin zur Geheimen Offenbarung, wo der symbolische Aspekt des Wassers als bisweilen zerstörender Kraft, aber auch als schöpferischer und neu schaffender Kraft Gottes präsent ist: Es gab einen Himmel und eine Erde, die durch das Wort Gottes aus Wasser entstand und durch das Wasser Bestand hatte (2 Petr 3,5).[2]

Einmal fragte eine Kleinbäuerin aus dem Nordosten, warum Gott sich nach christlicher Glaubensüberzeugung gerade einem Volk offenbart habe, das in einer so trockenen und an Wasser so armen Gegend lebte.

Mein Freund Ivo Poletto, Nationalsekretär der Caritas, hat dazu gesagt:

> Könnte das nicht genau damit zu tun haben, dass Jesus in einem kleinen Kind Mensch geworden ist und so geboren wurde wie alle, die kein Haus haben? Darin, dass Gott sich in einen Kontext der Dürre der Erde und des Lebens der einfachen Leute hineinbegibt, sehe ich den Beweis der leidenschaftlichen, ja fast verrückten Liebe Gottes zu allen Menschen. Weil er für jeden Einzelnen und für alle zusammen das Beste will, bejaht und bewirkt Gott die Einheit von Völkern, die den eingeschränktesten Lebensbedingungen auf dem Planeten Erde unterworfen sind. Indem Gott Völker aus trockenen Gebieten, in denen das Wasser ein seltener Schatz ist, zur Freiheit ruft und ihnen eine befreiende Sendung aufträgt, zeigt er, was Menschen tun können, um glücklich zu werden: dass man sich in Gemeinschaften organisiert, die Kreativität wahrt und miteinander teilt, den Besitz demokratisiert und in Einfachheit und Freude lebt. Und andererseits zeigt

2 Dimensão de gênero – Programa mulheres e relações de gênero, Águas ... Celebrar a Vida, in: Águas da Vida, Celebrações, CEBI, PPL, 2000, S. 4.

er die fast unendliche Möglichkeit des Glücks, das alle genießen könnten, wenn das Lebensniveau der anderen Völker auf dem Planeten, das in Bezug auf das Wasser und die sonstigen Bedingungen fast immer besser ist, zum allgemeinen Standard würde. Das ist die Botschaft der Menschwerdung. Eine Welt, in der Gott herrscht, in der Gott mit seinen Kindern feiert, in denen seine Töchter und Söhne einander lieben und alles lieben, was sie aus Gnade empfangen haben und aus eigener Schöpferkraft schaffen – eine solche Welt ist möglich, ja sie fängt schon an … Mit Sicherheit ist dies in der Welt von heute die beste spirituelle Motivation, uns mit prophetischem Nachdruck der Bedrohung zu stellen, die durch die Torheit derer verursacht ist, die alles zur Handelsware machen …

Im Folgenden werden wir die Aussagen der biblischen Offenbarung über unser Verhältnis zum Wasser und zur gesamten Schöpfung Gottes eingehender behandeln. In erster Linie werden wir das Land und die Kultur des biblischen Volkes untersuchen. Danach betrachten wir die Texte, die ausdrücklicher von der Erde und vom Wasser sprechen. Wir werden die entsprechenden Stellen lesen und bergen, was «hinter den Worten» liegt.

2. Israel und die Nachbarkulturen des Mittleren Ostens

…denn er lässt seine Sonne aufgehen über Bösen und Guten, und er lässt regnen über Gerechte und Ungerechte.
Mt 5,45

Die Bibel setzt sich zusammen aus unabhängigen, ja geradezu gegensätzlichen Traditionen, die sich ganz allmählich zu einem Ganzen gefügt haben und einander ergänzen. In dieser Komposition von Geschichten und Traditionen hat die Exoduserzählung zentralen Stellenwert erhalten. Alle Stämme, selbst diejenigen, die nie in Ägypten waren, erkannten sich in der Geschichte einiger der Ihren, die aus der Sklaverei des Pharao geflohen waren. Dieses Geschehen des Exodus ist für das ganze Volk Israel zur Basis seines Glaubens geworden: «Gott hat uns aus Ägypten geholt und auf dem Berg Sinai einen Bund mit uns geschlossen.»

Das Buch Exodus enthält Geschichten aus Ägypten, in denen immer wieder der Nil eine Rolle spielt. Der Name *Mose* bedeutet «aus dem Wasser gerettet». Die Befreiung der Hebräer vollzog sich durch Zeichen: Das Wasser des Flusses wurde rot wie Blut, Plagen von Fröschen und Ungeziefer brachen herein, das Meer spaltete sich – allesamt Zeichen aus einer Uferzonenkultur. Eine andere Überlieferung stammte aus der Wüste und hob auf Zeichen wie den brennenden Dornbusch, das Feuer, die Steintafeln und einen Feuer speienden Berg ab.

Auch die Traditionen aus der Wüste betonten, dass Mose, um die Führerschaft zu behalten, Trinkwasser für das Volk beschaffen musste. Die Führungsrolle der Patriarchen, Richter und Propheten hing davon ab, dass sie jeweils im Stande waren, die Trinkwasserversorgung für das Volk zu garantieren. Auch Mose erlebte eine Krise, in der es um seine Anerkennung als Anführer des Volkes ging. Es war ein Wasserproblem. Mose sagte dem Volk, wenn die Gemeinschaft von ihrem Anführer Wasser verlange, fordere sie damit nicht diesen, sondern Gott heraus. Er schlug gegen den Felsen, und aus diesem sprudelte Wasser hervor, das den Durst Israels löschte (Ex 17,1–7; Num 20,1–3). Der Bibel zufolge war dies die erste Anfechtung oder Versuchung Israels in der Wüste.

Das Bindemittel für die Einheit des Gottesvolkes war der Glaube an Jahwe, den Gott einiger Wüstenstämme. Jahwe war wahrscheinlich eine alte sinaitische Gottheit, die die Midianiter verehrten. Diese Gottheit wurde als Gott Israels übernommen. Aus sowohl religiösen als auch politischen Motiven bemühten sich die Propheten und die Führer des Volkes, den Glauben an den Gott des Exodus (Jahwe) durchzusetzen, und bekämpften das, was in ihren Augen Götzendienst war. Häufig ließ sich nur unter Schwierigkeiten unterscheiden, ob eine kultische Äußerung eine alte Form der Gottesverehrung darstellte, die mit der Offenbarung des Exodus harmonierte, oder ob sie nicht mit dieser vereinbar und daher Götzendienst war. Manche Gottesbezeichnungen entsprachen den Namen von Stammesgottheiten (El Schaddai, El Zebaot, El Olam u. a. m.) und wurden nicht verworfen. Sie galten als alte Namen oder als alte Formen der Anbetung ein und desselben Gottes. Andere kultische Formen oder Bilder für Gott (Baal, Moloch, die Götter Ägyptens und Babylons) wurden als idolatrisch und sündhaft abgestreift und verboten. Aber welches Kriterium wurde dabei angelegt? Es scheint, dass jene Ausdrucksgestalten als gültig und mit dem Exodusbund vereinbar festgehalten wurden, die Gott als befreiende, Leben spendende Kraft bekundeten, und dass diejenigen ausgeschieden wurden, die lediglich

Furcht, Unterwerfung, ja Entfremdung hervorriefen. Außerdem wurden kultische Äußerungen abgelehnt, die mit unterdrückerischen Kulturen und Zvilisationen zusammenhingen, wie man sie bei Phöniziern und Philistern erblickte. Im Lauf der Zeit behielt das Volk der Bibel nur mehr Namen und Bezeichnungen für Gott, die ihn als den Gott des Lebens, der Gerechtigkeit und der Befreiung der kleinen Leute bekundeten.

Die Offenbarung Gottes als befreienden Mit-Leidens geschah schrittweise und fortschreitend. Anfänglich glaubten manche Clans des Ostens an die Gottheit des Wassers. Die Propheten haben die Aussage «Das Wasser ist eine Gottheit» nie akzeptiert, aber viele biblische Texte sprechen vom Wasser als dem Ort starker Manifestationen des Göttlichen. Sie sagen sogar: «Du, Herr, bist für uns Quelle lebendigen Wassers» (Jer 2).

Historisch gesehen war die Basis für die Einheit des Volkes und für den Bund mit Gott die Eroberung des Landes, von dem der Glaube ihnen sagte, es sei Geschenk Gottes. Der Glaube an Gott konkretisierte sich in der Anstrengung, das Land zu erobern. Die Beziehung zu Gott gestaltete sich in erster Linie durch den Besitz des Landes. Dieses Land war freilich weithin trocken und wasserarm. Daher konnte man es nur besitzen, wenn man Wasserbrunnen und -quellen besaß.

Von Anfang an waren die Hebräer und später die Israeliten sehr stark von den Nachbarvölkern beeinflusst, insbesondere von Kanaanitern, Ägyptern, Assyrern und Babyloniern. Einige Züge dieser Kulturen und ihr Verhältnis zum Wasser wollen wir kurz erwähnen.

Ägypten ist geprägt von dem gewaltigen Kontrast zwischen der trockenen Wüste und dem fruchtbaren, vom Nil überfluteten Land. Die alten Ägypter machten den Nil zu einem religiösen Wesen. Der große Fluss wurde als Äußerung des Gottes Nun gesehen, der im Himmel den Fluss erschuf und ihn auf die Erde Ägyptens herabfließen ließ, um seine Frommen zu ernähren. Er manifestierte sich in den Überschwemmungen, die die Erde fruchtbar machten. Hier eine Passage aus einem alten Hymnus an den Nil:

Ehre sei dir, Vater des Lebens! Verborgener Gott, hervorgegangenen aus dem verborgenen Dunkel.
Du überschwemmst die von der Sonne geschaffenen Felder, tränkst die Herden,

du himmlischer Weg, der von der Höhe herabkommt, um die Erde zu bewässern.[3]

3. DIE MEERE DER BIBEL

Gott hat sieben Meere erschaffen, aber das Meer von Kinneret ist seine ganze Freude.
Aus dem Talmud

Für einen Menschen des 21. Jahrhunderts bedeutet das Meer Ferien und Abenteuer. Für das biblische Volk war das Meer der Ort, an dem sämtliche Gefahren lauerten und die Meeresungeheuer hausten. Daher war es auch das Symbol für Situationen, in denen die Menschen ihre tiefsten Ängste und Nöte durchlebten. Die Grenze des Landes Kanaan und später Israels war das «große Meer» (das Mittelmeer). Diese natürliche Grenze musste man zwangsläufig respektieren – vielleicht weil die Küste nicht gastlich war, weil es kaum natürliche Häfen, dafür aber feindliche Philisterstädte gab. Die Namen Tyrus, Sidon und Byblos ließen an die Seemacht der Phönizier denken, Handelsleute, die das Mittelmeer beherrschten. Die Israeliten bewunderten und füchrteten diese «Männer des Meeres». Ein biblischer Psalm beschreibt die Seefahrer folgendermaßen:

Sie, die mit Schiffen das Meer befuhren / und Handel trieben auf den großen Wassern,
die dort die Werke des Herrn bestaunten, / seine Wunder in der Tiefe des Meeres
– Gott gebot und ließ den Sturmwind aufstehn, / der hoch die Wogen türmte –,
die zum Himmel emporstiegen / und hinabfuhren in die tiefste Tiefe, /
sodass ihre Seele in der Not verzagte,
die wie Trunkene wankten und schwankten, / am Ende waren mit all ihrer Weisheit,
die dann in ihrer Bedrängnis schrien zum Herrn, / die er ihren Ängsten entriss (Ps 107,23–28).

3 Jean-Paul Gandin, La Conquête de l'eau, Lausanne; Lyon: Ed. Fondation pour le Progrès de l'Homme, 1995, S. 15–16.

Andere Psalmen verwenden Bilder von Überschwemmung und Wogen eines Unwetters als Ausdruck der tiefsten Angst und des Leidens:

> Flut ruft der Flut zu beim Tosen deiner Wasser, / all deine Wellen und Wogen gehen über mich hin (Ps 42,8).
> Hilf mir, o Gott! / Schon reicht mir das Wasser bis an die Kehle.
> Ich bin in tiefem Schlamm versunken / und habe keinen Halt mehr; ich geriet in tiefes Wasser, / die Strömung reißt mich fort (Ps 69,2f).

Im frühen Christentum ist jenes Meer, das die Römer «Mare nostrum» nannten, nicht mehr das hinderliche, trennende Element, sondern im Gegenteil ein Medium der Einheit zwischen den Völkern des Reiches. Es diente sogar der Mission und Ausbreitung des christlichen Glaubens.

Dem Volk der Bibel erschien das Meer immer als das Unbekannte und oft auch als das Element des göttlichen Gerichts. Wenn das Volk von Urteil und Strafe sprach, erinnerte es sich an die Legenden von den Städten, die dort, wo sich dann das so genannte Tote Meer bildete, von einem Feuer- und Schwefelregen vernichtet worden waren. In der Bibel war dieses Meer mit der Bedeutung befrachtet, es sei die Folge der Strafe für Sodom und Gomorra und ihre Sünden gewesen. Beide Städte hatten nämlich das Gebot der Gastfreundschaft verletzt (vgl. Gen 19).

In der Tat ist es einzigartig in der Welt: der tiefste Punkt des ganzen Globus, 400 m unter Meereshöhe. Von Nord nach Süd misst es in der Länge 80 km, an seiner breitesten Stelle 15 km. Auf Grund der Hitze ist die Verdunstung sehr stark, und das wieder ruft häufig Nebel hervor. Die Verdunstung verursacht zudem eine Konzentration von Mineralsalzen, die ein aquatisches Leben unmöglich macht.

Der Prophet Ezechiel hat angekündigt, das Wasser des Toten Meeres werde gesunden durch die wunderbare Quelle, die von Gottes neuem Tempel ausgehen werde:

> Dieses Wasser fließt in den östlichen Bezirk, es strömt in die Araba hinab und läuft in das Meer, in das Meer mit dem salzigen Wasser. So wird das salzige Wasser gesund. Wohin der Fluss gelangt, da werden alle Lebewesen, alles, was sich regt, leben können und sehr viele Fische wird es geben. Weil dieses Wasser dort hinkommt, werden (die Fluten) gesund; wohin der Fluss kommt, dort bleibt alles am Leben. Von En-Gedi bis En-Eglajim werden Fischer am Ufer des Meeres stehen und ihre Netze zum Trocknen ausbrei-

ten. Alle Arten von Fischen wird es geben, so zahlreich wie die Fische im großen Meer [Mittelmeer] (Ez 47,8–10).

Das Rote Meer liegt zwar außerhalb der Landesgrenzen Israels, stellt aber ein fundamentales Element seiner Geschichte und der Identität des Volkes dar. Es ist das Meer, das der Herr zähmte und bändigte, damit sein Volk in die Freiheit gelangen konnte. Die Erinnerung an das Rote Meer hat das Volk immer wieder beten lassen:

> Warst du es nicht, der das Meer austrocknen ließ, / die Wasser der großen Flut, der die Tiefen des Meeres zum Weg gemacht hat, / damit die Erlösten hindurch ziehen konnten? (Jes 51,10).

Das Meer von Galiläa bzw. von Tiberias wurde auch See Gennesaret oder Meer von Kinneret genannt. Es ist genau genommen das Jordantal, das sich hier zum See erweitert; er wird gespeist vom Wasser des Flusses und aus Quellen, die im Hermongebirge und auf benachbarten Hügeln entspringen. Wir Christen erinnern uns an diesen See, weil dort Jesus mit seinen Jüngern, den Fischern, und mit seinen Freunden und Freundinnen aus den Uferstädten Kafarnaum, Betsaida (hebräisch für «Haus des Fischfangs») und anderen lebte. Aber auch im Judentum erfreut sich der See großer Beliebtheit. Der Talmud fasst das sehr schön zusammen: «Gott hat sieben Meere erschaffen, aber das Meer von Kinneret ist seine ganze Freude.»[4]

4. DAS GEHEIMNIS DER BRUNNEN

> In jeder Wüste gibt es einen verborgenen Brunnen, sagte der Kleine Prinz.
> *Antoine de Saint-Exupéry*

In einem Dürregebiet wie dem Land der Bibel ist jede Quelle, jedes Wasserloch, jeder Brunnen nahezu ein Wunder. Jede Wasserquelle ist ein starkes Zeichen von göttlichem Segen, ein Geschenk von Gottes Liebe. Im Altertum verehrte das Volk die Quellen als etwas Göttliches. In jeder Quelle hauste ein göttlicher Geist, der den Menschen das Wasser schenkte und dort angebetet werden konnte. Viele biblische Ortsnamen leiten sich von einer Quelle ab und be-

---

4 Zitiert bei Ph. Gruson, Les trois mères, in: Les Dossiers de la Bible, März/April/Mai 1984, S. 10–14.

ginnen mit der Silbe *en* oder *ayin*, das im Hebräischen und Arabischen «Quelle» bedeutet. So heißt der Ort, wo Gideon seine Truppen auswählt, En-Harod (Ri 7). Die Bibel erzählt, dass David sich am Ufer des Toten Meeres in En-Gedi vor Saul verbirgt (1 Sam 24). Adonija meldet in En-Rogel seinen Anspruch auf die Nachfolge seines Vaters David an (1 Kön 1,9). Im Neuen Testament tauft Johannes in Änon in Samaria (Joh 3,23).

Das Volk, das das Wasser als göttliches Element oder als starken Ausdruck der Gottheit verstand, begriff sehr rasch, dass es wohltätiges und zerstörerisches Wasser gibt. Jenes Wasser, das sowohl «von unten» aus der Erde als auch im Regen «von oben» kommt, ist gut – im Gegensatz zum Wasser des Meeres und des Abgrunds. Die wohltätigen Wasserquellen sind Teil der Verheißung Gottes für sein Volk:

> Wenn der Herr, dein Gott, dich in ein prächtiges Land führt, ein Land mit Bächen, Quellen und Grundwasser, das im Tal und am Berg hervorquillt, [...] dann nimm dich in Acht und vergiss den Herrn, deinen Gott, nicht (Dtn 8,7f).

Die Quelle ist etwas Natürliches. Der Brunnen dagegen wird gegraben, weil man in der Tiefe auf Grundwasser oder auf einen Wasserspiegel zu stoßen hofft. Das Buch Genesis erzählt die Geschichte von Brunnen, die für die Viehherde und für die Kultur des Negeb wichtig waren (Gen 26,19–22). Der Brunnen von Beerscheba war 40 m tief, und der Jakobsbrunnnen, an dem die Samariterin aus Joh 4 saß, maß 46 m in der Tiefe.

Weil die Patriarchen die Brunnen als Zeichen für die Gegenwart Gottes inmitten seines Volkes verstanden, machten sie sie zu Orten der im Namen Gottes besiegelten Bündnisse. Im Umkreis der Brunnen wurden die Ehen geschlossen. Die Matriarchen Israels heirateten wegen eines Brunnens. Isaak lässt um Rebekka am Rand einer Quelle werben (Gen 24,11ff). Rahel lernt ihren zukünftigen Mann Jakob an einem Brunnen kennen (Gen 29). Auch Zippora lernt Mose an einem Brunnen kennen und lieben (Ex 2,16ff).

Der Bibel zufolge hat Gott an einem Brunnen einen Schutz- und Liebesbund auch mit dem arabischen Volk geschlossen. Und die Überlieferung von diesem Brunnen wird bei Juden, Christen und Muslimen hochgehalten.

Die Bibel spricht von Ismael, dem Sohn Abrahams, den dieser mit seiner Sklavin Hagar hatte, als dem Urahn der arabischen Völker. Eine alte Tradition weiß, dass Abraham auf Antrieb seiner Frau Sara Hagar und ihren Sohn Ismael verstieß. Gott billigte diese Entscheidung, indem er zu Abraham sprach: «Hör auf alles, was dir Sara sagt! Denn nach Isaak sollen deine Nachkommen benannt werden. Aber auch den Sohn der Magd will ich zu einem großen Volk machen» (Gen 21,12f).

Am Morgen stand Abraham auf, nahm Brot und einen Schlauch mit Wasser, übergab beides Hagar, legte es ihr auf die Schulter, übergab ihr das Kind und entließ sie. Sie zog fort und irrte in der Wüste von Beerscheba umher. Als das Wasser im Schlauch zu Ende war, warf sie das Kind unter einen Strauch, ging weg und setzte sich in der Nähe hin, etwa einen Bogenschuss weit entfernt; denn sie sagte: Ich kann nicht mit ansehen, wie das Kind stirbt. Sie saß in der Nähe und weinte laut. Gott hörte den Knaben schreien; da rief der Engel Gottes vom Himmel her Hagar zu und sprach: Was hast du, Hagar? Fürchte dich nicht, Gott hat den Knaben dort schreien gehört, wo er liegt. Steh auf, nimm den Knaben und halt ihn fest an deiner Hand; denn zu einem großen Volk will ich ihn machen. Gott öffnete ihr die Augen und sie erblickte einen Brunnen. Sie ging hin, füllte den Schlauch mit Wasser und gab dem Knaben zu trinken. Gott war mit dem Knaben. Er wuchs heran, ließ sich in der Wüste nieder und wurde ein Bogenschütze (Gen 21,14–20).

Laut dem Johannesevangelium sagt die Samariterin am Brunnen zu Jesus: «Bist du etwa größer als unser Vater Jakob, der uns den Brunnen gegeben und selbst daraus getrunken hat, wie seine Söhne und seine Herden?» (4,13). Wahrscheinlich bezog sie sich damit auf eine jüdische Überlieferung, die den Text aus Gen 27 kommentierte. Darin hieß es, Jakob habe, als er von Beerscheba aufgebrochen sei, fünf Wunder gewirkt.

Das vierte dieser Wunder bestand darin, dass das Wasser aufsprudelte und der Brunnen überlief, und das blieb so während der ganzen Zeit, in welcher der Patriarch in Haran weilte.

5. DER BRUNNEN UND DIE FRAUEN

Ein verschlossener Garten ist meine Schwester Braut, / ein verschlossener Garten, / ein versiegelter Quell.
Hld 4,12

Wenn wir von den Brunnen in der Bibel sprechen, müssen wir auch die Anwesenheit der Frauen erwähnen. In den ältesten biblischen

Traditionen war der Brunnen der Ort für die Frauen. Die Männer gingen aufs Feld, um zu pflanzen oder die Herden zu hüten. Die Frauen gingen Wasser aus dem Brunnen holen, um die Mahlzeit zuzubereiten und die Hausarbeit zu versehen. In Kulturen, in denen die Frauen mehr im Haus leben, ist der Brunnen fast der einzige öffentliche Ort, an dem die Frauen eine gewisse soziale Führungsrolle einnehmen und einen Raum der Partizipation haben. Die Brunnen sind Orte von Frauen und Kindern, sie sind der Raum für Lied und Erzählung – die Geografie der Erinnerung an die «Matriarchen» Israels, die mit ihren Söhnen und Töchtern das Projekt Gottes lebendig hielten; und da die Brunnen Symbole für die Liebe Gottes waren, wurden sie mit der Präsenz der Frau in der Familie, in der Gemeinde und inmitten des Volkes in Verbindung gebracht. In der Psychologie hat man Träume von Brunnen schon mit der Weiblichkeit und Sexualität der Frau assoziiert. In der Bibel tritt diese Verknüpfung nicht explizit auf, ist aber recht häufig in den Brunnenerzählungen und in den poetischen Bildern wirksam, die «die Jungfrau, Tochter Israels» – eine Bezeichnung für das Volk – mit dem Brunnen assoziieren, der Wasser spendet und das Leben für alle sichert. Der poetische Text, der am deutlichsten davon spricht, ist das Hohelied:

> Ein verschlossener Garten ist meine Schwester Braut, / ein verschlossener Garten, / ein versiegelter Quell (Hld 4,12).

Das Buch der Sprüche stellt dieselbe Parallele zwischen dem Brunnen und der Frau her:

> Trink Wasser aus deiner eigenen Zisterne, / Wasser, das aus deinem Brunnen quillt. / Sollen deine Quellen auf die Straße fließen, / auf die freien Plätze deine Bäche? (Spr 5,15f).

«Aus der eigenen Quelle trinken» ist der Titel eines der wichtigsten Bücher von Gustavo Gutiérrez über die Spiritualität der Befreiung.[5]

Eine andere Tradition assoziiert den Brunnen mit dem Gesetz Gottes, das auch als Braut Israels symbolisch gefasst wird. Ein Text aus Qumran sagt wörtlich: «Der Brunnen ist das Gesetz. Wer den

---

5   Gustavo Gutiérrez, Aus der eigenen Quelle trinken. Spiritualität der Befreiung, übers. von Horst Goldstein, München: Kaiser; Mainz: Matthias Grünewald, 1986.

Brunnen gräbt, ist der Bekehrte des Hauses Israel.» Diese Tradition ist sehr alt und hängt mit dem Buch Numeri zusammen:

> Von dort ging es weiter nach Beer (Brunnen); es ist der Brunnen, von dem der Herr zu Mose gesagt hat: Versammle das Volk, damit ich ihnen Wasser gebe. Damals sang Israel das folgende Lied: Steig auf, Brunnen! Singt über ihn ein Lied, über den Brunnen, den Heerführer gruben, / den die Edlen des Volkes aushoben / mit dem Zepter, mit ihren Stäben (Num 21,16–18).

In jener Region gab es außer den von Grundwasser gespeisten Brunnen auch den Brauch, Zisternen zu bauen, in denen man Regenwasser auffing, wie es heute noch im Sertão des brasilianischen Nordostens geschieht. Die Völker des Mittleren Ostens kanalisierten das niedergegangene Regenwasser in langen Rinnen und Röhren bis zu den aus Stein gemauerten und mit einer engen Öffnung versehenen Zisternen. Im Inneren maßen die Behältnisse bis zu 5 oder 7 m im Durchmesser. Andere besaßen keinen Deckel, sondern waren zum Himmel hin offen. Viele von diesen Zisternen stammten aus der Zeit der Kanaaniter.

> Und wenn der Herr, dein Gott, dich in das Land führt, von dem du weißt: er hat deinen Vätern Abraham, Isaak und Jakob geschworen, es dir zu geben – große und schöne Städte, die du nicht gebaut hast, mit Gütern gefüllte Häuser, die du nicht gefüllt hast, in den Felsen gehauene Zisternen, die du nicht gehauen hast [...] (Dtn 6,10f).

Diese Zisternen waren manchmal recht nachlässig gebaut. Zuweilen waren sie nicht mehr als ein Erdloch. Auf dem Feld dienten sie als Tränken für das Vieh. «Auch in der Steppe baute er [König Usija] Türme und grub viele Zisternen. Er besaß nämlich große Herden» (2 Chr 26,10). Manchmal dienten sie auch dazu, jemanden zu verstecken (1 Sam 13,6). In eine dieser Zisternen warfen, der Überlieferung nach, die Brüder Josef, den Sohn Jakobs (Gen 37,22–30). Viel später ergriffen seine Feinde den Propheten Jeremia und ließen ihn an Stricken lebend in die Zisterne des Prinzen Malkija hinunter. «In der Zisterne war kein Wasser, sondern nur Schlamm, und Jeremia sank in den Schlamm» (Jer 38,6).

Ob sie nun real war oder symbolisch zu verstehen ist – diese heikle Situation erscheint in manchen Gebeten des Psalters, so etwa in Psalm 69:

Hilf mir, o Gott! / Schon reicht mir das Wasser bis an die Kehle.
Ich bin in tiefem Schlamm versunken / und habe keinen Halt mehr;
ich geriet in tiefes Wasser, / die Strömung reißt mich fort. [...]
Ich aber bete zu dir, / Herr, zur Zeit der Gnade.
Erhöre mich in deiner großen Huld, / Gott, hilf mir in deiner Treue!
Entreiß mich dem Sumpf, / damit ich nicht versinke.
Zieh mich heraus aus dem Verderben, / aus dem tiefen Wasser!
Lass nicht zu, dass die Flut mich überschwemmt, / die Tiefe mich ver-
schlingt, / der Brunnenschacht über mir seinen Rachen schließt.
Er höre mich, Herr, in deiner Huld und Güte, / wende dich zu mir in dei-
nem großen Erbarmen (Ps 69,1–3.14–16).

6. LAND, TÄLER, FLÜSSE UND QUELLEN

Das Land der Bibel wird von Norden nach Süden vom Jordan
durchzogen. Er ist der am tiefsten gelegene Fluss der Welt. Im
größten Teil seines Bettes fließt er unter Meereshöhe, bis er auf 395
m unter Normalnull sein Wasser ins Tote Meer ergießt.

Das Wasser des Jordan und einiger Quellen, die ihm zufließen,
sowie das milde Klima der Winter haben dazu beigetragen, dass
sich in dieser Region schon vor langer Zeit Menschen festsetzten.
Im Jordantal gibt es die ältesten Anzeichen künstlerischer Betätigung an den Felsen und die ältesten Hinweise auf menschliches
Leben im ganzen Orient. Die Wissenschaftler nehmen an, dass der
homo erectus, aus Ostafrika kommend, sich vor 1,4 Millionen Jahren
im Jordantal niedergelassen hat. Die archäologischen Spuren der
ersten städtischen Ansiedlungen und der ersten Häuser in Jericho,
Mallaha und Wadi Hammeh sind zehntausend Jahre alt.[6]

An der Stelle, an der der Fluss den See Gennesaret verlässt, haben die Archäologen in Kirbet Kerah Überreste einer Besiedelung
aus dem 4. Jahrtausend v. Chr. gefunden. Die frühjüdische Literatur
(etwa der Talmud) nennt diesen Ort Bet-Jareah, was «Tempel des
Mondes» bedeutet. Zehn Kilometer vom Toten Meer entfernt si-
cherte seit alters eine ständig sprudelnde Quelle das Leben der Bevölkerung. Mindestens seit den Neolithikum hat sich die Siedlung
als Festung um einen hohen, wahrscheinlich kultisch genutzten
Turm entwickelt. Eine mögliche Etymologie des Wortes Jericho
sieht eine Verwandtschaft mit *jareah*, Mond. Vielleicht war in sehr

---

6 Paul Sanlaville, Berceau de l'homme au Proche Orient, in: Le Monde de la Bible, 65, Juli/
August 1990, S. 7.

alter Zeit das ganze Jordantal dem mit dem Wasser verknüpften Mondkult geweiht. In dieser Region ist das Jordantal die einzige Stelle, an der es Wasser im Überfluss gibt. Es wäre nicht überraschend, wenn man dort den Mond verehrt hätte.

Eine der ältesten Traditionen der Bibel besagt, der Jordan habe sich geöffnet, damit die Hebräer, die die Bundeslade mit sich trugen, trockenen Fußes hindurch ziehen konnten (vgl. Jos 3–4). Um an diesen Übergang zu erinnern, brachte das Volk eine Reihe von Steinen von Schittim (hebräisch für «Akazien»), einer Stadt in der Jordansenke, nach Gilgal (hebräisch für «Steinkreis»). Wahrscheinlich haben die Priester von Jerusalem, in dessen Heiligtum die Bundeslade stand, eine andere Tradition verbreitet: Der Steinkreis, der ganze Stolz des Heiligtums von Gilgal, sei mitten im Jordan verblieben, vom Wasser des Flusses überspült (siehe Jos 4,9.20). Die Steine des Bundes zwischen Gott und dem Volk stehen also eingetaucht mitten im Jordan, der zum Fluss des Übergangs in die Freiheit und der Erinnerung an den Bund wird, auf den jene Steine auf dem Grunde des Flusses hindeuten.

Auch der Prophet Micha erwähnt Schittim und Gilgal (Mi 6,5). Der Bericht vom Übergang über das Wasser ist eine rituelle Erzählung des Heiligtums von Gilgal. Die Forscher haben herausgefunden, dass zumindest für die Jahre 1627, 1916 und 1927 historisch verbürgt ist, dass der Lauf des Flusses auf Grund eines natürlichen Phänomens stockte. Vom Wasser angehoben, fiel ein Teil des westlich gelegenen, von Pflanzen bewachsenen Sandes in das Flussbett und bildete einen natürlichen Damm, der erst nach Stunden fortgeschwemmt war. Bei dem heutigen Wasserfassungssystem kann so etwas nicht mehr geschehen. Es scheint, dass die Ahnen des Volkes Israel Zeugen dieser Phänomene wurden und sie als Zeichen für das rettend-befreiende Eingreifen Gottes zu Gunsten seines landlosen Volkes interpretierten. In der Erzählung bewirkt die Bundeslade durch ihren Eintritt in den Fluss, dass das Wasser sich teilt und dass Volk trockenen Fußes passieren kann (vgl. Jos 3,17).[7]

In frühester Zeit glaubte das Volk, in den Flüssen hausten Geister, die entweder vom Befreiergott kommen oder aber vom Bösen sein könnten. Mitten im Jordan lägen die Grundsteine von Gottes Bund mit seinem Volk. Ein Nebenfluss des Jordan, der Jabbok, galt

---

7 Jacques Briend, La traversée du Jourdain dans la geste d'Israël, ebd. 21.

als zaubermächtig. Auch die ältesten Leute von der Ilha do Bananal an der Grenze zwischen Goiás und Mato Grosso fürchten sich, in einem Fluss mitten auf der Insel schwimmen zu gehen. Sie sagen, wenn sich jemand zum Baden hinein traue, packe ihn ein Geist an den Füßen und zerre ihn auf den Grund des Flusses hinab. Und sie erzählen schreckliche Geschichten darüber. In der Bibel mussten die Israeliten, nachdem sie aus der Wüste gekommen waren und bevor sie ins Gelobte Land einziehen konnten, den Jabbok überqueren. Aber der galt ja nun als zaubermächtig. Und so erzählen denn die Propheten, zu der Zeit, als der Patriarch Jakob auf Erden wandelte, sei er in den Fluss gestiegen und habe mit dem Geist gerungen und ihn besiegt. Wir müssen an diese Tradition erinnern, weil der Eigenname des Volkes Israel laut dieser Geschichte aus dem Kampf hervorgegangen ist, den Jakob im Wasser des Flusses mit dem Engel ausfocht. Die biblische Tradition vereint eine ganze Reihe von unterschiedlichen Quellen. Hinter dieser Geschichte stehen ätiologische Erzählungen, die den Ursprung von Heiligtümern oder von historischen Realitäten erklären wollen. Warum sollte man Gott ausgerechnet an einer solchen Stelle anbeten? Weil Gott sich dort unserem Patriarchen Abraham oder Isaak oder Jakob offenbart hat. Warum wurden Edomiter und Israeliten zu Feinden? Weil ihre Vorfahren, Esau und Jakob, Brüder waren, aber sich entzweiten und weil Jakob seinem älteren Bruder das Erbe der göttlichen Verheißung an Abraham und seine Nachkommen entwendete.

Laut der Genesis war Jakob auf dem Weg ins Land Kanaan, um sich mit seinem Bruder Esau zu versöhnen:

In derselben Nacht stand er auf, nahm seine beiden Frauen, seine beiden Mägde sowie seine elf Söhne und durchschritt die Furt des Jabbok. Er nahm sie und ließ sie den Fluss überqueren. Dann schaffte er alles hinüber, was ihm sonst noch gehörte. Als nur noch er allein zurückgeblieben war, rang mit ihm ein Mann, bis die Morgenröte aufstieg. Als der Mann sah, dass er ihm nicht beikommen konnte, schlug er ihn aufs Hüftgelenk. Jakobs Hüftgelenk renkte sich aus, als er mit ihm rang. Der Mann sagte: Lass mich los; denn die Morgenröte ist aufgestiegen. Jakob aber entgegnete: Ich lasse dich nicht los, wenn du mich nicht segnest. Jener fragte: Wie heißt du? Jakob, antwortete er. Da sprach der Mann: Nicht mehr Jakob wird man dich nennen, sondern Israel (Gottesstreiter); denn mit Gott und Menschen hast du gestritten und hast gewonnen. Nun fragte Jakob: Nenne mir doch deinen Namen! Jener entgegnete: Was fragst du mich nach meinem Namen? Dann segnete er ihn dort. Jakob gab dem Ort den Namen Penuël

(Gottesgesicht) und sagte: Ich habe Gott von Angesicht zu Angesicht gesehen und bin doch mit dem Leben davongekommen. Die Sonne schien
bereits auf ihn, als er durch Penuël zog; er hinkte an seiner Hüfte. Darum
essen die Israeliten den Muskelstrang über dem Hüftgelenk nicht bis auf
den heutigen Tag; denn er hat Jakob aufs Hüftgelenk, auf den Hüftmuskel
geschlagen (Gen 32,22–33).

Der Text selbst spricht, anders als die spätere Tradition, von dem
Unbekannten nicht als von einem Engel. Rabbinen, die den Bericht
als historisch betrachteten, interpretierten den Unbekannten als
Esau selbst, der seinen Bruder an der Rückkehr ins Land habe hin-
dern wollen. Im darauf folgenden Kapitel der Genesis sagt Jakob
bei der Begegnung beider Brüder:

Nimm das Geschenk aus meiner Hand an. Denn dafür habe ich dein Angesicht gesehen, wie man das Angesicht Gottes sieht, und du bist mir wohl-
wollend begegnet (Gen 33,10).

Andere Ausleger meinen, Jakob habe den Geist des Wassers besiegt,
der das Volk erschreckt habe. Die jüdische Mystik wiederum hat die
Erzählung im Sinn des Gebetes neu gedeutet: ein Kampf mit Gott
selbst, Leib an Leib, bis dass dieser den betenden Menschen segnet.
Dies alles sind Lesarten, die einander ergänzen können: von dem
ätiologischen Bericht, der den Ursprung des Kultes in Fanuel oder
Penuël rechtfertigt, bis hin zu der symbolischen Sicht im Sinne der
Gottesbeziehung.

7. Ein Volk, gerettet durch das Wasser

Die ältesten Traditionen beschreiben das Wasser als Medium, mit
dessen Hilfe das biblische Volk sich befreien und das Land erobern
konnte. Den Urbericht von der Jordanüberquerung haben wir
bereits kommentiert (Jos 3). Derselbe Bericht wurde von anderen
Traditionen neu geschrieben, erweitert und vertieft. Das Buch
Exodus erzählt, dasselbe Wunder sei dem ganzen aus Ägypten ge-
flohenen Volk geschehen, als es vor dem Heer des Pharao fliehen
musste und sich deshalb ins Rote Meer wagte. Das Wasser öffnete
sich für das Volk Gottes. Der Geist wehte die ganze Nacht lang und
sorgte dafür, dass das Volk trockenen Fußes hindurch ziehen konnte (Ex 14). Durch diese Taufe organisierten sich die Stämme Israels

als freies Volk. Durch das Wasser des Roten Meeres befreit Gott das Volk aus der Sklaverei Ägyptens, und durch das Wasser des Jordan führt der Weg zur Eroberung des Landes.

Der Bericht vom Durchzug durch das Rote Meer ist auch eine Gründungserzählung. Er scheint auf die Tragödie jedes menschlichen Lebens anzuspielen, das sich eingezwängt sieht zwischen der Bedrohung durch eine nicht kontrollierbare Natur und der Gefahr der unterdrückerischen menschlichen Gesellschaft. In vielen Gegenden sagt das Volk angesichts einer solchen Situation: «Bleibst du, packt dich das Biest, rennst du, frisst dich das Biest.» Und der Text von Exodus 14 sagt, der Herr habe den Söhnen Israels (historisch: den Hebräern) befohlen, sie sollten «auf trockenem Boden in das Meer hineinzuziehen». Die Anspielung ist offensichtlich: Noch einmal, und zwar für sein Volk, trennt Gott das Meer vom trockenen Land – wie am dritten Schöpfungstag. Die Befreiung aus Ägypten ist für das hebräische Volk eine neue Schöpfung. Für die Ägypter nicht. Das Wasser flutet zurück, und sie kommen um. Für die einen ist das Wasser ein Zeichen und Werkzeug des Lebens, für die anderen Ursache des Todes.

Das Gebet Israels und der Glaube an den Bund Gottes nehmen immer Bezug auf diesen Anteil des Wassers an der Befreiung des Volkes. Verschiedene Psalmen besingen das Wasser geradezu wie eine Person oder wie Engel, die Gott gehorchen und zu Bundesgenossen des unterdrückten Volkes werden:

> Die Wasser sahen dich, Gott, / die Wasser sahen dich und bebten. [...] Die Wolken gossen ihr Wasser aus, / das Gewölk ließ die Stimme dröhnen, / auch deine Pfeile flogen dahin. [...] Durch das Meer ging dein Weg, / dein Pfad durch gewaltige Wasser, / doch niemand sah deine Spuren (Ps 77,17f.20).

Andere Psalmen formulieren das liturgische Gedächtnis des Exodus: Psalm 114 singt:

> Als Israel aus Ägypten auszog, / Jakobs Haus aus dem Volk mit fremder Sprache, da wurde Juda Gottes Heiligtum, / Israel das Gebiet seiner Herrschaft. Das Meer sah es und floh, / der Jordan wich zurück. Die Berge hüpften wie Widder, / die Hügel wie junge Lämmer. Was ist mit dir, Meer, dass du fliehst, / und mit dir, Jordan, dass du zurückweichst? Ihr Berge, was hüpft ihr wie Widder, / und ihr Hügel, wie junge Lämmer? Vor dem Herrn

erbebe, du Erde, / vor dem Antlitz des Gottes Jakobs, der den Fels zur Wasserflut wandelt / und Kieselgestein zu quellendem Wasser.

Psalm 78 erinnert an die ganze Geschichte des Volkes und betont:

Er spaltete das Meer und führte sie hindurch, / er ließ das Wasser fest stehen wie einen Damm. Er leitete sie bei Tag mit der Wolke / und die ganze Nacht mit leuchtendem Feuer (VV. 13f).

Psalm 107 jubelt:

Danket dem Herrn, denn er ist gütig, / denn seine Huld währt ewig. So sollen alle sprechen, die vom Herrn erlöst sind, / die er von den Feinden befreit hat. Denn er hat sie aus den Ländern gesammelt, / vom Aufgang und Niedergang, vom Norden und Süden. [...] Er machte die Wüste zum Wasserteich, / verdorrtes Land zu Oasen. Dort siedelte er Hungernde an, / sie gründeten wohnliche Städte. Sie bestellten Felder, pflanzten Reben / und erzielten reiche Ernten. Er segnete sie, sodass sie sich gewaltig vermehrten, / gab ihnen große Mengen an Vieh (VV. 1–3.35–38).

Und Psalm 136 schließt:

Dankt dem Gott aller Götter, / denn seine Huld währt ewig! Dankt dem Herrn aller Herren, / denn seine Huld währt ewig! [...] der die Erde über den Wassern gegründet hat, / denn seine Huld währt ewig, [...] Der die Erstgeburt der Ägypter schlug, / denn seine Huld währt ewig, [...] der das Schilfmeer zerschnitt in zwei Teile, / denn seine Huld währt ewig (VV. 2f.6.10.13).

8. Zur Zeit der Matriarchen und Patriarchen

In der Zeit, in der das Volk Israel aus den Hebräerclans bestand, wurden die Stämme von Richterinnen, Richtern und provisorisch eingesetzten Anführern regiert. Die Eroberung des Landes erfolgte ganz allmählich in einem langwierigen Eingliederungsprozess und unter mehrfachen Konflikten. Wer das Buch der Richter liest, kann beobachten, dass oft vom Besitz von Wasserquellen die Rede ist. Ehen und Bündnisse zwischen Stämmen waren mit der Übergabe von Wasserstellen verbunden (vgl. Ri 1,15). Gideon musste unter den Tausenden von Männern, die sich einstellten, um mit ihm in den Kampf zu ziehen, diejenigen auswählen, die dann wirklich seine

Krieger sein sollten. Der Herr befahl ihm, die Musterung an der Quelle zu halten und die Leute nach ihrem Verhalten beim Trinken auszusuchen. So wurden 300 Mann ausgewählt, die das Wasser direkt aus dem Fluss tranken, ohne es erst mit den Händen zum Mund zu führen (Ri 7). Wenn man ausdrücken wollte, dass ein Mann neu zu Kräften gekommen war oder dass er größere Fähigkeiten entwickelt hatte, sagte man, er habe aus der Quelle getrunken und sei in den Kampf gezogen. Simson trank aus der Quelle En-Kore (Quelle des Rufers), und seine Lebensgeister kehrten zurück (Ri 15,19). Saul begegnete, vermittelt durch eine Gruppe von Mädchen auf dem Weg zur Wasserstelle, dem Richter und Propheten Samuel, der ihn zum König von Israel salbte (1 Sam 9). David wurde faktisch König des ganzen Landes durch die Eroberung von Rabba, der «Wasserstadt» (2 Sam 12,26–31).

Die Stämme kannten ein altes «Brunnenlied», das man sang, um im Dürregebiet auf Brunnen zu stoßen. Es war Teil der magischen Kulte aus vorisraelitischer Zeit. Um dieses Lied als Wort Gottes in ihre Tradition einzugliedern, erzählten die Gemeinden, das Hebräervolk habe es auf dem Weg durch die Wüste gesungen, als Gott durch Mose für Wasser sorgte, um den Durst des lagernden Volkes zu stillen. Der Wortlaut verdient Beachtung, da er wie eine magische Formel klingt:

> Steig auf, Brunnen! Singt über ihn ein Lied, über den Brunnen, den Heerführer gruben, / den die Edlen des Volkes aushoben / mit dem Zepter, mit ihren Stäben (Num 21,17f).

In Kapitel II habe ich von afrikanischen Stämmen gesprochen, bei denen derjenige Häuptling ist, der seinen Stab auf die trockene Erde stößt und so eine Quelle mit klarem Wasser sprudeln lässt.

Das Volk gab auch eine alte Überlieferung aus der Zeit der Patriarchen weiter. Die Geschichte ist eine ätiologische Erzählung, die den Ursprung von Beerscheba erklären will:

> Isaak säte in diesem Land [der Philister] und er erntete in diesem Jahr hundertfältig. Der Herr segnete ihn; der Mann wurde reicher und reicher, bis er sehr wohlhabend war. Er besaß Schafe, Ziegen und Rinder und zahlreiches Gesinde, sodass ihn die Philister beneideten. Die Philister schütteten alle Brunnen zu, die die Knechte zur Zeit seines Vaters Abraham gegraben hatten, und füllten sie mit Erde. Da sagte Abimelech zu Isaak: Zieh von uns

fort; denn du bist uns viel zu mächtig geworden. Isaak zog fort, schlug sein Lager im Tal von Gerar auf und ließ sich dort nieder. Die Brunnen, die man zur Zeit seines Vaters Abraham gegraben hatte und die die Philister nach dem Tod Abrahams zugeschüttet hatten, ließ Isaak wieder aufgraben und gab ihnen dieselben Namen, die ihnen sein Vater gegeben hatte.
Die Knechte Isaaks gruben in der Talsohle und fanden dort einen Brunnen mit frischem Wasser. Die Hirten von Gerar stritten mit den Hirten Isaaks und behaupteten: Uns gehört das Wasser. Da nannte er den Brunnen Esek (Zank), denn sie hatten mit ihm gezankt. Als sie einen anderen Brunnen gruben, stritten sie auch um ihn; so nannte er ihn Sitna (Streit). Darauf brach er von dort auf und grub wieder einen anderen Brunnen. Um ihn stritten sie nicht mehr. Da nannte er ihn Rehobot (Weite) und sagte: Jetzt hat uns der Herr weiten Raum verschafft und wir sind im Land fruchtbar geworden. Von dort zog er nach Beerscheba hinauf. In jener Nacht erschien ihm der Herr und sprach: Ich bin der Gott deines Vaters Abraham. Fürchte dich nicht, denn ich bin mit dir. Ich segne dich und mache deine Nachkommen zahlreich wegen meines Knechtes Abraham.
Dort baute er einen Altar, rief den Namen des Herrn an und schlug sein Zelt auf. Isaaks Knechte hoben dort einen Brunnen aus. Eines Tages kam zu ihm Abimelech aus Gerar mit seinem Vertrauten Ahusat und seinem Feldherrn Pichol. Isaak sagte zu ihnen: Weshalb kommt ihr zu mir? Ihr seid mir doch Feind und habt mich aus eurem Gebiet ausgewiesen. Sie entgegneten: Wir haben deutlich gesehen, dass der Herr mit dir ist, und wir dachten: Zwischen uns und dir sollte ein Eid stehen. Wir wollen mit dir einen Vertrag schließen: Du wirst uns nichts Böses zufügen, wie auch wir dich nicht angetastet haben; wir haben dir nur Gutes erwiesen und dich in Frieden ziehen lassen. Du bist nun einmal der Gesegnete des Herrn. Da bereitete er ihnen ein Mahl und sie aßen und tranken. Früh am Morgen standen sie auf und leisteten einander den Eid. Isaak entließ sie und sie schieden von ihm in Frieden. Am selben Tag kamen die Knechte Isaaks und erzählten ihm von dem Brunnen, den sie gegraben hatten. Sie meldeten ihm: Wir haben Wasser gefunden. Da nannte er ihn Schiba (Eid); darum heißt die Stadt bis auf den heutigen Tag Beerscheba (Eidbrunn) (Gen 26,12–33).

An dieser Tradition können wir sehen, wie, der Version der Gemeinden zufolge, schon in der Patriarchenzeit derjenige die Macht hatte, der einen Brunnen graben und Wasser bekommen konnte. Um die Macht des anderen einzudämmen und seine Ansiedlung im Lande zu verhindern, genügte es, seinen Brunnen zuzuschütten. Die Brunnen und Wasserquellen sind also auch Werkzeuge und Symbole der sozialen und politischen Macht.

Ungefähr um das Jahr 1025 v. Chr. gab sich Israel unter dem Druck militärischer Angriffe der Philister und unter dem Einfluss benachbarter Völker eine monarchische Regierung mit zentralisierter Macht und mit einer Wirtschaft, die auf dem Tributsystem basierte. Zu einer echten Zentralisierung der Verwaltung kam es erst im Königreich Salomos und während der Regierungszeit einiger weniger Monarchen des Südreichs (z. B. Atalja) und des Nordreichs (Jerobeam II. und Ahasja). Die meisten Propheten widersetzten sich dem. Sie betrachteten die Monarchie als Verrat am Projekt der Einheit des Volkes und an den Erfordernissen der sozialen Gerechtigkeit, wie sie Gott im Bundesgesetz offenbart hatte.

Im Mythos von der Schlange, die Adam und Eva dazu verführt, vom Baum der Erkenntnis von Gut und Böse zu essen (Gen 3), hat man eine Anspielung auf die die Schlange verehrende kanaanitische Gesellschaft erblickt, die Israel dazu gebracht habe, Könige einzusetzen (was durch die Wendung «vom Baum in der Mitte des Gartens essen» symbolisiert werde). Im Mittleren Osten haben nur die königlichen Paläste einen Garten. Ein Garten war das Symbol für die Monarchie. Es war so, als würde man im heutigen Brasilien sagen: «Ein Fuchs aus dem Planalto Central vertraut darauf, dass in den meisten Ministerien Tukane mit größeren Schnäbeln sitzen.» Wer diese Notiz in der Zeitung liest, wird verstehen, was hinter den Worten steckt. In zweihundert Jahren wird man bei der Lektüre dieser Redewendung vielleicht denken, die Notiz beziehe sich auf ein ökologisches Reservat der Baumsteppe und auf eine verschwundene seltene Vogelart. So hat vielleicht auch der Mythos von der so genannten «Sünde Adams und Evas» je nach der jeweiligen Zeitlage und historischen Situation verschiedene Neuinterpretationen und neue Lesarten durchgemacht. Vielleicht ging es anfänglich um die Beziehung zwischen Mann und Frau, und der Text erlebte eine machistische Interpretation, indem es hieß, die Frau sei der Versuchung erlegen und habe den Mann zum Sündigen verführt. Zu einem anderen Zeitpunkt wurde der Mythos von Prophetengruppen neu gelesen, die die Monarchie kritisierten und eine Klassengesellschaft anprangerten, die das gerechtere und mehr auf die Stämme ausgerichtete Projekt des Exodus missachtete. Jedenfalls enthält das «Ihr werdet sein wie Gott» den schwersten Irrtum: sich Gott so vorzustellen, als wäre er absolute Macht und nicht sich schenkende Liebe.

In diesem Kontext der Kritik an der Monarchie ist daran zu erinnern, dass im alten Orient die Macht des Königs fast immer an seine Fähigkeit gebunden war, die Wasserquellen zu kontrollieren und Aquädukte zu errichten, durch die die Städte versorgt werden konnten. Als er die Wasserversorgung von Jerusalem, dem Sitz des Jebusiterreichs, in die Hände bekam, konnte David die Stadt erobern und sie zur Hauptstadt von Juda machen. Als Salomo den Tempel Gottes baute, ließ er neben dem Altar eine Quelle fassen. Dieses Wasser sorgte für Sauberkeit nach den Tieropfern. Aber es ging dabei nicht nur um etwas Nützliches. Die Quelle bekundete auch Gott als Quell von Leben und Fruchtbarkeit.

Für die Einwohner des biblischen Israel war die ständige Abhängigkeit vom Regen ein drückendes Problem. Wenn die Niederschläge ausblieben, schrumpfte der kleine Anteil an fruchtbarer Erde in Juda noch weiter, und die Ernten waren beeinträchtigt. In den alten kanaanitischen Kulturen flehte das Volk zu Baal und Astarte um Regen; dieses Götterpaar war nämlich verantwortlich für die Fruchtbarkeit der Erde und für das wohltätige Nass. Die Propheten kritisierten und verurteilten diesen Kult. Im 7. Jahrhundert kannte das Volk des Nordreichs die «Adonisgärten» und die magischen Kulte des Orients zur Erlangung von Regen. Die Propheten sagten dazu: «Unser Gott, der seinem Bund treu ist, wird uns Regen für die Erde geben» (vgl. Hos 6,1–6; 11,1ff).

In Jerusalem übernahm der Tempel die Aufgabe, die Verbindung zwischen Himmel und Erde darzustellen. Dort sollte man den Regen als Zeichen des göttlichen Segens oder als Lohn für die Treue zum Bund erlangen. (Vgl. 1 Kön 8,35f; 2 Chr 6,26f mit 1 Kön 7,22ff.) Eine der Funktionen des Tempels war es, dem Volk den Segen Gottes durch den Regen zu garantieren. Deshalb bedienten sich die Propheten in ihrem Kampf gegen die Macht der Tempelpriesterschaft unter anderem der Methode aufzuzeigen, dass sie Kontrolle über den Regen hatten. Im Nordreich bewies Elija, dass es der Herr sei, der Gewalt über den Regen und über die Dürre besaß, und nicht Baal, ja noch nicht einmal der Tempel zu Jerusalem (1 Kön 18). Der Prophet erhielt den Auftrag Gottes, dem Regen zu gebieten (1 Kön 18,41–45). Und die Könige und Priester fürchteten ihn. Das Volk seinerseits zog den Schluss: «Wozu braucht es noch einen

Tempel im Süden, wenn es doch schon einen Elija im Norden gibt?»[8] Die Beziehung des Propheten oder der Prophetin zum Wasser war die Garantie dafür, dass er oder sie ein Mensch Gottes war.

Als einmal der König von Israel fragt, ob es in seinem Reich einen Propheten gebe, antwortet man ihm: «Hier ist Elischa, der Sohn Schafats, der Elija Wasser über die Hände gegossen hat» (2 Kön 3,11). Alle denken, damit werde ausgesagt, dass Elischa dem Elija als Prophetenschüler gedient habe. Einige meinen jedoch, es handle sich um einen prophetischen Ritus der Waschung und der Anerkennung des im Meister gegenwärtigen Gottesworts.

Elija teilt das Wasser des Jordan, wie einst Josua tat, als er mit dem Volk trockenen Fußes hindurch zog. Danach wird Israels größter Prophet in einem feurigen Wagen gen Himmel weggenommen (2 Kön 2). Elischa aber macht ungesundes Wasser zu Trinkwasser (2 Kön 2,21f).

Wenn ein König ein neues Gebiet eroberte, war es üblich, die Bäume zu fällen und die Wasserquellen zuzuschütten, aus denen die Leute tranken. Bedauerlicherweise ist auch das Volk Israel mit seinen Gegnern so verfahren, und schlimmer noch: Es hat geglaubt, damit erfülle es den Befehl Gottes (vgl. 2 Kön 3,19.25). Schon damals litt die Natur genau wie das unterlegene Volk unter den Folgen des Krieges und der Eroberung.

Hundert Jahre nach der Zeit des Elija im Nordreich geschah im Südreich Juda Folgendes:

In der Zeit, als Ahas, der Sohn Jotams, des Sohnes Usijas, König von Juda war, zogen Rezin, der König von Aram, und Pekach, der Sohn Remaljas, der König von Israel, gegen Jerusalem in den Krieg; aber sie konnten die Stadt nicht einnehmen» (Jes 7,1) Jesaja zufolge hing die erste wichtige messianische Verheißung der Bibel mit dieser schweren Existenzkrise des Volkes Israel und mit dem Problem der Wasserversorgung in Jerusalem zusammen. Als man dem Haus David meldete: Aram hat sich mit Efraim verbündet!, da zitterte das Herz des Königs und das Herz seines Volkes, wie die Bäume des Waldes im Wind zittern. Der Herr aber sagte zu Jesaja: Geh zur Walkerfeldstraße hinaus, zusammen mit deinem Sohn Schear-Jaschub (Ein Rest kehrt um), an das Ende der Wasserleitung des oberen Teiches, um Ahas zu treffen. Sag zu ihm: Bewahre die Ruhe, fürchte dich nicht! Dein Herz soll nicht verzagen wegen dieser beiden Holzscheite, dieser rau-

8 John D. Crossan, Der historische Jesus, München: Beck, 1994, S. 192–204.

chenden Stummel [...]. Da sagte Jesaja: Hört her, ihr vom Haus David! Genügt es euch nicht, Menschen zu belästigen? Müßt ihr auch noch meinen Gott belästigen? Darum wird euch der Herr von sich aus ein Zeichen geben: Seht, die Jungfrau wird ein Kind empfangen, sie wird einen Sohn gebären und sie wird ihm den Namen Immanuel (Gott mit uns) geben (Jes 7,2–4.13f).

An der Wasserleitung, beim Reservoir, das die Wasserversorgung der Stadt garantierte, hat Gott, so das Jesajabuch, zum ersten Mal die Ankunft des Messias und die endgültige Erlösung seines Volkes verheißen.

Leider hat die Lebensweise des Volkes auch in der Folgezeit Gott und die Natur missachtet. Die Folge davon war, dass das Volk allmählich seine Verteidigungskraft verlor und schließlich von den Assyrern (das Nordreich im Jahr 722 v. Chr.) und von den Babyloniern (das Südreich im Jahr 580 v. Chr.) unterworfen wurde.

10. Die Invasion der Imperien als Sintflut

Die Propheten verwenden das Bild vom Wasser, das über die Ufer eines Flusses tritt und ein Gebiet überschwemmt, wenn sie von der Züchtigung sprechen, die Gott wegen des Unrechts der Gesellschaft verhängt, oder wenn sie von dem drohenden Einfall fremder Völker reden. Schon Amos erklärt:

Er hat das Siebengestirn und den Orion erschaffen; / er verwandelt die Finsternis in den hellen Morgen, er verdunkelt den Tag zur Nacht, / er ruft das Wasser des Meeres und gießt es aus über die Erde – / Jahwe ist sein Name (Am 5,8).
Er erbaut seine Hallen im Himmel / und gründet sein Gewölbe auf die Erde; er ruft das Wasser des Meeres / und gießt es aus über die Erde – / Jahwe ist sein Name (9,6).

Hosea klagt an:

Die Führer Judas handeln wie Menschen, die Grenzsteine versetzen. / Ich gieße meinen Groll wie Wasser über sie aus (Hos 5,10).
Samaria wird vernichtet, / sein König gleicht einem abgebrochenen Zweig auf dem Wasser (10,7).

Jeremia folgt derselben Tradition:

Ägypten schwoll an gleich dem Nil, / dessen Wasser wie Ströme tosen. Es sagte: Ich schwelle an, überschwemme das Land, / vernichte die Städte und ihre Einwohner (Jer 46,8).

Der Prophet vergleicht auch den Überfall der Assyrer auf die Philister mit einer schrecklichen Überschwemmung:

So spricht der Herr: Seht, Wasser wogen vom Norden heran / und werden zum flutenden Wildbach. Sie überfluten das Land und was darin ist, / die Städte und ihre Bewohner. Da schreien die Menschen, / laut klagen alle Bewohner des Landes (47,2).

Die Zerstörung Babylons wird als ein Akt Gottes gesehen, der über die große, weltvernichtende Überschwemmung gebietet:

Denn der Herr verwüstet Babel / und macht seinem lauten Lärmen ein Ende, mögen seine Wogen brausen wie gewaltige Wasser, / mag tosend ihr Lärm erschallen (51,55).

Ezechiel sagt, Gott kündige die Vernichtung von Tyrus, einem großen Wirtschaftszentrum der damaligen Zeit, wie einen Schiffbruch in aufgewühltem Meer (Ez 27) und ein verheerendes Hochwasser an:

Denn so spricht Gott, der Herr: Ich mache dich zur verwüsteten Stadt; dann wirst du wie die Städte sein, die nicht mehr bewohnt sind. Die Urflut lasse ich steigen, sodass gewaltige Wassermassen dich zudecken (26,19).

In den Prophetien, die sich um die Ankündigung des Immanuel, die neue Hoffnung für das Reich Juda, gruppieren, vermittelt der Prophet als Spruch des Herrn folgendes Orakel:

Weil dieses Volk die ruhig dahinfließenden Wasser von Schiloach verachtet und vor Rezin und dem Sohn Remaljas verzagt, darum wird der Herr die gewaltigen und großen Wasser des Eufrat [den König von Assur und seine ganze Macht] über sie dahinfluten lassen. Und der Fluss wird alle seine Kanäle überfluten und über alle Ufer treten. Auch auf Juda wird er übergreifen, er wird es überfluten und überschwemmen, bis er den Leuten an den Hals reicht. Die Ausläufer seiner Fluten bedecken weit und breit dein Land, Immanuel (Jes 8,6–8).

Hier ist bereits das Bild einer von Gott verhängten Sintflut ausgeprägt. Es handelt sich um die Invasion der Assyrer bzw. der Könige von Damaskus und Samaria (Syrisch-efraimitischer Krieg). Dasselbe Bild von der fremdländischen Invasion als Sintflut erscheint in Jes 30,25. Vermutlich sah der Prophet in dem Augenblick, als die Assyrer die Belagerung Jerusalems (701 v. Chr.) aufgeben und fliehen mussten, dass Gott über die Sintflut herrscht. Wie Psalm 29 sagt: «Der Herr thront über der Flut, / der Herr thront als König in Ewigkeit».

> Weh, welch Getöse von zahlreichen Völkern; / wie das Tosen des Meeres, so tosen sie. Man hört das Toben der Nationen; / wie das Toben gewaltiger Fluten, so toben sie. Doch der Herr wird ihnen drohen, / dann fliehen sie weit in die Ferne (Jes 17,12f).
> Aber die Ruchlosen sind wie das aufgewühlte Meer, / das nie zur Ruhe kommen kann / und dessen Wasser Schmutz aufwühlt und Schlamm. Die Ruchlosen finden keinen Frieden, / spricht mein Gott (Jes 57,20f).

Halten wir fest: Die Bibel hat begonnen, von der Sintflut zu sprechen, indem sie von der Invasion und Eroberung durch die Heere von Reichen der damaligen Zeit sprach. So wie die Propheten wollen, dass das Volk die schrecklichen Ereignisse des Exils als von Gott zugelassen und geschickt deutete, ist auch die Sintflut gleichsam ein göttlicher Akt. Sie ist eine Reaktion Gottes auf die Übertretung des Bundes durch die Menschheit.

11. WAS HINTER DER BIBLISCHEN ERZÄHLUNG VON DER SINTFLUT STEHT

Die Einwohner Mesopotamiens lebten in dem Raum zwischen zwei Flüssen; daher auch der Name der Region. Da das Gebiet zahlreiche schwere Überschwemmungen erlebte, kamen die Menschen rasch zu der Erkenntnis, dass das Wasser wohltätig oder mörderisch sein kann. Wie in der Religion des alten Mesopotamien überliefert, repräsentiert im Anfang der Gott Apsu das Trinkwasser und Tiamat das salzige Meerwasser. Tiamat, die Göttin, die das stürmische Meer in Bewegung versetzte, wurde unterworfen und ihr Kadaver zum Ausgangspunkt einer Neuordnung des Chaos. Marduk, der Gott des Wassers, wurde erhöht und nahm die Stellung des obersten Gottes in Mesopotamien ein. Tatsächlich hängt in dieser Region das Leben davon ab, ob es gelingt, die Wasserläufe in den Gebirgen zu fassen und die Erde urbar zu machen. Heute tut man das durch Bewässerung unter Einsatz technischer Mittel. In der Antike galt diese Kunst als göttliche Eigenschaft.

Auch die Kanaaniter glaubten an den Urstreit zwischen Jam und Baal. Jam war der Meergott und Baal die Gottheit des Gewitters und des Regens. In dieser Region, in der gewaltige Unwetter und Regengüsse Furcht und Schrecken hervorrufen, findet der Volksglaube zu der Formel: «Baal hat Jam besiegt und Ordnung in der Zeit des Alls geschaffen.»

Diese Traditionen von Götterkämpfen waren im Mittleren Osten gang und gäbe. Vielleicht liegt hier eine der Wurzeln der Sage von der Sintflut, die bei mehreren Völkern der Region ebenfalls verbreitet war. In der biblischen Erzählung von der großen Flut hat das Wasser die Bedeutung des göttlichen Werkzeugs, das die Gewalttätigkeit und Verderbtheit der Menschen zähmt. Als es in den Augen Gottes nötig wurde, die Erde zu züchtigen, mit den Menschen Schluss zu machen und nur einen kleinen Rest zu verschonen, aus dem dann eine neue Menschheit hervorgehen sollte, da bediente sich Gott zu diesem Zweck des Wassers. Doch der biblische Sintflutbericht hat eine Vorgeschichte: die Vorstellung von der Invasion und von der Eroberung durch fremdländische Mächte. Das Wasser sind die assyrischen und babylonischen Heere. Ganz allmählich hat sich dann, ausgehend von unterschiedlichen, zum Teil einander widersprechenden Überlieferungen, die Idee von einer großen Flut gebildet. Das Wasser kann nun auch die Folge der zunehmenden Unordnung unter den Menschen bedeuten, die die Erde heimsucht.

Das Wasser der Sintflut kommt vom Himmel und aus den Tiefen. Bei der Schöpfung hatte Gott die oberen Wasser von den unteren Wassern getrennt. Jetzt mischen sich beide. «An diesem Tag brachen alle Quellen der gewaltigen Urflut auf, und die Schleusen des Himmels öffneten sich» (Gen 7,11). Gott hatte sein Volk erwählt und aus den anderen herausgenommen. Durch die Invasion der Babylonier lässt er zu, dass es sich von neuem mit anderen mischt. Die Beschreibung der Sintflut in der Genesis erscheint wie ein gleichsam umgekehrter Schöpfungsbericht. In der Schöpfung, von der das Buch Genesis spricht, hat Gott durch die Trennung der Wasser die bedrohlichen Wasser beherrscht und das Chaos (*tohuwabohu*) besiegt. Jetzt gerät das Universum außer Kontrolle, die

Wasser treten aus den ihnen zugewiesenen Bereichen und vermischen sich wie vor der Schöpfung. Bei diesem Bild muss man sich vor Augen halten, wie die Propheten und Priester von der babylonischen Gefangenschaft sprachen. Die Erfahrung des Exils wird kosmisch ausgeweitet. Die Schöpfung selbst rebelliert. Als hätte die Natur es übernommen, die Menschheit abzuurteilen, und beschlossen, die Erde von aller Schlechtigkeit und Verderbtheit zu säubern. Uwe Wegner hat Recht, wenn er schreibt: «Die biblischen Kontexte, in denen zumeist von ökologischen Krisen die Rede ist, sind im Kern Gerichts- und Urteilskontexte.»[9]

Von der Sintflut geht freilich auch eine Botschaft der Hoffnung aus. Die Art, wie die Bibel von der großen Flut erzählt (Gen 6–9), macht deutlich, dass selbst in der schrecklichsten Katastrophe Gott immer eine Flamme neuen Lebens und eines Neuanfangs für das All und die Menschheit weiter glühen lässt. Im Neuen Testament wird die Taufe als Zeichen dieser erneuerten Menschheit gesehen. So schreibt der Verfasser des ersten Petrusbriefs: «Diese waren einst ungehorsam, als Gott in den Tagen Noachs geduldig wartete, während die Arche gebaut wurde; in ihr wurden nur wenige, nämlich acht Menschen, durch das Wasser gerettet» (1 Petr 3,20).

12. «AN DEN UFERN BABYLONS»

Die babylonische Gefangenschaft (597–520 v. Chr.) ist eines der Ereignisse, die das Leben des biblischen Volkes am nachhaltigsten geprägt haben. Seit König Nebukadnezzar von Babylon Jerusalem eroberte, erlangte das biblische Volk lediglich für einige Jahre, und das auch erst nach Jahrhunderten, Unabhängigkeit und Freiheit.

Sowohl für die Armen, die im Lande geblieben waren, als auch für diejenigen, die ins Exil gingen, bedeutete dieses Ereignis eine Identitäts- und Glaubenskrise. Was war denn nun mit den Verheißungen Gottes? Sind vielleicht die Götter Babylons stärker und mächtiger als unser Gott?

Um im Volk die jüdische Identität und den Glauben aufrecht zu erhalten, riefen Priester und Propheten alte Geschichten in Erinnerung und verknüpften Traditionen der Vorfahren miteinander.

9   Uwe Wegner, Bíblia e Ecologia, in: CEBI, A Palavra na Vida, Nr. 53 / 54, 1992, S. 35.

Ausgehend von der Erfahrung des Exils, entsteht in der Bibel eine Theologie der Schöpfung und, so könnten wir sagen, der Ökologie. In erster Linie erwächst sie aus der Reflexion über die befreienden Taten Gottes. Einem Volk, das durch die Sklaverei und durch die Macht der Götter Ägyptens in seinem Glauben wankend geworden ist, sagen Priester und Prophetengemeinschaften:

> Gott wird uns aus dieser Sklaverei befreien. Er kann uns noch einmal durch die Wüste führen und uns ins Land zurückkehren lassen, hat er doch auch in schwierigerer Lage bewirkt, dass unsere Vorfahren der Macht des Pharao entkamen und frei aus Ägypten ausziehen konnten.

Dies ist, knapp zusammengefasst, der Inhalt mehrerer Kapitel des Deuterojesaja (vgl. Jes 40–47).

Das Buch Exodus (eine Zusammenstellung von wieder aufgegriffenen alten Geschichten) wurde geschrieben, um den Glauben des aus Babylon fortgezogenen Volkes zu stärken und den im Lande verbliebenen Gemeinden zu helfen, sich das Projekt Gottes neu zu Eigen zu machen. Uns interessiert hier, was uns die Erfahrung der Gefangenschaft und die aus ihr hervorgegangenen Texte für unser Thema, also eine Theologie der Erde und des Wassers, lehren.

Da ist ein tiefes Bewusstsein davon, dass die Erde und alle Lebewesen die Erfahrung des in Gefangenschaft liegenden Volkes teilen. Die Erde, die Flüsse und die ganze Natur leiden, weil sie Gefangene sind. Dass das Volk den Bund mit Gott verrät, dass es zu einer auf Unrecht und Ausbeutung der Armen basierenden Gesellschaft entartet, geht mit einer Verschlechterung der ökologischen Situation der Erde einher.

> Mein Volk hat doppeltes Unrecht verübt: Mich hat es verlassen, den Quell des lebendigen Wassers, um sich Zisternen zu graben, Zisternen mit Rissen, die das Wasser nicht halten (Jer 2,13).
> So spricht Gott, der Herr: Wenn die Zeder in die Unterwelt stürzt, dann lasse ich die Flut in der Tiefe versiegen, ich decke sie zu; ich halte ihre Ströme zurück, sodass der Reichtum an Wasser versiegt. Ihretwegen hülle ich den Libanon in Trauer, und alle Bäume des Feldes sinken in Ohnmacht (Ez 31,15).
> Das Wort des Herrn erging an Jeremia wegen der großen Dürre: Juda ist ausgedörrt, / seine Tore verfallen, sie sinken trauernd zu Boden / und Jerusalems Klageschrei steigt empor. Die Vornehmen schicken ihre Diener

nach Wasser; / sie kommen zu den Brunnen, / finden aber kein Wasser; sie kehren mit leeren Krügen zurück. Die Bauern sind um den Ackerboden besorgt; / denn es fiel kein Regen im Land. Sie sind bestürzt / und verhüllen ihr Haupt. Selbst die Hirschkuh im Feld / lässt ihr Junges im Stich, / weil kein Grün mehr da ist. [...] Gibt es etwa Regenspender / unter den Götzen der Völker? Oder ist es der Himmel, der von selbst regnen lässt? / Bist nicht du es, Herr, unser Gott? Wir setzen unsre Hoffnung auf dich; / denn du hast dies alles gemacht (Jer 14,1–5.22).

Schon vor dem Exil kündigen die Propheten und Prophetinnen ein Wiederaufleben des Bundes zwischen Gott und seinem Volk an und versichern, dass dieser Bund auch mit der bedrohten und geschändeten Natur geschlossen werden wird.

> Ich schließe für Israel an jenem Tag einen Bund / mit den Tieren des Feldes und den Vögeln des Himmels / und mit allem, was auf dem Erdboden kriecht [...] An jenem Tag – Spruch des Herrn – / will ich erhören: Ich will den Himmel erhören / und der Himmel wird die Erde erhören und die Erde erhört das Korn, / den Wein und das Öl / und diese erhören Jesreel (Hos 2,20.23f).

Ezechiel, dem Propheten in der Gefangenschaftszeit, sagt Gott die verheißungsvolle Zukunft mit den Worten an:

> Darum sprich als Prophet zum Land Israel und sag zu den Bergen und Hügeln, zu den Schluchten und Tälern: So spricht Gott, der Herr: Ich rede voll Leidenschaft und Grimm, weil ihr von den Völkern so viel Schimpf ertragen müsst. Darum – so spricht Gott, der Herr: Ich erhebe meine Hand (zum Schwur) und sage: Die Völker rings um euch werden den gleichen Schimpf ertragen müssen. Ihr aber, ihr Berge Israels, sollt wieder grün werden und Früchte hervorbringen für mein Volk Israel; denn es wird bald zurückkommen. Seht, ich wende mich euch wieder zu (Ez 36,6–9). Ich gieße reines Wasser über euch aus, dann werdet ihr rein. Ich reinige euch von aller Unreinheit und von allen euren Götzen. [...] Das verödete Land wird bestellt, es liegt nicht mehr öde vor den Augen all derer, die vorübergehen. Dann wird man sagen: Dieses verödete Land ist wie der Garten Eden geworden; die zerstörten, verödeten, vernichteten Städte sind wieder befestigt und bewohnt (Ez 36,25.34f).

Tatsächlich hat das Exil siebzig Jahre gedauert, und weite Teile des Landes blieben unbebaut und brach liegen. Fremde nahmen zahlreiche Ackerflächen in Besitz, und die Bauern arbeiteten als Knechte in einer Form, die die jüdische Anbauethik nicht respektierte, nach der es beispielsweise untersagt war, verschiedene Kornarten zu mischen. Die Propheten sahen in dieser Situation eine Profanierung der Erde. Mit der Rückkehr aus der Gefangenschaft und dem Neuaufbau Judas hat die Erde ihre Würde und ihre Kraft zurückgewonnen.

Im Buch Levitikus lesen wir freilich eine abweichende Deutung. Das babylonische Exil wird dort von der Verantwortung des Volkes Israel für sein schlecht bestelltes Land her gesehen. Weil das Volk die Erde nicht mehr respektierte und den Feldern ihr Sabbatjahr nicht mehr zugestand, hat Gott zugelassen, dass sein Volk gefangen nach Babylon weggeführt wurde (vgl. Lev 26,33).

13. Die ganze Schöpfung entsteht aus dem Wasser

Nach der Rückkehr aus der Gefangenschaft beginnen die Gemeinden Israels Gott als Schöpferkraft zu betrachten, die das Volk wiederherzustellen und den Bund zu erneuern vermag. In der Gefangenschaft war der Bericht entstanden, der heute auf der ersten Seite der Bibel steht. So finden die ersten Traditionen vom Ursprung der Welt ihren Abschluss.

Das Buch Genesis sagt: Im Anfang gab es die Urflut, über ihr lag Finsternis, und kein Leben ging aus ihr hervor. Doch der Geist-Atem Gottes schwebte über dem Wasser, und das All ward geschaffen. Gott besiegte das Chaos (*tohu-wabohu*), ordnete die Wasser, indem er das Wasser unterhalb des Himmelsgewölbes von dem Wasser oberhalb des Himmelsgewölbes schied. Das Ganze mutet an wie ein Götterkampf, in dem Gott siegte und dem Wasser eine Grenze setzte, damit so das Festland entstehen und die Menschheit ohne Furcht vor der großen Flut leben konnte.

Die Gemeinden, die die ersten Seiten der Bibel geschrieben haben, lassen erkennen, dass man sich die Erde damals als einen riesigen, von Finsternis bedeckten Ozean vorstellte. Doch der Bericht unterscheidet sich vom babylonischen Schöpfungsmythos. Für die Bibel ist das Urchaos kein personifiziertes Ungeheuer (wie die babylonische Göttin Tiamat), keine göttliche Macht. Die Bibel ist optimistischer. Der Anfang der Schöpfung ist eine Tat Gottes. Die *ruach* Gottes (sein Geist) wird dargestellt als ein gewaltiger Muttervogel, dessen Schwingen sich sacht bewegen und dem Universum Leben und Harmonie verleihen. [...] Die Diskrepanz zwischen der Klarheit und dem Frieden dieses Begriffs von Schöpfung und der schmutzigen, lärmenden, Dreck schleudernden Schöpfung von heute (im herrschenden kapitalistischen System) ist frappierend.[10]

In der Bibel wird die Natur nicht als etwas aus sich selbst Existierendes gesehen. Sie ist Schöpfung Gottes. Wenn wir von Schöpfung sprechen, meinen wir damit einen Akt der Liebe, eine liebende Gegenwart hinter jedem geschaffenen Seienden. Gott offenbart sich in seiner Schöpfung als Liebe, und in ihr erweist er seine Gunst allem, was lebt. Aus dem Gottesbund mit der Menschheit und mit der Schöpfung (Gen 9,9) erfließen die Rechte des Menschen und der Natur.

Psalm 104 beschreibt die Herrschaft, die Gott über das bedrohliche Wasser ausübt:

> Sie wichen vor deinem Drohen zurück, / sie flohen vor der Stimme deines Donners. Da erhoben sich Berge und senkten sich Täler / an den Ort, den du für sie bestimmt hast. Du hast den Wassern eine Grenze gesetzt, / die dürfen sie nicht überschreiten; / nie wieder sollen sie die Erde bedecken (VV. 7–9).

«Im Anfang schuf Gott Himmel und Erde.» Die biblische Bezeichnung für das gesamte Universum ist «Himmel und Erde». Die Bibel trennt die beiden nicht. Heute könnte man vielleicht eher von «Kosmos» sprechen. Wenn der Mensch durch seine Gestaltung der Gesellschaft und seine Art, die Erde zu bewirtschaften, einen Bruch zwischen Himmel und Erde herbeiführt, sagen die Propheten: «Der Himmel hat sich geschlossen.» Danach aber kündigen sie eine Zukunft an, in der Himmel und Erde sich von neuem vereinen können. Den Evangelien zufolge öffnete sich bei der Taufe Jesu im Jordan der (bislang verschlossene) Himmel, und der Geist stieg herab in Gestalt einer Taube, ganz ähnlich wie am Ende der Sintflut, um anzusagen: «Jetzt ist eine neue Einheit zwischen Himmel und Erde gegeben.» Der Gedanke eines neuen Himmels und einer neuen Erde meint eine Einheit zwischen der erneuerten Schöpfung und dem Schöpfer (vgl. Jes 65,17; 66,22; 2 Petr 3,13; Offb 21,2).

Der Gott aller ist *elohim* – ein Plural, der die universale Dimension des biblischen Gottes ausdrückt, welcher zugleich der Gott Israels und der Gott aller Menschen ist.

Ein rabbinischer Kommentar fragt: «Weshalb fängt die Erzäh-

10 Luise Schottroff, The Narrative of Creation, in: Athalya Brenner (Hrsg.), Genesis, Sheffield: Sheffield Academic Press, 1998.

lung vom Ursprung mit einem Beth – *bereschit* – an? Weil dieser Buchstabe auch der erste im Wort *beraka*, Segen, ist.»[11] Es gibt eine Beziehung zwischen dem Schöpferakt Gottes und seinem Sein: Im Akt des Erschaffens drückt Gott seinen Segen über die Menschen und die Geschichte und sein Wohlwollen für seine Schöpfung aus. Gott selbst ist Segen und bringt seine Schöpfung ins Dasein, indem er ihr etwas von sich selbst schenkt, gleichsam auf etwas Eigenes verzichtet, um seinen Geschöpfen Raum zu geben. Gott erschafft die Welt aus Gefallen, aus einer lustvollen Liebe, die Glück stiftet.

Israels Nachbarvölker und die Clans, aus denen das Volk Gottes hervorgegangen ist, beteten die Sonne, die Erde, das Wasser und die gesamte Natur an. Sie beteten sie an und unterwarfen sich dabei den Naturkräften, ja manchmal opferten sie ihnen sogar ihre eigenen Söhne und Töchter im Feuer. Deshalb bemühen sich die biblischen Erzählungen, die Macht der Gestirne zu entmythisieren. Mann und Frau sind Sachwalter Gottes; sie sollen sich liebevoll um alles Geschaffene kümmern. Der Mensch ist weder absoluter Herr über den Kosmos noch Sklave der Naturgewalten. Wir Menschen sind Stellvertreter Gottes, der alles geschaffen hat und sich liebend der ganzen Schöpfung annimmt.

14. GOTTES *ZIMZUM*

Gott ist der Schöpfer der Welt, und er ist anders als diese. Das hebräische Wort, das die Schöpfung ins Dasein ruft, ist *bara*. Es ist verwandt mit dem Verb *bar*, das «draußen» bedeutet. Gott hat im Akt des Erschaffens die Welt aus sich herausgesetzt, so wie eine Mutter ihr Kind aus sich herausbringt. Der hebräischen Mystik zufolge ist die Schöpfung die Frucht eines Liebesakts Gottes, der sich selbst zurücknehmen, wegnehmen will, um der Welt und dem Menschen Raum zu geben. Das ist die Lehre vom *zimzum*, von der Kontraktion oder Konzentration, das heißt der Selbstbeschränkung Gottes, kraft deren die Welt und der Mensch aus einem Nichts hervorgegangen sind, das faktisch ein «göttliches Nichts» war. Geschehen ist dies in einem Prozess der Unterscheidung, der die Offenbarung Gottes zum Ziel hatte. Die Lehre vom *zimzum* Gottes

11 Bereshit Rabba, I, 10, zit. bei Elena Bartolini, Il ritirarsi di Dio a favore dell'uomo, in: Horeb 23, Mai/August 1999, S. 25.

ermöglicht einen Dialog der Theologen mit der Wissenschaft von heute.[12]

Grund und Ursache dieses *zimzum* und dieses Sichverbergens, durch das der Heilige, gepriesen sei Sein Name, seine Lebenskraft verborgen und verhüllt hat, ist, dass das Ziel der Erschaffung des Alls nicht er selbst ist, wohl aber sein Reich, gepriesen sei er.[13]

Das *zimzum* ist also Zeichen einer göttlichen Liebe, die dem Menschen Raum zu geben vermag; es drückt ein Verständnis des göttlichen Handelns aus, das die mütterliche Geste der Zeugung, das ungeschuldete Geschenk des Lebens evoziert, das in sich die Freude über ein neues Geschehen trägt und doch zugleich mit dem Schmerz der Geburt verbunden ist. Dieses Verständnis der Genesis birgt den Gedanken eines Schmerzes, der der Schöpfung selbst eingeschrieben ist und an dem auch Gott teilhat. Im Brief an die Römer sagt Paulus, die ganze Schöpfung harre darauf, befreit zu werden (vgl. Röm 8,21). Könnte es sein, dass wir die aktuelle Situation der Welt und die weltweite Krise des Wassers als einen Aufschrei der Schöpfung und als ihr Seufzen nach Befreiung zu verstehen haben?

Das Grundelement des Heils konkretisiert sich nach Anschauung der Bibel durch die Erde und das Wasser. Aus Erde vom Ackerboden, aus einem Gemisch von Erde und Wasser, aus jenem energetischen Schlamm, den heute spiritualistische Gruppen zur Behandlung verschiedenster Krankheiten benutzen, aus dieser Töpfererde entsteht der menschliche Körper, der Leib des Urmenschen, der «Mann aus Erde» (Adam) heißt. Wie der älteste biblische Glaube sagt, wird jeder Mensch im Mutterleib gezeugt und danach in der Mutter Erde befruchtet (vgl. Ps 139,15), wonach er geheimnisvollerweise mit bereits ausgebildetem Körper in den Mutterschoß zurückkehrt. Gregor von Nazianz gibt gleichsam einen Kommentar zur Genesis, wenn er sagt, die Erde, die Tiere und Pflanzen hervorbringt (Gen 1,11 und 24), sei auch die «gemeinsame Mutter aller Menschen».[14]

12 Siehe Jürgen Moltmann, Trinität und Reich Gottes. Zur Gotteslehre, München: Kaiser, 1980, S. 124ff.
13 Bereshit Rabba (wie Anm. 11), S. 26.
14 Gregor von Nazianz, Die fünf theologischen Reden, Zweite theologische Rede 26, Ed. J. Barbel, Düsseldorf: Patmos, 1963, S. 115.

Das heilige Land und seine Beziehung zu dem heiligen Wasser, von dem es umgeben ist, sind ein Grundelement für das jüdische Gebet und für die spirituelle Beziehung zu Gott. Es ist nur zu verständlich, dass die jüdischen und christlichen Gemeinden bis heute singen: «Wie könnten wir singen die Lieder des Herrn, / fern, auf fremder Erde?» (Ps 137, 4).

Angesichts der brutalen und zerstörerischen Art, wie die Menschen mit der Erde und der ganzen Natur umgegangen sind, beschuldigen viele das jüdisch-christliche Denken, es sei zu wenig ökologisch und allzu anthropozentrisch. Von Anfang an sagt die Bibel als Rede Gottes:

> Lasst uns Menschen machen als unser Abbild, uns ähnlich. Sie sollen *herrschen* über die Fische des Meeres, über die Vögel des Himmels, über das Vieh, über die ganze Erde [...] Gott segnete sie, und Gott sprach zu ihnen: Seid fruchtbar, vermehrt euch, bevölkert die Erde, unterwerft sie euch (Gen 1,26.28).

Der Kontext macht deutlich, dass die Herrschaft, von der der Text spricht, bedeutet, wie Gott, der Herr, zu sein. Die korrekte Übersetzung wäre nicht «Beherrschung» oder «Herrschaft», sondern «Fürsorge». Die Aufgabe des Menschen auf Erden ist es, für alle Kreaturen Abbild und Ähnlichkeit Gottes zu sein, jenes Gottes, der Liebe und Vorsehung ist, der alles, was existiert, ins Dasein ruft und nicht durch Zerstörung herrscht, sondern durch zärtliche Fürsorge. Die Gesellschaft, die von sich behauptet, sie sei Erbe der jüdisch-christlichen Tradition, ist verantwortlich für ein räuberisches Entwicklungsmodell, das nichts gemein hat mit der biblischen Sicht von der Schöpfung oder vom Menschen.

15. Das Gesetz Gottes und die Sorge um Erde und Wasser

In der Bibel gibt es verschiedene Gesetzeskodizes. Der Kodex des Bundes (Ex 20,22–23,19) ist der älteste und spiegelt die Grundlagen der Gerechtigkeit in einer ländlichen Gesellschaft des 10. Jahrhunderts v. Chr. wider. Der Kodex des Deuteronomiums stammt von den Jerusalemer Propheten, und zwar zu der Zeit, als König Joschija durch Erneuerung des Gottesbundes mit seinem Volk den Kult und das Leben des Volkes zu reformieren suchte. Das Buch Levitikus schließlich spiegelt nach der Erfahrung der Gefangenschaft das schwierige Unternehmen der Restauration des Landes und die heiklen Lebensbedingungen des Volkes. Hier hat das Heiligkeitsgesetz seinen Platz; es enthält die Reinheitsgesetze und befasst sich mit den Bedingungen, unter denen wir heilig sein können und sollen, so wie Gott heilig ist.

Wir können nicht erwarten, dass diese Gesetze eine ökologische Mentalität widerspiegeln, die der unseren gleichkäme. Das Volk der Bibel musste seine Identität inmitten von Völkern ausbilden, die die Natur anbeteten und sich ihr gegenüber knechtisch-entmenschlichend verhielten. In diesem ganzen Gefüge von Gesetzen erscheint die Fürsorge für die Erde und das Wasser diskret und eher implizit. Wir müssen die Texte von unserer heutigen Sensibilität aus neu lesen, und die ist nun einmal anders geartet als die Fragen, von denen aus die Texte geschrieben wurden.

Das Kapitel 19 des Buches Levitikus beginnt mit dem Spruch des Herrn: «Seid heilig, denn ich, der Herr, euer Gott, bin heilig.» Das ganze Kapitel kommentiert und interpretiert diese Worte; es stellt soziale Verhaltensregeln und Gerechtigkeitsnormen für alle auf. Das heißt, dass heilig zu sein wie Gott bedeutet, zu handeln, wie Gott handelt: mit schöpferischer und barmherziger Liebe. In Bezug auf die Erde und die Natur schließt das Gesetz das Universum in denselben Respekt ein, den die Menschen füreinander empfinden sollen.

> Wenn ihr in das Land kommt und einen Fruchtbaum pflanzt, sollt ihr seine Früchte behandeln, als ob sie seine Vorhaut wären. Drei Jahre lang sollen sie für euch etwas Unbeschnittenes sein, das man nicht essen darf (Lev 19,23).

Es war antikes Verständnis, dass die Erde die ersten drei Ernten für sich beanspruchte. Wenn man sie nicht nutzte, würde die Erde in der Zukunft mehr Frucht bringen. Der Talmud erklärt, wie ein Mensch so heilig sein kann, wie Gott heilig ist:

> Es ist vorstellbar, dass der Mensch so heilig ist wie Gott ...Wie er Nackte kleidete ..., so kleide auch du Nackte! Der Heilige, gelobt sei er, besuchte Kranke ..., besuche auch du Kranke! [15]

15 Zitiert nach Dorothee Sölle, Lieben und Arbeiten. Eine Theologie der Schöpfung, Stuttgart: Kreuz Verlag 1985, S. 61, 62.

Er sorgt sich um die Erde und um alles, was auf ihr existiert. Auch wir sollen so handeln. Das Gesetz, das am meisten über die Natur sagt, ist das Gesetz über den Sabbat. Der Sinn der Sabbatfeier besteht darin, dass man sich und die Schöpfung neu als Teilhaber des Gottesbundes wahrnimmt. Der Sabbat ist die Fülle der Schöpfung, ihr Fest, ihre Ruhe und Krönung: die Hochzeit zwischen Gott und dem Kosmos. Am Sabbat sollen auch die Menschen, die Tiere und die Erde selbst ausruhen. Die Tora dehnt dieses Gebot des siebten Tages auf die Jahre aus. Das Sabbatjahr ist Umweltpolitik Gottes gegenüber seinen Geschöpfen und der Erde (vgl. Dtn 15; Lev 25).

16. Das Wasser des Messias Christus

Die Propheten verurteilten die Anbetung anderer Götter und kämpften für die Reinheit des biblischen Glaubens, aber sie ließen immer zu, dass Gott mit der alten Wassergottheit in Verbindung gebracht wurde. Mehrere Orakelsprüche nennen Gott «Quell lebendigen Wassers» (Jer 2,13; 17,13; vgl. Ez 36,25). Ursprünglich sind dies Texte, die uns einladen, eine Wasserquelle anzuschauen und in ihr eine Manifestation Gottes zu erkennen. Der Prophet Jesaja verhieß den Tempelpilgern, die Feinde des Volkes würden besiegt werden: «Ihr werdet Wasser schöpfen voll Freude / aus den Quellen des Heils» (Jes 12,3).

Am Ende der babylonischen Gefangenschaft ruft ein Schüler des Propheten:

> Auf, ihr Durstigen, kommt alle zum Wasser! / auch wer kein Geld hat, soll kommen. [...] denn wie der Regen und der Schnee vom Himmel fällt / und nicht dorthin zurückkehrt, sondern die Erde tränkt und sie zum Keimen und Sprossen bringt, / wie er dem Sämann Samen gibt und Brot zum Essen, so ist es auch mit dem Wort, / das meinen Mund verlässt (Jes 55,1.10f). Denn so spricht der Herr: / Seht, her: Wie einen Strom / leite ich den Frieden zu ihr [Jerusalem] und den Reichtum der Völker / wie einen rauschenden Bach (Jes 66,12).

Den prophetischen Texten zufolge hat sich Israel durch seinen Verrat vom Bund abgewandt, Gott aber war bereit, wieder unter sein Volk zurückzukehren wie ein Wasser, das Leben spendet (Ez 47,1–12). Rabbinische Texte aus der Zeit Jesu vergleichen den Messias mit dem Felsen, aus dem Mose in der Wüste Wasser sprudeln ließ (Ex 17). Sie sagten, dieser Felsen habe die ganze, vierzig Jahre dauernde Wüstenwanderung des Volkes geheimnisvoll begleitet. «Und dieser Fels war Christus [der Messias]» (1 Kor 10,4). Der Messias wird es sein, der dem Volk ein lebendiges Wasser reicht, sodass, wer von ihm trinkt, nie wieder Durst haben wird. Darum kann die Gemeinde des Johannes eine schöne Katechese über den Glauben geben, indem sie an ein Gespräch erinnert, das Jesus am Rand des Jakobsbrunnens mit einer samaritanischen Frau geführt hat (Joh 4). Als Jesus ihr sagt, er könne ein Wasser geben, das in ihr zur immer währenden Lebensquelle werde, da fragt die Frau gleich nach dem Messias.

Von altersher hatten die Frommen den Brauch, rituelle Waschungen zu vollziehen und rituelle Bäder zu nehmen, bevor sie auf eine Wallfahrt zum Tempel gingen und wenn sie Gott um ein neues Leben baten. Genau in dieser Kultur findet der Ritus der Johannestaufe als Zeichen der Umkehr seine Erklärung. Den Evangelien zufolge hat Jesus seinen Auftrag als Gottesknecht mit dem Empfang der Taufe durch Johannes begonnen. Die Taufe ließ ihn seine Berufung annehmen, die Versuchungen zu Größe und Ruhm überwinden und seine Arbeit inmitten der ärmsten Menschen Galiläas aufnehmen (Mk 1).

17. Hinter den Evangelien

Im Jahr 70 unserer Zeitrechnung wurde das Markusevangelium geschrieben als Antwort auf die Frage: «Wer ist Jesus?». In seinem vierten Kapitel gibt es eine Geschichte wieder, die aus anderen Kulturen stammt und auf einer Legende vom Kampf zwischen Gott und den Wassern basiert. Dem Text zufolge muss Jesus zunächst verdeutlichen, dass das Reich Gottes wie ein Same zu den wenigen kommt und sich nicht sofort mit aller Macht manifestiert. Danach nimmt der Text, um ein Gegengewicht zu schaffen, die mündliche Überlieferung über den Konflikt zwischen dem Messias und den Mächten des Wassers auf. Zunächst erscheint das Meer als ein Weg, der den Menschen die Bewegung von einem Ort zum anderen ermöglicht. Jesus sagt: «Wir wollen ans andere Ufer hinüberfahren.» Plötzlich aber erweist sich der See zu nächtlicher Stunde als das Reich feindlicher Mächte, das die Menschen immer schon gefürchtet haben, seit Gott bei der Schöpfung die Urflut zähmte. Jesus spricht mit den tobenden Wassern, so wie jemand mit einem vernünftigen Geschöpf spricht. Er befiehlt dem Wind aufzuhören und dem Meer, sich zu beruhigen. Und der Text sagt: «Es trat völlige Stille ein.» Die Jünger aber fragen: «Was ist das für ein Mensch, dass ihm sogar der Wind und der See gehorchen?» (Mk 4,35–41).

Diese Tradition ähnelt den Geschichten von wunderbaren Fischzügen. Der Prophet Ezechiel hatte verheißen, dass aus dem neuen Tempel des Messias eine Quelle entspringen und dass ihr Wasser das Tote Meer beleben werde. Wo es keinen einzigen Fisch gab, da würde das Wasser mit einem Mal von Fischen wimmeln (vgl. Ez 47). Lukas erzählt, Jesus habe nach einem wunderbar reichen Fischfang einige von seinen Jüngern in die Nachfolge gerufen (Lk 5,1–11), und das vierte Evangelium bringt in seinem Schlusskapitel eine ähnliche Episode als eine Erscheinung des auferstandenen Christus in Galiläa, wo er seine Jünger erneut zur Mission berief (Joh 21).

Laut dem Johannesevangelium sagt Jesus am letzten Tag des Laubhüttenfestes anlässlich der Feier des Wasserschöpfens:

> Wer Durst hat, komme zu mir, und es trinke, wer an mich glaubt. Wie die Schrift sagt: Aus seinem [des Messias] Inneren werden Ströme von lebendigem Wasser fließen.

Der Evangelist kommentiert, Jesus habe damit den Geist gemeint, den alle an ihn Glaubenden empfangen sollten (Joh 7,37–39).

Jesus hat sein Leiden und seinen Tod am Kreuz als eine Taufe gedeutet (Mk 10,38; Lk 12,50). «Dieser ist es, der durch Wasser und Blut gekommen ist: Jesus Christus. Er ist nicht nur im Wasser gekommen, sondern im Wasser und im Blut» (1 Joh 5,6). Am Vorabend seines Todes, beim Mahl, in dem er seine ganze Liebe für die Seinen bekundete, wollte er seinen Jüngern die Füße waschen. Petrus hat das nicht verstanden. Er dachte, es handle sich um einen Waschungsritus. Jesus erklärt ihm, darum gehe es nicht, denn wer vom Bad komme, brauche sich nicht mehr zu waschen. Da merkt Petrus, dass dies nicht nur ein Ritus ist, sondern eine konkrete Dienstgeste des Sklaven gegenüber seinem Herrn. Er reagiert abwehrend: «Niemals sollst du mir die Füße waschen!» Und Jesus

macht ihm klar: «Wenn ich dich nicht wasche, hast du keinen Anteil an mir.» Petrus darauf: «Herr, dann nicht nur meine Füße, sondern auch die Hände und das Haupt» (Joh 13,1–11).
Hier geht es also nicht mehr um ein Ritual, aber auch nicht um Symbolik. Die Fußwaschung wird zu einer Geste der Ganzhingabe des Lebens. Das vierte Evangelium ist das einzige, das ausdrücklich sagt: Nach dem Tod Jesu am Kreuz öffnete einer der Soldaten mit einem Lanzenstich Jesu Seite, und sogleich floss Blut und Wasser heraus (Joh 19,34).
Dem misst der Evangelist so viel Bedeutung bei, dass er eigens bezeugt, er sei Zeuge davon gewesen. Das Wasser ist Zeichen des Geistes und der geistlichen Erneuerung, die Gott allen Glaubenden schenkt.
Der Sieg Christi und die Manifestation seiner Wiederkehr stellen die Schöpfung wieder her und versöhnen Land und Stadt. Im neuen Jerusalem fließt ein Fluss mit lebendigem Wasser, das die Stadt bewässert und allen Geschöpfen neues Leben spendet (vgl. Offb 22).

18. «WIR SIND MIT CHRISTUS BEGRABEN DURCH DAS WASSER DER TAUFE ...»

Seit den Anfängen der christlichen Kirchen haben die Gemeinden den Empfang des Heiligen Geistes mit dem Taufritus verknüpft. Paulus lehrt:

> Wir wurden mit ihm begraben durch die Taufe auf den Tod; und wie Christus durch die Herrlichkeit des Vaters von den Toten auferweckt wurde, so sollen auch wir als neue Menschen leben (Röm 6,4).
> Mit Christus wurdet ihr in der Taufe begraben, mit ihm auch auferweckt, durch den Glauben an die Kraft Gottes, der ihn von den Toten auferweckt hat (Kol 2,12).

Dies ist das «österliche Mysterium», die Möglichkeit aller Menschen, an diesem Prozess Anteil zu haben, durch den Jesus hindurchgegangen ist: den Tod zu besiegen und zu einem neuen Leben aufzuerstehen. Diese Energie von Liebe und Auferstehung, die in der Person Jesu wirksam war, ist Paulus zufolge von jeher in Gott verborgen und wirkt schon im Akt der Erschaffung des Alls (Eph

3,9).[16] Diese Energie drückt sich im ganzen Universum als einer Art kosmischen Leibes Christi, der Fülle der Schöpfung Gottes, aus (Kol 1,15ff). Der Kolosserbrief spricht von einer kosmischen Weisheit, durch die alle Dinge existieren. Christus ist das göttliche Geheimnis der Welt. Wer Christus ehrt, ehrt in ihm auch alle geschaffenen Dinge und ihn in allen geschaffenen Dingen. Was die Menschen der Erde antun, tun sie Christus selbst an.

Laut Paulus sind wir nicht Kinder der Erde und Enkel der Sonne und des Mondes, sondern Brüder und Schwestern der Schöpfung Gottes. Die Schöpfung selbst seufzt nach der Freiheit der Kinder Gottes, und das Heil bzw. die Auferstehung betrifft die Menschen und den Kosmos. Das ganze Universum hat teil an der Unruhe und dem Sehnen der Menschen nach vollem Leben und Frieden, nach Befreiung von allem, was uns nach unten zieht, und nach der Beschenkung mit dem Erbe der Söhne und Töchter Gottes (Röm 8).

In den urchristlichen Gemeinden war die Taufe wirklich ein Zeichen der Lebensänderung und der Initiation in die Intimität mit Gott. Die sozialen Unterschiede waren damit aufgehoben:

Es gibt nicht mehr Juden und Griechen, nicht Sklaven und Freie, nicht Mann und Frau; denn ihr alle seid «einer» in Christus Jesus (Gal 3,28).

In Kapitel 10 der Apostelgeschichte wird erzählt, wie Petrus in das Haus des Kornelius, eines römischen Zenturio, gerufen wird, um zu bezeugen, dass die nichtjüdischen Gläubigen den Heiligen Geist auf dieselbe Weise empfangen, wie die aus dem Judentum gekommenen ihn am Pfingsttag empfangen haben.

Kann jemand denen das Wasser der Taufe verweigern, die ebenso wie wir den Heiligen Geist empfangen haben? (Apg 10,47).

Aus der ganzen Welt haben sich die Menschen dank der Pfingstgnade zusammengefunden, haben sich von ihren Sünden abgewandt, bekennen sich zum Evangelium vom Reich Gottes und werden mit Wasser und mit dem Heiligen Geist getauft.

Den Gemeinden vom Ende des 1. Jahrhunderts zeigt das vierte Evangelium Jesus in einem nächtlichen Gespräch mit Nikodemus.

16 So die These von Adolphe Gesché, Dieu pour penser IV : Le Cosmos, Paris: du Cerf, 1994.

Er sagt dort: «Wenn jemand nicht aus Wasser und Geist geboren wird, kann er nicht in das Reich Gottes kommen» (Joh 3,5). Dasselbe Evangelium erzählt auch, dass Jesus bei einem Fest in Jerusalem nicht zum Tempel hinauf stieg, sondern hinunter zum Teich Betesda, wo sich Blinde, Lahme und Verkrüppelte drängten in der Erwartung, dass das Wasser in Wallung geriete. Erneut begegnen wir hier einem alten Wasserkult, in dem die Menschen darauf vertrauten, dass ein Geist zum Bad herniedersteigen, das Wasser aufwühlen und den Ersten, der ins Wasser gelangte, von seinem Leiden heilen würde. Jesus offenbart sich als das lebendige Wasser und heilt einen Gelähmten, ohne dass dieser auf das Aufwallen im Teich zu warten braucht (Joh 5). Viele arme, aus dem Judentum gekommene Christen wurden aus der Synagoge ausgeschlossen, weil sie Jesus als Propheten und Mittler der innigsten Gottesnähe anerkannten. Da konnten sie sich schon in der Haut jenes von Geburt an Blinden fühlen, dem Jesus das Augenlicht zurückgab, nachdem der Mann sich im Teich Schiloach gewaschen hatte. «Geh und wasch dich in dem Teich Schiloach! [...] Der Mann ging fort und wusch sich, und als er zurückkam, konnte er sehen» (Joh 9,7). Erneut haben wir es hier mit Überresten der alten Verehrung für das Wasser zu tun. Doch für das Evangelium war das Wichtigste der Gehorsam gegenüber dem Wort Jesu. Der Blinde ist kein Blinder mehr, aber er wird aus der Synagoge ausgestoßen (Joh 9), weil er Jünger Jesu geworden ist. Jahrhundertelang hat die Kirche von Rom an einem Fastensonntag Taufbewerber aufgenommen, sie mit Öl gesalbt und dabei diese Passage aus dem Evangelium verlesen. In der Eucharistie sang man: «Ich ging (zum Bad der Taufe), wusch mich und wurde sehend!»

Die Taufe ist wie eine neue Sintflut, deren Wasser uns von der Unreinheit des Fleisches läutert.

Sie dient nicht dazu, den Körper von Schmutz zu reinigen, sondern sie ist eine Bitte an Gott um ein reines Gewissen auf Grund der Auferstehung Jesu Christi (1 Petr 3,21).

Die letzte Verheißung der Bibel gilt dem Wasser des Lebens, das Jesus dem geben wird, der widerstanden und alle Versuchungen überwunden hat (vgl. Offb 22,5ff).

Wenn wir die Bibel so lesen – von der Beziehung zwischen dem Bund Gottes und dem Geschenk des Wassers aus, das er seinem

Volk garantiert –, kommen wir nicht umhin, an die Realität des Wassers in unserer Welt zu denken. Heute haben sich große multinationale Unternehmen und mächtige örtliche Gruppen des Wassers bemächtigt; sie haben es zu einer Ware gemacht und privatisieren die Quellen, die in allen großen spirituellen Traditionen und in der Bibel wahre Tempel Gottes im Universum sind. Da ist es wichtig, auch an die andere Seite zu erinnern: Auf der ganzen Welt sind die Zivilgesellschaft und populare Gruppen im Begriff, sich gegen diese unterdrückerische und ungerechte Politik zu organisieren. Werden Sie, meine Leserinnen und Leser, nach der Lektüre dieser Überlegungen zu den Aussagen der Bibel Ansporn und Kraft bekommen, sich im Namen Ihres Glaubens und in einer nicht nur politischen und gesellschaftlichen, sondern auch spirituellen Haltung dieser Bewegung zum Schutz des Wassers als eines universalen Gutes und Rechts aller Lebewesen anzuschließen?

Einige Elemente, die aktueller scheinen und auf unsere heutige Wirklichkeit anwendbar sind, verdienen besondere Beachtung. Versuchen Sie die Antworten auf die folgenden Fragen in wenigen Worten zusammenzufassen:

1. Worin besteht die Symbolik des Wassers im biblischen Glauben?

2. Wie kann das Verständnis der Bibel vom Wasser heute zu einem sorgsameren Umgang der Menschheit mit der Erde und dem Wasser beitragen?

19. Der Grosse Ozean (Pablo Neruda)[17]

Wenn von deinen Gaben, deinen Verderben, Ozean,
für meine Hände ich ein Maß
bestimmen könnte,
eine Frucht, ein Ferment, ich wählte deine ferne Ruhe, die Linien
deines Stahls,
deine von Luftraum und Nacht bewachte Erstreckung
und deiner weißen Sprache wogende Energie,
die ihre Säulen zerbirst und stürzt
in der eignen vernichteten Reinheit.

17 Aus: Pablo Neruda, Chile mein Land. Gedichte und Bilder, hrsg. von Federico Schopf, Darmstadt und Neuwied: Luchterhand 1984, S. 77f. – Übersetzung: Erich Arendt.

Nicht die letzte Woge ists mit ihrem salzenen Gewicht,
sie, die Küsten zermalmt und des Sandes Frieden
erschafft, der die Welt umspannt:
es ist das zentrale Volumen der Kraft,
der Wasser ausgedehnte Macht,
die lebenerfüllte reglose Einsamkeit.
Zeitenraum vielleicht oder Gefäß, mit nichts
angehäuft denn Bewegung; vollkommene Einheit,
die der Tod nicht gezeichnet, grünes Eingeweid
der verzehrenden Totalität.

Vom untergetauchten Arm, der einen Tropfen emporhebt,
nichts verbleibt als der Kuss des Salzes. Von den Leibern
des Menschen an deinen Gestaden ein feuchter
Hauch benetzter Blüte bleibt zurück. Deine tiefe Energie
scheint hinzugleiten, ohne je sich aufzubrauchen,
scheint zurückzukehren zu ihrer Ruhe.

Die Woge, die von dir schnellt,
Bogen gleichen Wesens, sternische Feder,
sie war, da sie niederstürzte, nur Schaum
und rollte zurück, um neu zu erstehn, ohne sich zu verzehren.

All deine Kraft kehrt zurück, um Ursprung zu sein.
Einzig gibst du zermalmtes Geschlinge preis,
Schalen, die deine Schiffsfracht von sich warf,
alles, was deine tätige Fülle ausstieß,
was aufhörte, Blütendolde zu sein.
Dein Standbild liegt jenseits der Wogen gebreitet.

Lebendig und wohlgefügt wie die Brust und die Hülle
eines einzigen Wesens und seines Atmens,
aufgeschwungen in des Lichts Materie,
bilden Flächen, von den Wellen emporgehoben,
die nackte Haut des Planeten.
Dein eigenes Sein füllst du an mit deiner Substanz.

Du häufst die Wölbung des Schweigens.

Mit deinem Salz und deinem Honig das Weltenbecken bebt,
der allumfassende Hohlraum der Wasser,
und nichts fehlt in dir wie im zerschundenen
Krater, im ungeschliffenen Glas:
leere Gipfel, Narben, Zeichen
bewachen die verstümmelte Luft.

Deine Blüten pochen an das Weltall,
deine unterseeischen Getreide zittern,
die sanften Algen lassen ihr Bedrohen niederhangen,
er schwimmen die Brutschwärme und mehren sich,
und einzig zum Garn der Netze auf
steigt der tote Blitz der Schuppe,
ein Millimeter, wund in der Ferne
deiner kristallenen Totalitäten.

VIERTES KAPITEL
EINE BEFREIENDE SPIRITUALITÄT DER ERDE UND DES WASSERS

Wasser, Herrin des Lebens,
hör diese Bitte.
Auf, tanz in der Quelle,
steige vom Berge,
komm uns als Freundin.
Dich lieb' ich, Wasser zum Trinken,
ein Glas Wassers,
sanftes Gekräusel der Flut,
geliebte Frau,
dich Tau begehr' ich am Morgen.

Erde. Sieh diese Erde.
Ich singe, und unser Lied
legt einen Keim in die Zeit.
Gern säh' ich ihn wachsen.
Sieh diese Menschen,
sieh diese Erde,
sieh diese Menschen,
damit sie glücklich werden.
Dich lieb' ich, Wasser zum Trinken. Ach!
ein Glas Wassers,
sanftes Gekräusel der Flut,
geliebte Frau.

«Chega de mágoa – Schluss mit dem Jammer», eine Komposition von Gilberto Gil aus der 1985 erschienenen CD «Nordeste Já» von zahlreichen brasilianischen Musikern, darunter neben Gil auch Chico Buarque und Milton Nascimento

Nachdem wir uns eingehender mit der Bedeutung des Wassers in den Religionen und speziell in der biblischen Spiritualität befasst haben, müssen wir jetzt einige Folgerungen ziehen und für uns, unsere Familien und Gemeinden einige Leitlinien für unser Handeln und unser inneres, ethisches, spirituelles, aber auch politisch-gesellschaftliches Engagement im Umgang mit dem Wasser skizzieren. Um dieses Ziel besser zu erreichen, ist, meine ich, wichtig, dass wir kurz zusammenfassen, was wir hier auf diesen spirituellen Wegen entdeckt haben.

I. KÖNNEN WIR DENN SELBST AN DEN «GEIST DES WASSERS» GLAUBEN?

Kann man annehmen, dass Männer und Frauen der Moderne an Nymphen, Sirenen oder Wassergeister glauben? Selbst zahlreiche Menschen aus spiritualistischen Gruppen, die ich kenne und die man mit der ziemlich ungenauen Bezeichnung «postmodern» belegt, leben zwar mit Gurus zusammen und greifen Riten der Vorväter auf, dies aber aus einer Gefühlswelt heraus, die eher symbolisch und intimistisch als kommunitär-religiös oder echt sakral ist. Ich stelle die besagte Frage freilich nicht, weil ich damit eine Rückkehr zur Vergangenheit anregen oder einen kulturellen Bruch vorschlagen möchte, sondern damit diese ganze Untersuchung über die Bedeutung des Wassers in den Religionen nicht vergebens ist. Es wäre mir nämlich unwohl, wenn ich denken müsste, das Sie, meine Leserinnen und Leser, diese Seiten lediglich aus kultureller Neugier lesen. Ich habe sie als Dialog geschrieben, aus dem sich etwas Neues und Aktuelles erfahren lassen sollte. Ich kenne mich selbst, und ich gestehe offen, dass ich Rationalist und Skeptiker bin. Gern möchte auch ich von mir sagen können, was der Verfasser des zweiten Timotheusbriefs gesagt hat: «Ich weiß, wem ich Glauben geschenkt habe» (2 Tim 1,12). Allerdings fühle ich mich dazu aufgerufen, die Identität meiner Glaubensgestalt zu stärken, indem ich sie immer mehr auch anderen Weisen des Glaubensverständnisses öffne. Für mich geht es nicht darum, an Geister oder Gespenster zu glauben, wohl aber darum, an die Gegenwart des Gottesgeistes in unterschiedlichen Formen und Manifestationen zu glauben. So wie ich an die Bibel, an die Eucharistie und an die Begegnung mit den Brüdern und Schwestern glaube. Der Herr offenbart sich und ist gegenwärtig, und das auch in mythischen Formen, die anders sind als die mir vertrauten Formen. Ich meine, alle Religionen und spirituellen Traditionen glauben, dass das Wasser Sakrament der göttlichen Gegenwart ist. Wir sind aufgerufen, mit dem Wasser zusammen zu leben – nicht nur mit einem praktischen und nützlichen Werkzeug, sondern mit einem Zeichen der Liebe, das es zu ertragen, zu respektieren, ja sogar zu verehren gilt.

Seit 18 Jahren bin ich Benediktinermönch, und ich bin damit zufrieden. In der Mönchsregel schreibt der heilige Benedikt vor: «Jedes Arbeitswerkzeug oder Haushaltsgerät soll ebenso heilig gehalten werden wie ein Kelch oder ein Altar.» Diese geistliche Anregung ist sicher für jedermann gültig, und wir können diese Beziehung auf die ganze Natur ausdehnen. Daher müssen wir mit der Erde und dem Wasser umgehen wie mit heiligen Gefäßen des kosmischen Tempels Gottes. Wenn wir die Erde zerstören, verschwinden die Wasserquellen. Wenn wir eine Beziehung der Liebe zu ihr unterhalten, werden wir am «Himmel auf Erden» teilhaben, und wir werden von ihr Gesundheit und Leben empfangen. So würde ich eine ökumenische Spiritualität des Wassers zusammenfassen.

Wir betrachten die Welt und sehen, dass die Gesellschaft zerstörerisch und ehrfurchtslos mit dem Menschen, mit der Erde und mit dem Wasser umgeht. Unsere menschlich-spirituelle Berufung verlangt, dass wir auf eine Änderung dieser Lage hinarbeiten. Deshalb müssen wir zu den Wurzeln des Problems vorstoßen. Soziale und wirtschaftliche Kampagnen genügen nicht. Es gibt auch ein kulturelles Element, das berücksichtigt werden muss. Es gibt Völker, die traditionell hohe Fähigkeiten im Umgang mit der Erde und dem Wasser besitzen. Die Kraft, deren es bedarf, um den Lauf der Welt zu ändern, wird sich nicht im Kreis der Großen finden. Es muss eine neue Spiritualität entwickelt werden, eine neue Art, wie Menschen ihre Beziehung zur Erde und zum Wasser gestalten.

Die Menschen sehen in der Natur nur ihren Nützlichkeitsaspekt. Sie sehen sich selbst und die Erde aus dem Blickwinkel der Arbeit. Die Bibel hat eine andere Anschauung von der Erde, dem Wasser und der ganzen Schöpfung. In der christlich-jüdischen Spiritualität ist die Natur nicht einfach den Menschen untergeordnet, sie ist vielmehr Partnerin im Bund mit Gott.

Heute bestätigt uns die Wissenschaft (Quantenphysik und Kosmologie) das Prinzip des Indeterminismus. Der Kosmos ist bis zu einem gewissen Grade indeterminiert. Die positivistische Wissenschaft, die alles unter totaler Kontrolle und allumfassendem Begreifen halten will, erhebt dagegen Protest. Aber diese Indeterminiertheit der Materie und der Gesetze, die das Universum lenken, lässt ein Prinzip der Freiheit erkennen. Es garantiert Gott und uns selbst eine Kraft der Kreativität und Erfindungsgabe. Genau dies werden wir in den Weg der Spiritualität der Erde und des Wassers einbringen.

2. WIE MAN HEUTE EINE «SPIRITUALITÄT DES WASSERS» LEBEN KANN

Voll von Gott, fürchte ich nicht, was kommt, denn was auch kommen mag, es wird niemals größer sein als meine Seele.
Fernando Pessoa[1]

Vom Beginn unseres Gesprächs an waren wir uns über eines einig: Ökumenisch-ganzheitliche Spiritualität ist eine Lebenseinstellung und eine liebevolle Beziehung zum Tiefsten in jedem Lebewesen und im ganzen Universum wie auch zum Schönsten und Tiefsten in uns selbst. Für den, der an einen persönlichen Gott glaubt, ist die Spiritualität immer eine Beziehung zur göttlichen Gegenwart in uns und in den Seienden. Für andere wird sie die Art sein, wie sie eine göttliche Dimension entfalten, die jeder Mensch sein Eigen nennt.

Was uns helfen kann, eine «ökologische Spiritualität» und besonders eine neue spirituelle Beziehung zum Wasser zu vertiefen, ist die Tatsache, dass manche Wissenschaftler wieder entdeckt haben, dass das Universum ähnliche Eigenschaften und Verhaltensweisen wie ein großes lebendiges Ganzes aufweist. Diese These der Wissenschaftler wurde von einer Reihe von Theologen und Theologinnen als Basis einer kosmischen Spiritualität übernommen. Zu ihren Vertretern zählen Leonardo Boff[2] und Frei Betto.[3]

Die Vorstellung von der Erde als einem lebendigen Wesen mit göttlichen Eigenschaften stammt aus der antiken Welt und hat sich in dem griechischen Mythos von Gaia, der Göttin Erde, konkretisiert. Vor einigen Jahren hat der englische Wissenschaftler James Lovelock[4] die These aufgestellt, dieser Mythos habe wissenschaftliche Grundlagen. Seine Forschungen wurden von William Golding aufgegriffen. So kam es zur «Gaia-Hypothese».

Die Wissenschaftler haben entdeckt, dass die Biosphäre der Erde neben der Atmosphäre, den Ozeanen, dem Wasser der Flüsse und Seen, kurz: allem, was das Lebenssystem der Erde ausmacht,

1 Zitiert bei Paulo Botas, Carne do Sagrado, Petrópolis: Vozes, 1996, S. 3.
2 Vgl. L. Boff, PrincípioTerra, A volta à terra como pátria comum, São Paulo, Ed. Ática, S. 42ff.; Leonardo Boff, Schrei der Erde, Schrei der Armen, Übers. aus dem Portug. und Bearb. für die deutsche Ausgabe von Horst Goldstein, Düsseldorf: Patmos, 2002.
3 Unter anderem dazu: Frei Betto, A Obra do Artista, São Paulo: Ed. Ática, 1994. Zusammen mit Leonardo Boff: Mística e Militância, São Paulo: Áttica, 1993.
4 James E. Lovelock, Gaia: A New Look at Life on Earth, New York: Oxford University Press, 1979, 1987, 2000; ders., Das Gaia-Prinzip. Die Biographie unseres Planeten, aus dem Engl. übertr. von Peter Gillhofer und Barbara Müller, Zürich; München: Artemis & Winkler, 1991.

sich als ein einziges, komplexes System erweist, eine Art «Organismus», der im Stande ist, den Planeten unter lebensförderlichen Bedingungen zu erhalten und durch die Aufnahme der Sonnenenergie Leben zu sichern.

Das System Erde verfügt über einen effizienten Sicherungsmechanismus, der es vor lebensschädlichen genetischen Verbindungen schützt. Es verfügt über eine höhere Intelligenz und ein im Lauf von Jahrmillionen akkumuliertes Gedächtnis. Heute sprich man von *body wisdom*, einem «Wissen des Körpers». Auf dem Zweiten Sozialen Weltforum hat das Repräsentantenteam des CEBI (Ökumenisches Zentrum für Bibelstudien) als Arbeitstitel gewählt: «Heilige Körper, heilige Texte: eine neue Lektüre für eine neue Welt». Das ist exakt die Aufforderung, sich in die Beziehung zwischen den menschlichen Körpern und den Körpern der Erde und des Wassers, aber auch den literarischen Körpern zu vertiefen, die sich in den heiligen Texten der Bibel und anderen spirituellen Traditionen finden.

Ich glaube, dass die Gaia-Hypothese zu unserer Form des Zusammenlebens mit dem Wasser beitragen kann. Sie liefert eine Basis für die «ökologische Spiritualität»: die Überzeugung, dass wir organisch und geistig zur Erde und zum Wasser und zu ihrem gesamten Lebenszusammenhang gehören. Die Ureinwohner Amazoniens sprechen von der «Mutter des Flusses» und von der «Wassermutter». Hinter dem Mythos liegt immer eine Wahrheit. Der Glaube an diese Zugehörigkeit kann uns dabei helfen, dass wir uns nicht als Herren oder Herrinnen über die Erde aufspielen, über den Bach, der hinter unserem Haus fließt, und über die Wassertonne, die das Wasser für die Küche und das Bad liefert. Wir sind Teilhaber und integrale Elemente des Universums.

3. Eine ökofeministische Sicht des Glaubens – Skizze und weiterführende Anregungen

Wenn wir unsere Beziehungen zum Wasser ändern und eine Transformation der sozialen Verhältnisse anregen wollen, müssen wir unsere geistige Aufmerksamkeit auf folgende Elemente richten: eine Sorge für das Leben als göttliche Gabe und die Verantwortlichkeit jedes Einzelnen für jeden. Das Gemeinwohl verlangt eine Spiritualität der Communio, und die Arbeit für die Demokratie fordert eine innere Bekehrung in der Art unseres Umgangs mit der Macht und eine Vorstellung von Gott, der die Macht nicht behält, sondern sie allen gibt.

Wir können das folgendermaßen konkretisieren: Eine tiefere kosmisch-ökologische Spiritualität der Communio mit der Erde und dem Wasser werden wir entwickeln können,

– indem wir uns eine neue, respektvollere Sicht der Natur erarbeiten,

– indem wir unsere Solidarität mit dem Weg und der Sache der indigenen Völker und der Gruppen mit alter Kultur (Schwarze und Indianer) intensivieren,

– indem wir eine ökofeministische Sensibilität entwickeln,

– indem wir uns an den Kampagnen zur Demokratisierung des Wassers in der Welt beteiligen.

Wir wollen jeden dieser Punkte kurz vertiefen.

3.1 Der Bezug zur Natur

Die Haltung verändert sich nicht, wenn sich nicht die Wirklichkeitswahrnehmung ändert. Im Hinblick auf die Schöpfung besteht die geistige Veränderung darin, ein Verhältnis zur göttlichen Dimension aller Wesen zu entwickeln und daher Erde und Wasser zum Bestandteil des Gebets und der Intimität mit dem Göttlichen zu machen.

Menschen, die sich den afrikanischen und indigenen Religionen verbunden wissen, oder Leute mit buddhistischer Spiritualität kennen diese Erfahrung der Begegnung mit dem Göttlichen in der Natur. Die Christen fürchten den Pantheismus und haben es fertig gebracht, Geschichte und Kosmos, die Würde der menschlichen Person und die Heiligkeit der Natur voneinander zu trennen. Diese Dissoziation hat dazu geführt, dass die Gesellschaft der Natur mit Geringschätzung gegenübertritt und der Person selbst wenig respektvoll begegnet. Hält man diese Spaltung heute noch aufrecht, so endet das in moralischer Verantwortungslosigkeit. Wir dürfen die Natur nicht ihres göttlichen Geheimnisses berauben. In der Bibel bedeutet die Weisheit (die Philon von Alexandrien mit *Logos* übersetzt hat, demselben Ausdruck, der im Johannesevangelium auch auf Christus angewandt wird) die immanente Gegenwart Gottes in der Welt und in allen Dingen. Die Vielfalt der Geschöpfe hat ihren Grund in einer transzendenten und zugleich immanenten Einheit (vgl. Ps 8,22–30).

Der Glaube an einen allmächtigen Gott, der getrennt von der Welt im Himmel lebt, hat uns die Säkularisierung der Welt gebracht und der Natur das göttliche Geheimnis ausgetrieben. In der Tat müssen die christlichen Gemeinden eines wieder entdecken: Der dreifaltige Gott ist Communio. Das Geheimnis Gottes wird nur in der Communio erlebt. In der Communio miteinander und mit dem Kosmos. In seinem Abschiedsgebet am Vorabend seines Todes bittet Jesus darum, dass alle eins seien, «wie du, Vater, in mir bist und ich in dir bin» (Joh 17,19). Dieses Motto der ökumenischen Bewegung kann zum Stichwort der theologischen Ökologie werden: Verstehen, dass Gott, wir und das Universum eine einzige Einheit bilden.

Wir dürfen die Schöpfung nicht als etwas Gottfernes ansehen. Sie ist auch – indirekte und vermittelte – Gegenwart Gottes. Wiederholt lesen wir in der Bibel:

Der Höchste wohnt nicht in dem, was von Menschenhand gemacht ist, wie der Prophet sagt: Der Himmel ist mein Thron und die Erde der Schemel für meine Füße (Apg 7,48 mit Zitat aus Jes 66,1).

Im jüdischen Glauben wollte der Tempel Salomos die Maße des Kosmos abbilden. Ein *terreiro* (die Kultstätte) des Candomblé und der an der Natur orientierte Kultkreislauf der Ureinwohner symbolisieren ebenfalls den Kosmos. In der Communio des Universums finden wir zur Intimität mit Gott.

3.2 Der Bezug zu den Urvölkern

Internationale Organisationen und Wissenschaftler aus der ganzen Welt mahnen: Die Erde leidet, weil die Gesellschaft unterdrückerisch ist. Die Marginalisierung und das Elend der Armen nehmen in erschreckendem Maße zu. Mehr als eine Milliarde Menschen hungern, und die Solidarität unter den Menschen ist mangelhaft. Die Tragödie der Menschheit spiegelt sich in deren Verhältnis zur Natur.

Das Leiden der Erde und die Krise des Wassers sind die Folge eines Zivilisationsmodells. Die ökologische Zerstörung beruht nicht auf Zufall. Und sie lässt sich nicht allein mit gutem Willen aufhalten. Sie ist vielmehr die Konsequenz eines Gesellschaftsmodells und eines Lebensverständnisses, die seit mindesten vierhundert Jahren einen Großteil des Globus beherrschen.

In diesem Kontext hat die westliche Gesellschaft eine historische Schuld gegenüber den Indianern und Schwarzen, die sie in ihrem ökonomisch-sozialen Leben und in ihren Kulturen und Religionen verfolgt und unterdrückt hat.

Von diesen Kulturen lernen wir, besser für die Erde und das Wasser Sorge zu tragen. Als wir die Probleme der ökologischen Krise noch gar nicht verstanden und als solche erkannt hatten, haben sich die indigenen und schwarzen Gemeinschaften schon darum gekümmert. Eine kosmische Spiritualität drückt sich in einer ökologischen und antikapitalistischen soziopolitischen Vision aus.

Viele Leute kennen und zitieren gern die Rede, die der Häuptling Seattle aus dem Stamm der Squamish im Jahr 1854 an den «Großen Häuptling in Washington» richtete, als die Regierung beschloss, die Indianer in ein Reservat umzusiedeln und ihr Land in Besitz zu nehmen:

Wie kann man den Himmel kaufen oder verkaufen oder die Wärme der Erde? Diese Vorstellung ist uns fremd. Wenn wir die Frische der Luft und das Glitzern des Wassers nicht besitzen – wie könnt ihr sie von uns kaufen? Jeder Teil dieser Erde ist meinem Volk heilig, jede glitzernde Tannennadel, jeder sandige Strand, jeder Nebel in den dunklen Wäldern, jede Lichtung, jedes summende Insekt ist heilig in den Gedanken und Erfahrungen meines Volkes. Der Saft, der in den Bäumen steigt, trägt die Erinnerung des roten Mannes.
Glänzendes Wasser, das sich in Bächen und Flüssen bewegt, ist nicht nur Wasser, es ist das Blut unserer Vorfahren. Wenn wir euch Land verkaufen, müsst ihr wissen, dass es heilig ist, und eure Kinder lehren, dass es heilig ist und dass jede flüchtige Spiegelung im klaren Wasser der Seen von Ereignissen und Überlieferungen aus dem Leben meines Volkes erzählt. Das Murmeln des Wassers ist die Stimme meiner Vorväter. Die Flüsse sind unsere Brüder – sie stillen unseren Durst. Die Flüsse tragen unsere Kanus und nähren unsere Kinder. Wenn wir euch Land verkaufen, so müsst ihr euch daran erinnern und eure Kinder lehren: Die Flüsse sind unsere Brüder – und eure –, und ihr müsst von nun an den Flüssen eure Güte geben, so wie jedem anderen Bruder auch. [...]
Wir wissen, dass der weiße Mann unsere Art nicht versteht. Ein Teil des Landes ist ihm gleich jedem anderen, denn er ist ein Fremder, der kommt in der Nacht und nimmt von der Erde, was immer er braucht. Die Erde ist

sein Bruder nicht, sondern Feind, und wenn er sie erobert hat, schreitet er weiter. Er lässt die Gräber seiner Väter zurück – und kümmert sich nicht. Er stiehlt die Erde von seinen Kindern – und kümmert sich nicht. Er behandelt seine Mutter, die Erde, und seinen Bruder, den Himmel, wie Dinge zum Kaufen und Plündern, zum Verkaufen wie Schafe oder glänzende Perlen. Sein Hunger wird die Erde verschlingen und nichts zurücklassen als eine Wüste.

Diese Rede ist eine Formulierung spiritueller Prinzipien, aber sie prangert auch eine soziale und politische Sicht an, die bereits im 19. Jahrhundert den zerstörerischen, antiökologischen Charakter des kapitalistischen Systems zeigt. Die kulturelle Autonomie der indigenen Gemeinschaften zu verteidigen heißt Partei zu ergreifen für die Erhaltung der Urwälder und für die Reinhaltung der Flüsse.

In Lateinamerika, in Afrika und an verschiedenen Stellen der Welt rufen die Armut der Massen, die Konzentration des Landes in den Händen weniger und die Privatisierung des Wassers das Elend an den Rändern der Großstädte und die erschreckende Verschmutzung der Luft, des Bodens und des Wassers hervor. Ein wirksames Mittel, für die Ökologie zu arbeiten, ist es, wenn man für das Recht der Verarmten auf ihre Erde, auf eine würdige Behausung und auf sauberes Wasser eintritt.

3.3 Und die ökofeministische Spiritualität?

Als wir untersuchten, wie die verschiedenen Religionen die Frage von Erde und Wasser behandeln, haben wir entdeckt, dass die Mehrheit der spirituellen Traditionen die Sorge um die Erde mit der Ehe, sei es zwischen Göttern (Sonne und Mond, Fruchtbarkeitsgott und Wasserquelle), sei es unter Menschen, in Verbindung bringt. In der Bibel zum Beispiel haben wir gesehen, dass Quellen und Brunnen mit dem Weiblichen assoziiert werden. Auch im popularen Christentum erscheint die Jungfrau Maria immer in der Nähe einer Quelle. Die Kultur der Menschheit hat eine enge Beziehung zwischen der Sorge um die Natur und einem durch Gerechtigkeit und Gleichheit ausgezeichneten Verhältnis zwischen Mann und Frau hergestellt.

Diese Beziehung zwischen der Sorge um die Natur und der Dimension des Weiblichen besteht nicht nur in den alten religiösen

Traditionen. Sie ist bereits zum Forschungsgegenstand einer neuen Richtung in der Gesellschaft geworden: des Ökofeminismus. Dieser Begriff wird seit Ende der 1970er Jahre vor allem in Frankreich gebraucht; eingeführt hat ihn die Soziologin Françoise d'Eaubonne. Der Ökofeminismus legt den Finger auf das Bündnis zwischen dem Kampf um die Veränderung der Beziehungen zwischen Männern und Frauen und der Veränderung unseres Verhältnisses zum Ökosystem und bearbeitet den ideologischen Zusammenhang zwischen der Ausbeutung der Natur und der der Frauen im hierarchisch-patriarchalen System. Man kann den Ökofeminismus als eine Weisheit bezeichnen, die versucht, das Ökosystem und die Frauen neu zur Geltung zu bringen.[5]

Sieht man die Dinge so, dann zeigt sich: Es geht um eine Frage der Gerechtigkeit gegenüber dem Kosmos und gegenüber der Menschheit. In der patriarchalen, machistischen Kultur sind alle unterdrückt: Im ungleich-ungerechten Verhältnis gibt es nur Verlierer. Die Frau ist das erste Opfer, aber auch der Mann leidet Schaden. Der Stil, der Beziehungen pyramidisch und herrschaftsförmig gestaltet, spiegelt sich auch in der Art, wie die Menschheit mit der Natur umgeht. Es gibt einen ökofeministischen spirituellen Weg, der Frauen und Männern gerecht wird. Er besteht in der Suche nach einem Wissen, das die weibliche und die männliche Dimension in jedem Menschen zu integrieren vermag. Diese Weisheit drückt sich in einer neuen, liebevollen Sorge um die Erde und das Wasser aus.

3.4 Beteiligung an den Kampagnen zur Demokratisierung des Wassers

Wir Unterzeichner, Seniormitglieder der weltweiten *Scientific community*, warnen die gesamte Menschheit vor dem, was vor uns liegt. Eine tief greifende Veränderung in unserem Umgang mit der Erde und dem Leben auf ihr ist erforderlich, wenn unermesslich großes menschliches Leid verhindert und unser globales Heim auf diesem Planeten nicht irreparabel geschädigt werden soll. [...] Die Wissenschaftler, die diese Warnung veröffentlichen, hoffen, dass ihre Botschaft die Menschen überall erreicht und aufrüttelt. Wir brauchen die Hilfe von vielen. [...] Wir rufen alle auf, sich uns bei dieser Aufgabe anzuschließen.[6]

5 Ivone Gebara, Teologia Ecofeminista, São Paulo: Ed. Olho d'Água, 1997, S. 9–10.
6 Union of Conerned Scientists, Warning to Humanity (1992); Website: www.ucsusa.org.

Eines der stärksten Zeichen für die liebende Gegenwart des in unserer Welt tätig wirkenden Gottes ist der Widerstand so vieler popularer Organisationen und Bewegungen, die sich selbst unter entmutigenden und täglich weniger demokratischen Verhältnissen zusammenschließen und unentwegt dafür eintreten, dass «eine andere Welt möglich ist».

Sowohl in Ländern wie Kanada als auch in solchen wie Bolivien besitzt die Menschheit großartige Beispiele von Bevölkerungsgruppen, die sich, unabhängig von ihrer wirtschaftlichen und sozialen Situation, zur Verteidigung des Rechtes auf Zugang zum Wasser für alle zusammentun. Auch in Brasilien hat die Zivilgesellschaft Organisationen zum Schutz des Wassers und des Bodens aufgebaut, so etwa im Sertão im Nordosten, im Staat Rio de Janeiro, in der Küstenregion von Santa Catarina und anderswo.

Diese gelungenen popularen Initiativen zum Kampf für das Wasser lassen neue Formen des Zusammenlebens mit der Natur und des Schutzes für den Planeten Erde erkennen. Darüber hinaus wird täglich deutlicher, wie wichtig es ist, bei der Wahl von Kandidaten politischer Parteien und bei der Entscheidung für eine soziopolitische Position im Auge zu behalten, ob die betreffenden politischen Projekte aufnehmen oder ignorieren, was die reichhaltigen und vielfältigen Erfahrungen mit einem neuen Verhältnis des Menschen zum Wasser lehren. Ivo Poletto hat sich einmal so ausgedrückt:

> Die Position einer mit dem Wasser verknüpften Theologie und Spiritualität muss sich bemerkbar machen; sie muss die mystische Quelle politischer Projekte und Kämpfe sein, muss der Liebe Gottes zu allen Menschen Ausdruck verleihen. Geschieht das nicht, so kann der schlimmste Fall eintreten, dass nämlich gewisse Gruppen von Kapitalisten und von Mitgliedern der gesellschaftlichen Elite sich die Wasserquellen aneignen und dies auch noch im Namen der Werte und der Spiritualität der Ureinwohner tun, wobei sie aber diese in Wirklichkeit draußen halten – bis hin zum Ausschluss vom physischen Gebrauch des Wassers, weil den Betroffenen die finanziellen Mittel fehlen, es zu kaufen ...

Deshalb müssen wir uns an den Gruppen und Verbänden beteiligen, die für ein neues Wassermanagement eintreten, weil sie darin eine wirksame, sachgerechte Antwort auf den Aufruf Gottes sehen. Wir müssen die Politik der Privatisierung und Merkantilisierung des Wassers anprangern. Wir können dies tun aus politischer Über-zeugung, aber auch aus der spirituellen Option, das Leben des Planenten und der Lebewesen zu verteidigen, weil wir in ihnen die göttliche Gegenwart erkennen. Das setzt immer voraus, dass wir uns über die reale Lage unseres jeweiligen Landes, der Welt insgesamt und der für den Schutz von Erde und Wasser engagier-ten Gruppen informieren.

Auf der Grundlage dieses Bürgerwissens kann jedermann auf seinem Tätigkeitsfeld seinen spezifischen Beitrag leisten: in der Erziehung, in der Sozialarbeit oder in der Politik, in der Kunst, in der Literatur und im Bereich religiöser Aktivität. Ein soziales und politisches Mittun beschränkt sich nicht auf die großen Bewegun-gen und auf die jeweiligen Gegebenheiten. Es muss auch die Form einer permanenten Bildungsarbeit in der Familie, in der Schule, in den Kirchen und am Arbeitsplatz annehmen. Im Bildungsbereich gilt es das Wasser als Hauptinstrument bei der Erziehung zu einem neuen Verhältnis zur Umwelt zu sehen; das Ziel muss ein neues, von vielen geteiltes Gefühl gegenseitiger Verantwortung sein. Das Wasser ist im Leben eines jeden von uns allgegenwärtig, aber wir machen uns das nicht bewusst. Wir müssen dem Blick auf das Was-ser seine Banalität, seine Selbstverständlichkeit nehmen, wir müs-sen einsehen, dass wir die Welt nur dann verstehen, wenn wir das Wasser verstehen. Diese Erziehungs- und Bildungsarbeit kann in den Schulen, den Kirchen, den sozialen Gruppen, den Massenme-dien geleistet werden und ihren Ausdruck in der Kunst finden.

4. Wenn es ein Schlusswort in der Sache gäbe ...

Es ist wichtig, dass diese Suche weitergeht und vertieft wird. So-wohl kirchliche Organe – die *Commissão Pastoral da Terra*, die Cari-tas und andere – als auch Organisationen und Bewegungen der Zi-vilgesellschaft bieten Hilfestellungen an, damit wir weitermachen und in der Hingabe an diese Sache Gottes, der versöhnten Menschheit und der Natur voranschreiten können.

Wenn ich eine Zusammenfassung von allem geben sollte, was ich auf diesen Seiten angerissen habe, würde ich einen Punkt besonders betonen. Ich bin überzeugt, dass alle spirituellen Wege, mit denen wir uns hier befassen, und die soziale Wirklichkeit der

Welt von heute, über die wir gesprochen haben, für uns einen dringenden Appell beinhalten: Es braucht eine Wende in der Mentalität, in den Gewohnheiten und in der Lebensweise – auf persönlicher wie auf gesellschaftlicher und politischer Ebene.

Seit der frühesten Antike ist das Wasser Symbol der Reinheit und der inneren wie der gesellschaftlichen Erneuerung. Der Prophet und Täufer Johannes hat einen im popularen Judentum und in einigen spirituellen Gruppen des Mittleren Ostens bereits allgemein bekannten Ritus übernommen: die Taufe, die die Verpflichtung einschloss, Reue zu üben und den Kurs des eigenen Lebens zu ändern.

Es scheint, dass heute viele Bewegungen und Organisationen in einer nicht mehr religiösen und auch nicht kultischen Sprache von der Gesellschaft eine Kursänderung verlangen. In unserem Umgang mit dem Wasser ist eine solche Wende dringend geboten. Es geht dabei um eine persönliche, innere Umkehr, kraft deren wir die göttliche Gegenwart in der Schönheit des Wassers neu entdecken und verehren, das Recht der Erde und des Wassers verteidigen und die Wasserquellen und die flussnahe Natur schützen. Doch diese innere Bekehrung bleibt möglicherweise wirkungslos, wenn sie nicht unmittelbar begleitet ist von einem Bemühen, eine soziale und gesellschaftlich-strukturelle Bekehrung einzuleiten. Die spirituelle Bekehrung hat auch eine eindeutige politische Dimension, sie ist nicht bloß eine individuelle gute Absicht oder eine Bemühung in kleinen Gruppen. Die Perspektive, dass es der Entwicklung und der Durchsetzung einer gerechten öffentlichen Politik in Bezug auf das Wasser bedarf, ist unverzichtbar, wenn der Zugang zu und die Nutzung von Wasser guter Qualität zu einem Recht und einer realen Möglichkeit für alle werden soll. Wie wir bereits gesehen haben, geht es hier um das Recht aller Lebewesen und um das Recht der Mutter allen Lebens, der Erde. Wir müssen herausfinden, wie wir die kulturellen Gehalte, die Paradigmenwechsel und die Suche nach einer neuen Zivilisation besser mit den notwendigen politischen Vermittlungen verknüpfen können, die ja ebenfalls mit neuen Werten gelebt und praktiziert werden müssen ...

In dieser ganzen Arbeit für eine neue Gesellschaft in Communio mit der Erde und dem Wasser können wir Zeugnis davon ablegen, dass wir an das Wort von Psalm 36,10 glauben: «Bei dir ist die Quelle des Lebens, / in deinem Licht schauen wir das Licht.»

ANHANG: DIE EUROPÄISCHE WASSERCHARTA

Die europäische Wassercharta, die schon 1968 vom Europarat verkündet wurde, stellt die folgenden Grundsätze auf:

1. Es gibt kein Leben ohne Wasser. Es ist ein wertvolles und unentbehrliches Gut für jegliche Betätigung des Menschen. 2. Die Süßwasserreserven sind nicht unerschöpflich. Es ist unerlässlich, sie zu bewahren und, falls möglich, zu erweitern. 3. Die Wasserqualität zu verderben bedeutet, dem Menschen und anderen Lebewesen, die von ihr abhängen, Schaden zuzufügen. 4. Die Qualität des Wassers muss entsprechend der Verwendung, für die es bestimmt ist, auf einem bestimmten Niveau gehalten werden, und sie muss den Anforderungen der Volksgesundheit entsprechen. 5. Wenn das Wasser nach der Verwendung wieder in seine natürliche Umgebung zurückgeführt wird, darf es die späteren Benutzer, für die es bestimmt ist, seien sie öffentlich oder privat, nicht in Gefahr bringen. 6. Die Aufrechterhaltung einer angemessenen Pflanzendecke, vorzugsweise im Wald, ist wesentlich für die Bewahrung der Wasserreserven. 7. Die Wasserreserven müssen Gegenstand einer Bestandsaufnahme sein. 8. Die korrekte Verwaltung des Wassers muss Gegenstand eines ausgearbeiteten Plans durch kompetente Behörden sein. 9. Die Bewahrung des Wassers impliziert zunehmende Bemühungen der wissenschaftlichen Forschung, die Ausbildung von Spezialisten und Öffentlichkeitsarbeit. 10. Das Wasser ist ein gemeinschaftliches Erbe, dessen Wert von allen anerkannt werden muss. Jeder hat die Pflicht, sparsam und sorgfältig mit ihm umzugehen. 11. Die Verwaltung der Wasserreserven müsste sich nach natürlichen Gegebenheiten richten und nicht an administrativen oder politischen Grenzen orientiert sein. 12. Wasser hat keine Grenzen. Es ist eine gemeinschaftliche Reserve, die eine internationale Zusammenarbeit erfordert.